Thomas Neukum

Die Aufzeichnungen eines Verseuchten

Bibliografische Information der Deutschen Nationalbibliothek:
Die Deutsche Nationalbibliothek verzeichnet diese Publikation
in der Deutschen Nationalbibliografie; detaillierte bibliografische
Daten sind im Internet über http://dnb.dnb.de abrufbar.

© 2018 Thomas Neukum
Herstellung und Verlag
BoD – Books on Demand, Norderstedt

ISBN: 978-3-7386-1530-2

Inhaltsverzeichnis

6

„Wenn wir dann und wann auf Seiten stoßen, die explodieren, Seiten, die verwunden und schmerzen, die einem Seufzer, Tränen und Flüche abringen, dann sollt ihr wissen, dass sie von einem aufrechten Menschen stammen, einem Menschen, dem keine andere Verteidigung übrigbleibt als seine Worte, und seine Worte sind immer stärker als das verlogene, erdrückende Gewicht der Welt, stärker als all die Foltern und Räder, die die Feigen erfinden, um das Wunder der Persönlichkeit zu vernichten."

Henry Miller

Einleitung

In das unverebbte Lob über den Fortschritt kann ich leider nicht mit einstimmen. „Wir sind zum Gesundsein geboren", schickt Rousseau seinem Erziehungsroman ein Wort von Seneca voraus; und gerade von der Wissenschaft der Medizin – genauer der Psychiatrie – wurde ich unter den verworrensten Diagnosen und angeblich, damit mir geholfen sei, mit über 20.000 Tabletten vergiftet. Als es begann, war ich gerade mal 14 Jahre alt, und ich habe ausdrücklich erklärt, dass ich es nicht wolle. Ich bestreite nicht, dass die moderne Wissenschaft und die Technik zahllose Leben „qualitativer" gemacht haben, und vor Fächern wie der Archäologie habe ich ungebrochen hohe Achtung. In einer Apologie wie dieser kann das aber nicht besonders interessieren. Überhaupt schreibe ich nicht als Sachverständiger, sondern als Betroffener.

Da ich nicht für das Uneigentliche des Gesellschaftlichen eintreten kann, steht außer in den wörtlichen Reden von Figuren fast nirgendwo „man". Dagegen findet sich an vielleicht befremdlichen Stellen das Du. Dasselbe ist aber nicht zu verwechseln mit dem „du", das die Deutschen nach amerikanischem Vorbild missverständlich als „man" gebrauchen. Das großgeschriebene „Du" meint ein Wesen, das sich-öffnend und gleichend dem Ich begegnet, sowie umgekehrt. Übrigens muss das nicht immer ein konventionelles Gegenüber sein, da sogar der einzelne gesunde Mensch – wie beispielsweise im Selbstgespräch – zu seinem Du überfließen kann. Insofern ist dieses Werk trotz etlichen Unterschieden unverkennbar durch die Existenzphilosophie der ersten Hälfte des 20. Jahrhunderts inspiriert. Von noch größerer Bedeutung ist allerdings der Buddhismus, ohne den ich nicht überlebt hätte. Als rein erkenntnistheoretisches Element tritt hinzu, was ich ironischerweise (und selbstverständlich nicht als einziges) von der Wissenschaft entlehnt habe: die Unschärferelation, – was ich eindeutig besser aphoristische oder kreative Unschärferelation nennen sollte. Denn von der Quantenphysik habe ich keine Ahnung. Gleichwohl beruht meine Methodik auf der Einsicht, dass die Wahrheit, gerade weil sie da ist, unendlich vielgestaltig schillert.

Es erscheint mir demgemäß nur als logisch, dass sich meine Ansichten zu verschiedenen Themen mit der Zeit abgewandelt und sogar erst herausgebildet haben. Außerdem ist sich das in zwei Haupt- und mehrere Unterschichten geteilte Werk hinsichtlich der Schärfe sowie der Tiefe selber nicht immer gleich. Von etlichen ärmlichen oder ungereimten Passagen abgesehen, die den ohnehin schwer zumutbaren Inhalt unnötig verzerrt hätten, habe ich deshalb bewusst meinem Drang widerstanden, es im Wesentlichen zu verändern. Ich will nicht mich selber nachträglich im Stich lassen, hinzu kommt eben: Ein Perfektionismus in diesem Zusammenhang gliche für mich noch mehr einer Falschheit, als so, da ich echtes Nicht-Richtiges stehenlasse.[*] In vielen Fällen weicht dieses Werk als ein künstlerisches und sprachphilosophisches von der amtlichen grammatikalischen Regelung genauso wie von gewissem anerkanntem Erfahrungswissen ab. Zwar schließe ich nicht aus, dass ich in Einzelfragen zu ähnlichen Ergebnissen gekommen bin wie die akademische Forschung, auch wenn solchermaßen, dass diese darüber nur noch gähnen kann. Ein Leser, der weder mein Du ist noch die Bereitschaft hat, sich irgend provozieren zu lassen, wird die folgenden Seiten aber aller Wahrscheinlichkeit nach ungenießbar finden. Schließlich entstanden sie bedingt durch meinen Jahre andauernden (!) selbstgeführten Entzug nicht selten in einem qualvollen Zustand, den ich

---

[*] Lediglich habe ich fast gleich nach der ersten Veröffentlichung mir aufgefallene peinliche Tippfehler – also mehrere falsche Übertragungen vom Original-Manuskript in die digitale Druckdatei – korrigiert.

auch ein Delirium nennen könnte. „Heute", so möchte ich Franz
Kafka mit seinen FORSCHUNGEN EINES HUNDES noch für mich
sprechen lassen, „leugne ich natürlich alle derartigen Erkenntnisse
und schreibe sie meiner damaligen Überreiztheit zu", und weiter:
„aber wenn es auch ein Irrtum war, so hat er doch eine gewisse
Großartigkeit, ist die einzige wenn auch nur scheinbare Wirklichkeit, die ich [...] herübergerettet habe und zeigt zumindestens, wie
weit bei völligem Außer-sich-sein wir gelangen können."

Thomas Neukum, 2015

Ein Mensch in der Revolte

A

1983.[*] – „O je", grübelt vom Sofa zur Decke schauend mein Vater,
„o je." Meine Mutter, die mir als 3-Jährigem gerade die Brust einge-
schmiert hat, droht: „Ich werfe dir noch alle Bücher weg, wenn das
so weitergeht." „Wieso denn?" „Stundenlang über irgendwelche
Herzrhythmusstörungen und Leberzirrhose und Eingebildetes nach-
zuhirnen!" „Du willst doch wohl nicht bestreiten, dass mein Blut-
druck bei 180 zu 150 war, und das im Liegen." „Dann würde ich halt
mal aufstehen", greift meine Mutter zum Schrubber und wischt.
Mein Vater wiederholt nur: „O je. Motivation ist eben alles." Zwischen ihm und mir sitzt mein älterer Bruder, der PUMUCKEL schaut.
In einem verschlossenen Schränkchen liegen dutzendfach Porno-
zeitschriften. Unvermittelt schmettert meine Mutter das triebende
Ding auf den Boden und stürmt auf meinen Vater los, der sie mit
ziemlicher Gewalt von unten abwehren muss, während sie ihre Zähne
fletscht: „Ich gebe dir Motivation ––– man könnte sich nach dem
Büro ja auch mal mit diesen beiden Kindern beschäftigarrrghh!"
Mein Bruder, nachdem er das Gemenge mit einem besorgten Blick
wahrgenommen hat, sieht nun weiter fern, wird dieses Drama doch
Tag für Tag etwas anders neuaufgezogen. Mittlerweile stehen meine
Eltern einander gegenüber im Raum und streiten über das, was dem

---

[*] Tatsächlich handelt es sich um eine Erlebniscollage, das heißt um Ereignisse,
die in dem folgenden Sinne zwar geschehen sind, aber nicht exakt zur selben
Zeit. Ähnliches gilt für B. (Beides ist zu Teilen auch in meinem Erstlingswerk
LEIDEN SCHAFFT LEBEN zu finden.)

einen im Vergleich zum anderen fehle oder nicht. „Und dann, dass wir selber nur ein Eternitdach besitzen, während ich 8 Stunden täglich hochwertigsten Rohstoff einkaufe", holt mein Vater aus, „das wird mir noch den Rest geben!" „Schon wieder dieses gottverdammte Eternitdach", redet meine Mutter dagegen, „als wäre das der Weltuntergang …" Der Wellensittich kreiselt und plappert: „Arschloch. Bist lieb. Arschloch. Bist lieb", unterdessen sie fortfährt: „Wir haben zu essen, wir haben Wasser und Strom, wir haben en masse. Ha, nachdem ich mich von meinem versoffenen Vater in einer Baracke nicht niedermachen ließ, da ist mir doch ein Eternitdach scheißegal!" Ich muss wiederholt husten und mein beengtes Gesicht verzieht sich noch mehr. Sowie die Fernsehsendung zu Ende ist, nimmt mein Bruder sich Obst, jedoch so, dass ich es nicht sehen kann, und verschwindet. Er verschwindet, weil er weiß, dass ich ebenfalls gerne Obst oder Gemüse essen würde; da ich aber nicht nur unter argem Husten, sondern auch unkuriert unter Magen-Darm-Beschwerden leide, hat der Arzt meiner Mutter erklärt, dass ich ausschließlich Weizengebäck und Cola zu mir nehmen dürfe. „Was hilft mir das denn weiter", schreit mein Vater, „dir ist doch sogar egal, wenn der Nachbar schon wieder ein neues Auto hat!" Meine Mutter blickt ihn einen Moment fassungslos an. Dann lacht sie wie in verzweifeltem Übermut: „Ja soll mich das denn interessieren? Selbst wenn die Drecksau dort drüben fünf, zehn, zwanzig neue Autos hat!" „Für dich sind doch sowieso alles nur Drecksäue und Idioten", brüllt mein Vater mit rotem Kopf und meine Mutter johlt mit sich überschlagender Stimme: „Und ist's etwa nicht so – links und rechts ein größeres Oberarschloch als das andere!" In ohnmächtiger Wut stehe ich auf und renne nach draußen. Hinter mir ruft meine Mutter meinen Bruder, der erscheint, und ich höre noch: „Schnell, lauf ihm nach!"

Die dörfliche Straße entlang fliehen die Büsche und Mauern an mir vorbei, als ich mit hitziger Kraft meine Beine und dazu die Arme bewege. Ich spüre, wie mein Bruder naht, und versuche keuchend meine Flucht ins Nirgendwo zu beschleunigen. Wundersam gelingt es mir unter Tränen zig hundert Meter abwärts bis zur quer verlaufenden Hauptstraße zu stoßen. Wie Bolzen tauchen die Autos vor mir auf und nur ein oder zwei Schritte fehlen, als sich von hinten wie eine Zange Arme um mich schließen: Ich schreie und fluche und trete und hiebe; doch mein Bruder lässt mich nicht los. Warum lässt mein Bruder mich nicht los! Warum …? Vielleicht brauche ich mich an dieser Stelle nicht länger wehren.

B

2002. – „Darum schlage ich vor, dass wir die Dosis des Neuroleptikums noch einmal verdoppeln, während wir das Antidepressivum so beibehalten", meint der Arzt der Tagesklinik, „und je nach Bedarf, sprich im Notfall, nehmen Sie einen Tranquilizer." „Schon wieder erhöhen? Ich habe doch schon beim ersten Mal vorausgesagt, dass die Missempfindungen und mein Gesamtzustand nur schlimmer würden, und zwar ganz einfach deshalb, weil es mir unter dieser Medikation schon einmal so furchtbar elendig ging." „Ja, aber seitdem sind einige Jahre vergangen, und man bleibt doch nicht derselbe", will er aufs neue mich überreden und fügt hinzu: „Ich übernehme die Verantwortung." „Was soll dieses Wort denn bedeuten?", werde ich ungehalten, weil ich fast nur noch 50 Kilogramm wiege und roten Alarm in meinem Körper heulen höre; *„ich* habe doch diese Beschwerden, *ich* muss doch diese Leiden am Abgrund ertragen!" Der Doktor sieht einen Moment sprachlos aus. Dann beginnt er erneut von „Dopamin" und „Serotonin" zu reden, doch weil er wahrscheinlich merkt, dass ich nicht mehr zuhöre oder zuhören kann, erklärt er fast feierlich: „Aber wir lassen Sie mit diesen Beschwerden nicht allein!" Schlussendlich verlassen wir das Zimmer und ich nehme mit sehr ungutem Gefühl die ganze Batterie an Tabletten.

Alleine irre ich daraufhin in einen stillen Raum, um mit untergeschlagenen Beinen mich auf den Boden zu setzen. Ich hole aus dem Rucksack, den ich tagtäglich dabei habe, eine Flasche mit alkoholfreier Flüssigkeit und trinke und trinke. Mein Herz rast schmerzzerfressen in meiner Brust. Wildes inneres Gehetztsein und taube Dumpfheit vermengen sich in meinem Geist. Da der Hunger ein immer grauenvolleres Unmaß erlangt, entschließe ich allem zum Trotz, einkaufen zu gehen. Denn das billige Klinikessen will ich nicht zu mir nehmen. Mit Übelkeit, stechenden Magen-Darm-, auch Leber- oder Nierenschmerzen und mit bohrendem Kopfweh stehe ich auf. Kaum kann ich noch sehen; wie in einem Wirbelsturm schwindelt vor mir die Welt. Gegen die bedrohliche Schwäche in meinen Gliedern ankämpfend, sammle ich alle meine Kraft, gehe durch den Korridor, steige die Treppe hinab und verlasse das Gebäude.

Wo ist links, wo ist rechts? Ich erinnere mich und gehe die Straße an Häusern, Menschen, Bäumen, Autos vorbei gen Stadtinneres. Mein Gefühl für die Zeit ist abhanden gekommen. Vom bunten lauten Supermarkt, den ich betrete, werde ich geradezu erschlagen; alle meine Sinnesnerven sind hoffnungslos überreizt. Ich beginne zu frösteln und flammend zu schwitzen in einem. Dennoch suche ich mir die Lebensmittel zusammen und stelle mich in die Schlange an der Kasse. Ich fürchte jeden Moment zusammenzubrechen, zittere, aber versuche mir nichts anmerken zu lassen. Irgendwie gelingt es mir tatsächlich mit einem Lächeln zu zahlen. Sowie ich wieder aus dem Supermarkt draußen bin, bricht alle Jämmerlichkeit und alle gefühlte Demütigung umso unmenschlicher nur über mich herein. Meine Bronchien sind nahezu luftundurchlässig zugeschnürt. In dem Wissen, dass nur ich selber mich zurückretten kann, nehme ich es in Angriff, den weißgrellen Schmerz zu meistern, und gehe wieder die Straße an

Autos, Menschen, Bäumen, Häusern vorbei. Unabwendbar steigert sich das Zittern in peinvolle Krämpfe, die sich in Anfällen zu entladen drohen. Mit schier unerträglicher Anstrengung versuche ich auch diese niederzuringen, während in mir die Frage wie durch Risse nach oben quillt: Kann so was ein Mensch überhaupt überleben? Wie lange kann ein Mensch so was überhaupt überleben? Todesängste greifen nach mir. Verdammt …!

Ich schaffe es fürs erste zurück. Mir entgegen kommt die Psychologin, die schon besorgt nach mir gesucht hat, und sagt, sie möchte mit mir sprechen. Ich folge ihr in das Zimmer. [Mein Gedächtnisverlust ist leider zu groß, als dass ich beim Schreiben noch wüsste, worüber geredet worden ist. Falls ich mich nicht täusche, so hatte ich zu jenem Zeitpunkt meine Sprechfähigkeit sogar eingebüßt und konnte mich nicht länger mitteilen. Jedenfalls sehe ich hauptsächlich Leere hier klaffen.] Bitterlichst frustriert verlasse ich das Zimmer wieder. Um mich irgendwie von der Masse an Affekten zu befreien, aber kein Lebewesen zu verletzen, schlage ich im Korridor in ein gerahmtes Bild: klirrend haftet an dem Glas mein Blut. Die mit mir und vielen noch nicht bekannte zweite Ärztin kommt erschrocken aus ihrem Büro, während ich mit halbem Bedauern um die Ecke biege. Zudem läuft eine kleine Gruppe von Mitpatienten zusammen, und ich werde von einer Stimme zurückgerufen. Mit zu Boden gerichtetem Blick folge ich einer Krankenschwester in das Behandlungszimmer, wo sie behutsam mir Unterarm und Handgelenk verbindet. Kaum ist dies geschehen, teilt sehr betroffen die Psychologin mir mit, dass ich weggebracht würde, weil ich nach dem Urteil der neuen Ärztin eine Gefahr für mich selber und/oder meine Mitmenschen darstelle. Ob ich wolle, dass meine Mutter noch angerufen werde? Ich nicke. Unter Beobachtung begebe ich mich in der Zwischenzeit in den Speisesaal, wo ich mir eine schlichte Mahlzeit zusammenzustellen versuche. Noch einmal kommt die Psychologin zu mir und erläutert, dass meine Mutter bis soundsoviel Uhr hierher käme. Und kurz darauf würde man mich holen. Bis dahin müsse sie, die Psychologin, noch geschwind einen Bericht schreiben. Ich nicke abermals und beginne, umgeben von einigen Mitpatienten, ganz langsam zu essen. Immerhin gewahre ich dabei einen lauen Energieanstieg und meine verlorengegangene Sprechfähigkeit kehrt zurück. Ein Mädchen, das hier lange zur Therapie war, aber heute nur noch mal auf Besuch gekommen ist, setzt sich zu mir und ich erkläre ihr nach Möglichkeit das Geschehene. Offenbar hat sie Mitgefühl. Dann wird unter Lauten meine Mutter zu mir geführt, und mit ihr erscheint mein Bruder, der seinen Arbeitsplatz in der Bank für den restlichen Tag verlassen hat. Ungefähr zeitgleich betreten zwei Sanitäter die Tagesklinik und das weitere Prozedere startet. Mit mehreren Leuten stehe ich jetzt in dem Ein- beziehungsweise Ausgangsbereich. Wie versteinert wohnt auch der Sozialarbeiter der Szene bei. Meine Mutter fragt die Sanitäter, ob sie im Krankenwagen hinten mich begleiten dürfe, und sie bejahen. Obwohl ich in ihren Augen so einigen Zweifel an dem ganzen Fall erkennen kann, gehorchen sie der Maschinerie und „führen" mich ab. Beim Verabschieden sagt die Psychologin noch zu mir: „Herr Neukum, Sie dürfen wiederkommen!" (Aber weder ich noch die mich später Behandelnden würden hierauf zurückgreifen.) Meinen Wunsch, mein Leben dem Schreiben zu widmen, muss ich nun wohl endgültig zu Grabe tragen, martert sich mir durch den Kopf, als ich im Krankenwagen festgezurrt werde. Schweigend sitzt neben mir meine Mutter und hinter uns fährt mein Bruder her. Ziel ist die über 100 km entfernte Akutpsychiatrie mit verriegelter Tür und gesicherten Fenstern.

BUCH I

Aufzeichnungen eines Verseuchten

Eine antimoderne Aphorismensammlung

„Schreibe mit Blut: und du wirst
erfahren, dass Blut Geist ist."
Friedrich Nietzsche

Zu Philosophie und Wissenschaft[*]

(1) Erst in der Wüste graben wir aus dem Brunnen des Geistes die tiefen Schätze hervor.

(2) Wer alles und jede(n) klar und deutlich möchte, der weiß, warum er nicht weiter als bis zur Oberfläche denkt.

(3) Hüte Dich, die Wahrheiten anderer Leute anzunehmen, falls Du mit Deinen Falschheiten bisher gut gefahren bist.

(4) Der größte Narr, wenn Du ihm von Deinen Schwierigkeiten erzählst, wird seinen Rat zum besten geben.

---

[*] Einzelne Erkenntnisse und Behauptungen kehren auf höherer Ebene oder zumindest in neuer Formulierung wieder. Während einige mit einer Übertitelung versehen sind, fehlt diese bei anderen oft. Die ganze punkt- und wellenförmige Anordnung birgt ein gewisses Maß an Willkür.

(5) Am kritischsten sind die Leute erfahrungsgemäß gegen das, was sie nicht kennen und nicht kennen wollen.

(6) Besonders dann schmerzt die Wahrheit, wenn Du Dich alleine mit ihr siehst.

(7) Einen Eremit überzeugen wir nicht.

(8) In einem Punkt sind sich fast alle Menschen einig: dass ein anderer unrecht hat.

(9) Früher war ich ungewiss. Seitdem ich weiß, dass es keine Gewissheiten gibt, brauche ich das nicht mehr zu sein.

(10) Ein funktionierender Plan ist ein Plan, der Fehlfunktionen mit einberechnet.

(11) Ein schrecklicher Überredungskünstler
Der Affekt ist ein einäugiger Riese, der die menschliche Vernunft zu fressen liebt.

(12) Wer begrifflich schwach ist, der gedenkt selbstverständlich handgreiflich stark zu sein.

(13) Das in der Physik gelehrte Trägheitsgesetz, dass es bei nicht außerordentlichem Energieaufwand daure, bis eine große Masse in eine bestimmte Richtung in Bewegung oder andererseits zum Stoppen kommt, scheint ohne Weiteres auf die öffentliche Meinung übertragbar zu sein.

(14) Dialektik
Wenn ein einzelner Mensch von Entsagung in Maßlosigkeit und immer so weiter verfällt, dann wird die Hegel'sche Vernunft, nach

der alle Entwicklung in Gegensätzen verläuft, vom Geist der Allgemeinheit sehr abrupt in „Schwachsinn" umgetauft.

(15) Zu oft halten wir einen vielbesehenen Ausschnitt des Lebens für das Leben selbst.

(16) Der nüchterne Utopist Hobbes
Lesen, sehen und hören wir nicht Tag für Tag, dass im Gesellschaftszustand der Mensch dem Menschen ein Wolf ist? In der ursprünglichen Natur gibt es nur Zähne, Klauen und Steine; bei uns dank politischen Verträgen chemische Bomben und perverse Egoisten.

(17) In einer Welt, in der es idealistische Materialisten und materialistische Idealisten, egozentrische Moralistiker und sozialistische Liberale gibt, kann nichts Menschliches uns nicht fremd sein.

(18) Zeitalter, die an die „Sünde" und das „Böse" glauben, können nicht mehr als eine oberflächliche Kenntnis der menschlichen Seele besitzen. Solche Worte sind geradezu antipsychologisch.

(19) Sozialwissenschaftliches Weltbild
„Dominanz" ist eine nette Bezeichnung für das, was gelegentlich Christen das „Böse" hießen.

(20) Schon vor der Schule lernen wir das Vorurteil, dass jeder Begriff auch eine Einsicht in die Wirklichkeit bildet.

(21) Das sokratische Wissen
Zwar beißt sich mit einer Feststellung wie „Ich weiß, dass ich nichts weiß" die reine Erkenntnis in den eigenen Schwanz; doch lässt die

Ironie kraft sich querender Begriffssphären eindeutig Gründe durch-
blicken, die ihre Ursachen im Gefühlsleben haben.[*] Und was ein
Mensch fühlt, das tut er, ob wir es nun widersprüchlich nennen wollen oder nicht.

(22) Zu wenig oder zu viel Gymnastik schadet auch Begriffen.

(23) Die axiomatische Methode
… indiziert, dass ein Philosoph von Tabula rasa an Erfahrungen
sammelt, um unter dem Schirm derselben zu ersten Grundsätzen
aufzusteigen, aus denen er schließlich alles für ihn Besondere be-
weisend herleitet und rückverdünnt.

(24) Bereits ein einziger falscher Begriff kann die Sicht auf einen
ganzen Wirklichkeitsbereich versperren.

(25) Zahllos sind nach wie vor die Positivisten, die eine „einfache
und klare" formalisierte Sprache fordern – mit der sich faktisch der
Nuancenreichtum der äußeren und inneren Welt niemals ausdrücken
lässt.

(26) Zu denken, wir könnten restlos alle Widersprüche lösen, ist
ebenso unvernünftig wie verbreitet. Trotz allen Lavierens lecken
diese auch durch den Filter meiner Sprache hindurch.

(27) Realismus ist die Vorstellung, dass die Vorstellung realistisch sei.

(28) Pessimismus plus positives Handeln
Der- der demjenigen, der das unermessliche Leid der Welt anerkennt,

---

[*] Denn nichts zeigt die Unbestimmtheit aller Grenzen sprachlich so bestimmt
wie ebendieses Mittel, auf das sich auch der Zweifler Kierkegaard verstand.

erschließt sich auch die Möglichkeit, sinnreich und gesund zu handeln. Wer sich aber blind stellt und nur den Genuss sehen will, wird es noch kennenlernen.

(29) Hinwiederum: Warum schimpfen wir jemanden, der aufgrund seinen schlechten Lebenserfahrungen grundsätzlich vom Schlechten ausgeht, einen „Pessimisten"? Sofern ich richtig verstanden habe, trifft gerade auf ihn das Prädikat „Realist" zu.

(30) Jedem Neugeborenen ist die überfordernde Aufgabe der Wirklichkeitsforschung gestellt bis in den Tod. Wer sich „Realist" nennt, scheint's in der Zwischenzeit immerhin bis zur Anmaßung gebracht zu haben.

(31) Wer nur lange genug späht und schielt, der wird auch an der besten Sache noch eine schlechte Seite finden, oder an der schlechtesten eine gute.

(32) So subjektivistisch kann kein Philosoph sein, dass er nicht auf das Allgemeine zielt.

(33) Mystisch, das heißt nicht bloß, „die Augen zu schließen", sondern vor allem: in volkstümlichen Worten nur schwer, in Fachbegriffen gar nicht mitzuteilen.

(34) Bis zu einem gewissen oder vielmehr ungewissen Grad ist jeder Mensch eine Welt in der Welt, aber auch jedes Tier.

(35) Gefährlicher als der Nihilismus ist für die allgemein erregbare Menschennatur das Pathos. Ja, gemessen an diesem ist jener als Gegenstand des Vorwurfs ziemlich sinnlos.

(36) Dass der Mensch jene Phänomene, die er selber nicht erklären kann, schlichtweg unerklärlich nennt, das gründet doch in einer naiven Selbstherrlichkeit?

(37) Mehr denn je wollen wir Eindeutig-, ja Einmaligkeit. Scheinbar sind wir mittlerweile zu gebildet, um zu sehen, dass uns jeglicher Tag Vieldeutigkeit und Wiederholung lehrt.

(38) Wie könnte – außer als Denkfehler – etwas Absurdes existieren? Die Dinge sind das, was sie geworden sind.

(39) Die unendliche Komplexität jenseits sicherer Meinungen
Alle Situationen, in die Du oder ich geraten, haben jeweils längst begonnen und enden keineswegs, sowie jemand von uns sie augenscheinlich verlassen hat. Ihre verzwackte Bedingtheit haben wir dann begriffen, wenn wir begreifen, dass sie nicht vollkommen zu begreifen sind.
　Jede (echte) Situation ist kodifiziert.

(40) Ein weiteres Wort zur angeblichen Absurdität des Daseins
Selbstverständlich, Du kannst den Sinn, den Du in Deinem Leben postulierst, verfehlen; doch bleibt die faktisch eingetretene Notwendigkeit das blanke Gegenteil vom Absurden.[*]

(41) Gefühle sind die Farben der bewussten Welt.

(42) Der Gedanke, dass das Leben sinnlos sei, birgt in sich unausgesprochen schweren Sinn.

---

[*] Camus begriff dies am besten. Nie hat er vom Absurden anders gesprochen als vom subjektiv Unverhältnismäßigen.

(43) Das Gespür der Lemuren
Alles Übersinnliche, das uns die Sprache benimmt, denke ich mir als feinsinnlich oder Nichts: Unsere höchsten Fähigkeiten sind wahrscheinlich die aus primitiver Zeit vererbten.

(44) Je reiner uns eine Theorie gelehrt wird, desto mehr gleicht sie praktisch einem Mysterium.

(45) Alle wirkliche Erkenntnis ist approximativ.

(46) Mit den Verkleinerungs- und -größerungsgläsern, an die wir glauben, haben wir das auf uns ruhende Auge Gottes ausgestochen.

(47) Es gibt nichts Absolutes außer: Die Summe des Relativen.

(48) Alles Vergangene, sobald wir daran denken, ist Gegenwart.

(49) Vergessen wir gleichzeitig nicht und merken uns vor: Alles Erinnern zielt auf die (Meisterung der) Zukunft.

(50) Angenommen, die Physiker entschlüsseln mathematisch das Rätsel der Zeit noch weiter, so wird es dennoch für jeden gefühlsbegabten Menschen ewig ein Mysterium bleiben – ein Mysterium, das nur dies etlichen Dogmen voraushat, dass es wahr ist.

(51) Vornehmlich aus dem Grund überbewerten wir diesen oder jenen Augenblick, weil nichts direkt an den Dingen ist, was uns die Myriaden von Augenblicken danach sehen lässt.

(52) Stets ist die Behauptung: „Ich habe keine Zeit" der schlechteste Grund, nichts von der eigenen Energie zu schenken, da Zeit gerade

das ist, was niemand besitzen kann, höchstens umgekehrt: Die Zeit besitzt Dich.

(53) Erst sorgt sich der Philosoph, dann philosophiert er, dass die menschliche Existenz sich mit kategorischer Logik durch die Sorge definiert, und glaubt schlussfolglich durch diese Philosophie sorgenfreier zu werden.

(54) Erklärungsnot
Wenn Du Dich fragst, wie Du einen gewissen Vorfall jemandem erklären sollst, bist Du dann nicht schon im Begriff zu lügen? Die Wahrheit ist immer der beste Grund.

(55) Einen abstrakten Menschen zu verurteilen, das heißt einen reellen, von dem Du Dir eine Idee bildest, ist wahrhaftig keine Leistung.[1]

(56) Gründe für Gleichmut
Die Qualen unserer Sehnsucht heben sich durch die Erkenntnis auf, dass (bereits) der Einbildung Substanz anhaftet: Selbst ein EEG bestätigt dies. Weil aber nichts substantieller als Substanz sein kann, gibt es keinen Grund, an „wirklichen" Leiden zu verzweifeln.

(57) Die Achse des Lebens
Nehmen wir einmal mit Aristoteles an, es gibt zwei Grundempfindungen, Schmerz und Lust, so liegt erstere im negativen, letztere im positiven Bereich. Die empfindungslose Mitte aber gliche dem Tod:

Schmerz ——————————— null ——————————— Lust

Wenn wir hiernach unser Leben bilanzieren und feststellen, dass wir zwar gelegentlich im positiven, hauptsächlich jedoch im negativen

Bereich weilen, so wäre die logische Folgerung, das Konto unseres Daseins am besten aufzulösen. Alleine, dieses zweidimensionale Schaubild lässt die schwer zu tötende Hoffnung des Menschen außer Betracht.

(58) Selbstmord
Selten, eigentlich nie bringt sich ein Mensch wegen der Gegenwart um; dafür ist sie einfach zu dünn. Sondern die zu schmerzvolle Vergangenheit, die abzutrennen nicht glückt, ist der Mörder des Selbst.

(59) Auch ein sogenannter Tatsachenmensch kann nicht bestreiten, dass es die Hoffnung ist, die uns (in schwierigen Zeiten) weiterleben lässt. Unabhängig davon, ob sie begründet scheint oder nicht, ist die Hoffnung aber eine Fiktion. Wir borgen vom morgigen Tag das Heute, welcher faktisch nicht existiert.

(60) Wie einem Jeden und einer Jeden bekannt, wurzelt unser Leben darin, dass der nahe oder noch nicht so nahe Tod auf uns zuläuft. Und falls Du diesem finalen Augenblick, statt in Schauder zu zerfließen, mit gefasster Ruhe begegnen kannst, so ist Dein gesamtes Leben – gleichgültig, in wie viel Lust oder Leid es verflossen sei – von Erfolg gekrönt.

(61) Anhaften am Schleier des Daseins
Ein mit Gedanken angefülltes Ich, die sich auf Nichtexistentes beziehen, kurz Lebenserinnerung macht nicht zuletzt Angst vor dem Tod. Deswegen erscheinen uns sterbende Kinder zuweilen so furchtlos.

(62) Dieses Dasein als Ephemeriden
Lang aber ist das Leben nur in einer geistigen Vorwegnahme. Ich

glaube nicht, dass ein 6-jähriges Kind von seinem Gefühl her kürzer lebt als jemand 60-Jähriges. Rückblickend zeigt sich alle Dauer als Illusion: Stets hört das Herz in Einem Moment zu schlagen auf.

(63) Schlussfolglich schaut der Sterbende nach vorn ins Licht oder Dunkel und müsste ahnen, dass vom absoluten Standpunkt des Toten aus (für den die Ausdehnung der Zeit wegfällt) alle noch Lebenden ebenfalls gestorben sein werden.

(64) Da Du den sogenannten Kampf gegen die Zeit nicht gewinnen kannst, solltest Du ihn also gar nicht erst führen.

(65) Schuld und Vergebung
Der XIV. Dalai Lama lehrt uns ein Gedankenexperiment: „Dazu stellen wir uns einen Fall vor, bei dem uns jemand mit Worten beleidigt. Wenn wir aufgrund des Schmerzes, den wir deshalb empfinden, Verärgerung in uns aufsteigen spüren, dann sollten wir diese doch eigentlich auf die geäußerten Worte ausrichten [...] Stattdessen werden wir aber auf denjenigen wütend, der uns diese Worte an den Kopf geworfen hat. Natürlich lässt sich jetzt einwenden, dass es ja diese Person war, die uns beleidigte, und wir daher völlig zu Recht auf sie sauer sind, weil wir die moralische Verantwortung ja ihr zuschreiben müssen und nicht ihren Worten. Das mag wohl zutreffen. Doch wenn wir davon ausgehen, dass wir uns eigentlich über das ärgern sollten, was uns tatsächlich den Schmerz zugefügt hat, dann sind die Worte die direkteren Verursacher. Aber sollten wir nicht vielmehr unseren Zorn auf das richten, was die Person, die uns beleidigte, dazu antrieb – nämlich auf ihre blockierenden Gefühle? [...] Von den drei in Frage kommenden Faktoren – den schmerzhaften Worten, der Person, die sie äußerte, sowie den negativen Impulsen, die sie antrieb – ist es jedoch die Person, auf die wir unsere Verärgerung richten. Irgendwie ist das nicht konsequent", und anschließend: „Wenn man

jetzt einwendet, die eigentliche Ursache unseres Schmerzes sei das Wesen desjenigen, der uns beleidigte, dann haben wir noch immer keinen plausiblen Grund, über diesen Menschen verärgert zu sein. Denn wenn es tatsächlich in seiner wahren Natur liegen sollte, aggressiv gegen uns zu sein, dann könnte er gar nicht anders handeln. Und in dem Fall wäre die Wut auf ihn vollkommen sinnlos. […] Doch wenn wir uns in Erinnerung rufen wollen, dass das Konzept einer angeborenen Aggressivität oder Bosheit falsch ist, dann müssen wir nur daran denken, dass derselbe Mensch, der uns Schmerz zufügt, unter anderen Bedingungen ein guter Freund werden könnte." (DAS BUCH DER MENSCHLICHKEIT)

Ist aber keine definitive Schuld aufzufinden – wozu sollte uns mithin Vergebung nützen? Wer „vergibt", beweist nur, dass er noch immer in „Schuld"-Kategorien denkt.

(66) Verbüßungen
Der Glaube an die Schuldhaftigkeit zieht bekanntlich die Reue nach sich, und dieses auch von der modernen Rechtswissenschaft erwünschte Gefühl, das im Unterschied zu besinnendem Bedauern einer rückwärts gewandten Selbstzerfleischung gleicht, ist beinah der Widerpart der Besserung.

Bei schweren Triebtätern kann der Sinn vom Gefängnis unter allen Umständen nur der einer lebenslangen Sicherheitsverwahrung sein. Rache und Strafe sind nutzlos, es sei denn, Gerechtigkeit soll eine Anhäufung von Leid auf Leiden besagen.

(67) Äußere und innere Tatbestände
Ebenso wie Vergewaltigte und Ermordete bedaure ich die jeweiligen Täter. Wer nun schreiend zur Antwort geben möchte: „Wie kannst du so was sagen!", den bitte ich vorher sich zu beantworten: Möchtest Du denn mit seiner Seelenlage tauschen?

(68) Kreuze der Kultur
Mitgefühl, mehr noch Mitleid wächst sich für den Mensch des Westens, sofern er es empfindet, gleich zu einem niederdrückenden Affekt aus. Darum begreifen wir es so schwer, wenn ein gleichmütiger buddhistischer Mönch es als Grundvoraussetzung für das „Glück" nennt.

(69) Die Maschinerie bräche augenblicklich zusammen, würden sich die Juristen – statt dass sie tausendundein Konstrukte beispielsweise zum freien Willen hegen – ausschließlich an die „Beweise" halten. Doch die Maschinerie treibt sie an.

(70) Die „Als ob"-Maximen
Wo der Mensch sich mit den Fakten alleine nicht zufriedengibt, sondern an mehr denkt, dort fängt Ethik an.

(71) Das Ich ist die Umwandlung der Welt, in die es sich verlängert fühlt.

(72) Täglich wandelt sich unsere Wahrnehmung, und falls Dir das zweifelhaft erscheint, so doch zumindest über die Jahre. Also hat es irgendeine bestimmte Person, so wie Du sie gerade kennst, nie gegeben.
    Warum sie jemals beneiden oder hassen? Die Liebe wäre doch ein viel besserer Irrtum.

(73) Wer ein gewisses Merkmal seiner Person zu erkennen gibt, läuft Gefahr, dass seine Mitmenschen seine Person nur noch als jenes Merkmal kennen.

(74) Die große Selbst-Täuschung
Einzig und allein deswegen, um ein kompliziertes Überleben zu or-

ganisieren, braucht der Organismus eines hochentwickelten Säuge-
tiers eine Ich-Funktion: ein Funktion des Gehirns, die Du oder Ich
auch als dereinst geborene Wesen mitbekommen hätten. Doch diese
Fiktion will natürlich von wahrer Existenz, das heißt vom Jetzt-und-
für-immer-sein eines Nicht-Du mächtig überzeugen.

(75) Alles in Einem und Eines in Allem
Was auch immer existiert, existiert bedingt durch anderes: Alles Dasein ist nur ein Sosein. Jedes Lebensmittel, das wir essen, wird zum
Körper, ohne dass es Körper wäre. Selbst die im Raum erscheinende
Person erweist sich mit dem Ich genau genommen nicht als iden-
tisch. Denn grundsätzlich ist jene unzweideutig bestimmbar, dieses
keineswegs. Ohne Du ließe sich nicht einmal ein Ich denken. Doch
löst sich ein Jegliches im umfassenden All-Einen, dessen die Sinnlichkeit wandelt, auf. Hinter allediesem Wandel der Erscheinungen,
die sich im Ich als (Ausschnitte der) Welt wiederfinden, ruht bei
Analyse meines Verstandes nichts als ein Urgrund der Leere; wahre,
das heißt unabhängige Existenz bleibt das, was einer Illusion gleicht.
Und alle unsere Taten fallen direkt oder indirekt auf unser flüchtiges
Selbst zurück, das von Natur aus eher nicht leiden möchte.[*]

(76) Einem Ich, das in nichts Größeres entströmen mag, droht Er-
stickungsgefahr an sich selber.

(77) Bezüge und Wesenheiten
Haben wir erst einmal begriffen, dass jedes Ursache-Wirkungs-

---

[*] Somit ist für mich das All-Eine (obwohl es nicht nur an die Weisheit des
Ostens, sondern in Einzelaspekten auch an Spinoza oder Nicolaus Cusanus
erinnert) keine Metaphysik, sondern bare moralische Abstraktion. Für diejenigen, die damit nicht einverstanden sind, setze ich noch tiefer an und nenne es
ein Konzept.

Verhältnis eine Umwandlung darstellt, dann halten wir nicht länger an verengten Kategorien fest. Wir glauben dann nicht mehr, dass die Hitze des erhitzten Eisens die Hitze des Feuers sei, sondern wissen, dass die Hitze *im* Eisen die Hitze *aus* dem Feuer ist, und werden großmütig.

(78) Die menschliche Erfindung der Zahl
Wenn ich maschinell 5 größere Äpfel zerteile und augenscheinlich perfekt zu 7 kleineren neu zusammenfüge, woraufhin jemand sagt: „Sieben Äpfel", hat er dann unrecht? Oder wenn 2 dreiviertelgroße am Baum zu 1-nem verwachsen sind –? In diesem Zusammenhang sei daran erinnert, dass auch alle Stellen hinter dem Komma einer gebrochenen Zahl nicht-infinite, ganze Zahlen bleiben.[*]

(79) Genau betrachtet, hätte die Wissenschaft es beinahe errungen, meinesgleichen Zahlen wie die 21 entmystifizierend begreifbar zu machen.

(80) Der falsche Glaube an die ganze Zahl und der falsche Glaube an die geschlossene, einheitliche Personhaftigkeit sind – eins.

(81) Im Endergebnis habe ich gegen die Mathematik nur dies, dass ich selber sehr oft rechne.

(82) Angesichts wissenschaftlichen Berichten, die vor Fremdwörtern und Zahlen nur so strotzen, denkt der bildungsgläubige Bürger: „Das muss die Wahrheit sein, denn ich verstehe es nicht."

---

[*] Dem entspricht die Sentenz (leider entsinne ich mich nicht, von wem sie stammt): „Die Natur macht keine Sprünge."

(83) Was aus Unwissenheit geschieht, geschieht ohne System, glauben wir. Doch *ist* vielfach die Unwissenheit System.

(84) Der Glaube gründet sich per Definition auf das, was wir nicht wissen: Er ist eine Zuflucht aus der Ungewissheit heraus. Nun hat die Wissenschaft aber vielen Menschen nicht die erhoffte Gewissheit und Geborgenheit gebracht …

(85) Eine Kritik der experimentellen Vernunft
Selbstverständlich sind nicht von vorne und hinten meine Folgerungen vollkomme richtig (alles besitzt nur Gültigkeit in bestimmten Relationen), aber das ist auch nicht das Wesentliche. Das Wesentliche ist, dass wir aus unserer Unmündigkeit anbetrachts Statistiken und Co. zurück zu den Möglichkeiten mutigen Selberdenkens finden.

(86) Der Mensch ein Makroskop
In einer Welt der amtlich beglaubigten Verwissenschaftlichung kann uns am besten der Aphorismus helfen, Erkenntnisse wieder kraft unseres Verstandes an der eigenen Lebenserfahrung zu prüfen und (selbst wenn falsifizierend) zu erwerben.

(87) Ich werde keiner Statistik glauben, die mir beweisen will, dass täglich 12 Stunden die Sonne scheint, wenn das an den meisten Tagen im Jahr dort auf der Erde, wo ich lebe, nicht der Fall ist.

(88) In der Folge dessen, das Studie A resümiert: „Das Rechtsbewusstsein der Menschen insgesamt steigt“, und Studie B: „Im Jahr 2013 hat es so viele gewaltsame Konflikte auf der Erde gegeben wie seit dem Ende des Zweiten Weltkriegs nicht mehr“, dürfen wir – insbesondere, da beides den Tatsachen entspreche – welchen Gedanken fassen?

(89) Erst wenn die Logik kreativ wird (das heißt, wenn sie nach unerschlossenen Faktoren sucht), wird sie menschenfreundlich.

(90) Die Vermehrung des modernen Wissens im Kleinsten
Für mich, der ich wie die absolute Mehrheit weder Mikrobiologe noch Experimentalphysiker bin, besteht das Wissen über Atome oder Gene in nichts als einer fixen Idee. Diese meine Idee wurzelt in modellartigen Beschreibungen mit appetitlich bunten Formen, die ich – weil wir aus dem Urwald kommen – zu verstehen glaube. Von einhundert Leuten, die über Hormone als Grund für was auch immer reden, kennen mehr als neunundneunzig den empirischen Gegenstand ihrer Begriffe zu nicht einmal einem Prozent. Gleichermaßen handelt es sich bei der Bakterien-Angst, die bereits Kinder lernen, um eine (un)reine Denkkonstruktion.

(91) „Maschinen zu Verbreitung ihrer Gene als Produkte der Evolution"
Eine Wissenschaft vom Leben, die uns als eine Zusammenballung von Stoffen betrachtet – und sonst nichts –, haftet der nicht etwas Lebensfeindliches an?

(92) Abstrahieren wir von unserem Wissen und versetzen uns zurück in die natürliche Anschauung: „Dieses Glas Wasser da, das du siehst", wird uns gelehrt, „das ist H_2O." Und ab hier wird für das Kind das, was es fassen kann, unfassbar; das kann es nicht begreifen, sondern nur auswendig lernen.

    In der Schule wird in Karos gedacht.

(93) Vorbereitungen für die deutsche Elite
Das erste und letzte, was ein Gymnasiast oder eine Gymnasiastin zwecks eigenständigem Arbeiten beim umformulierenden Abschrei-

ben eines Textes lernt, ist, dies möglichst logisch aufzuziehen, auch wenn das Ganze wenig Sinn gibt.

(94) Folgende Schlussfolgerung hat die PISA-Studie nicht ausdrücklich gezogen: Ebenso wie der schlechten Laune schadet die Sonne der Bildung.

(95) So oft ich höre, wie das „Warum?" eines Kindes von Erwachsenen abgespeist wird, die gelernt haben, ohne Gründe zu leben, zweifle ich, wer da vernünftiger ist.

(96) Alle, die nicht lernen durften, sich zu irren, können auch nichts berichtigen: Fehlermachenkönnen verbürgt den Erfolg.

(97) Unter anderem hat das Kleinkind dies dem Erwachsenen voraus: Es dreht und wendet jeden Gegenstand von allen möglichen Seiten her, um ihn zu begreifen.

(98) Weil die Erwachsenen ihnen das Lügen noch nicht beigebracht haben, sprechen Kinder die Wahrheit.

(99) Wissen ist Besitz, der sich nicht vermindert, wenn wir davon geben. Diese Freude am Teilen macht den guten Professor aus.

(100) Faustisches Wissen
Mutmaßlich gibt es nicht einen einzigen Menschen, der bei dem Versuch, eine sehr allgemeine Bildung in die Tat umzusetzen, nicht gescheitert wäre.

(101) Der Glaube an das Wort
Früher nannten wir's die (göttliche) Kraft der Seele. Dann meinten wir in etwa dasselbe mit der Macht des Unterbewusstseins. Und heute

nennen wir's – oha! – Autosuggestion oder gar – hoho! – neurolinguistische Programmierung.

(102) Augenscheinlich ist es uns ein für alle Mal gelungen, den Geist auf die biologische Materie zurückzuführen. Gleichwohl kenne ich das Cerebrum, aus dem mein Denken kommt, nur als das Fleischliche meiner denkenden Anschauung.

(103) Prästabilierte (Dis-)Harmonie oder Die neuen Schicksalsgöttinnen
Betrachten wir's mal nüchtern: Mittlerweile wird von Genen doch so gesprochen, als wären es Monaden, die energetisch mit dem Fatum geladen seien.

(104) In einem Raum ohne Boden zu existieren, einem digitalen Raum, macht natürlich ängstlich und unsicher.

(105) Von irgendetwas Festem und Gleichbleibendem müssen wir Erdenwesen einfach ausgehen, selbst wenn wir es „Werden" oder „Leere" heißen (oder „Gott" oder „Familie" oder „Elementarteilchen").

(106) Ein Klimaexperte hat bei einem politischen Treffen vor den Folgen der Erderwärmung mit den Worten gewarnt: „Dann wird die Welt, so wie wir sie kennen, zu existieren aufhören", Worte, die beinahe genau so vor einigen Jahren in einem apokalyptischen Film eingesetzt wurden. So frei kann sich selbst der verdienstvollste Wissenschaftler vom Einfluss Hollywoods und der Religion halten!

(107) Endzeit
Die Technik ist nicht *der* Maßstab für den Fortschritt. Ansonsten könnte das Kino nicht mit hochtechnisiert-barbarischen Szenarien

überzeugen. Ich will Missverständnisse minimieren: Echter Fortschritt ist nicht das, was ich als verseuchter und misshandelter Mensch erlebe.

(108) Die Kernbedingung der Wahrheit bleibt der machbare Irrtum.

Zu Wissenschaft und Medizin

(109) Derart durchweben sich alle Phänomene, dass sich mehr als provisorische Zuordnungen kaum umsetzen lassen. Ein Spezialist ist jemand, der sich auf einem Schwebebalken der Realität verdingt.

(110) Wer sehr, sehr genau ist, weiß, dass Genauigkeit ans Unmögliche grenzt. Alle anderen glauben daran.

(111) Wissenschaftlichkeit
Zerlege, was zusammengehört.

(112) Wer einer Inkubation von Idealen unterliegt, auf dass sich alles reime, darf keine Wissenschaftlichkeit für sich beanspruchen (tatsächlich fehlen uns aber gute Poeten).

(113) In der aufgegriffenen Kausalität gründet sich das Wesen der Wissenschaft. Ausgerechnet diese Wissenschaftlichkeit aber fehlt in jeder Statistik.

(114) Für wie viele moderne Menschen die Kausalität unbelehrbar etwas Okkultes ist, das erkennen wir daran, wie viele nach dem Genesen oder Abnehmen glauben, sie könnten die speziellen Ursachen aufgeben und gleichzeitig halte die Wirkung an.

(115) Die Gefahr wissenschaftlicher Überreife
Ein guter Arzt wundert sich auch noch mit fünfzig oder sechzig Jahren; anderenfalls hinterfragt er nichts mehr. Irrigerweise sind einige Wissenschaftler aber gerade darauf stolz, sich entwundert und -zweifelt zu haben.

(116) Im Gegensatz zu uns experimentiert die Natur schon seit Milliarden von Jahren.

(117) Der Alltag ist kein Labor.

(118) Unverbesserlich zitieren manche Akademiker die lebendigsten Klassiker, bevor sie mit ihren sterilen Texten anheben.

(119) Das erklärte Ziel vieler Universitäten ist es zwar, Persönlichkeiten heranzubilden; wenn jedoch alle in einer vorgebahnten Weise zu denken haben, um nicht durchzufallen, dann haben wir es mit Dressur zu tun.

(120) Jedesmal, wenn ich von irgendeiner akademischen Abhandlung aufblicke und erfreut die Bäume, Häuser, Menschen draußen sehe, frage ich mich, wo ich soeben war.

(121) Weil wir uns beschwichtigen wollen, allein deshalb reden wir von Zeit zu Zeit wissenschaftlich; aber empfinden müssen wir letzten Endes menschlich.

(122) Ein Gegenüber, das über ein Gebiet bestens Bescheid zu wissen glaubt, hört Dir in der Regel nicht zu, sondern zeigt sich beschränkt darauf, Dir zu widersprechen.

(123) Die Stille Post der Erwachsenen lautet Teamarbeit.

(124) Jeder Mensch ist als Mensch genommen unprofessionell. Und wie könnte er in seinem Beruf nicht Mensch sein?

(125) Entgegenseitiges Verstehen
Alle, die auf Teamarbeit als Lösung für das Problem verweisen, dass sich im 21. Jahrhundert ein Einzelner bei weitem nicht mehr in allen Bereichen auskennen kann, erklären eben damit die begreifende Kommunikation, auf der alles speziellere Zusammenwirken basiert, zur Unmöglichkeit. Muss denn nicht ein Jeder beispielsweise einsehen: Wo auch immer ein Architekt Unwissenden diktiert, wie sie eine komplexe Sache praktisch umzusetzen haben, da kann doch von Teamarbeit nicht die Rede sein?

Allerdings bin ich für die Leserin oder den Leser bereit, einzuräumen, dass heute nicht einmal mehr ein Bauer sein Feld überblickt und diese Betrachtung überspitzt wirkt.

(126) Melatoninhaftes
Dass Schlafforscher sagen, es sei noch immer nicht geklärt, warum der Mensch überhaupt schlafen müsse, klingt das nicht ein bisschen wolkig und verfehlt? Ist denn die pure Beobachtung, dass wir uns dadurch erholen, so wenig aussagekräftig?

(127) Wiewohl es verquasselt anmutet, sind einige (nicht alle) Psychologen deswegen philosophiefeindlich, weil sie denken, dass ihre Theorien … nun … praktisch seien.

(128) Jede Routine, und davon ist auch eine medizinische Untersuchung nicht ausgenommen, grenzt an Stumpfsinn.

(129) Der Psychologe ist ein Meister darin, Grund und Folge zu verdrehen.

(130) „Ist es gleich Wahnsinn, hat es doch Methode"
Stellen wir uns einmal vor, wir haben einen Garten, dessen Pflanzen kränkeln. Weil wir uns nicht besser zu helfen wissen, beschaffen wir ein Schädlingsbekämpfungsmittel und chemischen Dünger. Obwohl wir beides in empfohlener Dosierung und vielleicht nötigem zeitlichen Abstand voneinander hineingekippt haben, fällt die Wirkung irgendwie negativ aus. Also schütten wir ein erprobtes Anti-Serum hinterher, das neutralisieren soll. Um den strapazierten Boden wiederaufnahmefähig zu machen, lassen wir ihn erst einmal austrocknen. Nachdem wir ihn erneut mit Wasser gesättigt haben, versuchen wir es mit ähnlichen Präparaten unter anderen Benennungen. Falls am Ende der Landstrich völlig ruiniert ist, sehen wir uns veranlasst, eigene Erde rauszureißen und fremde einzupflanzen … Das, was kein vernünftiger Mensch jemals seinem Garten antun würde, ist die anerkannte wissenschaftliche Methode, mit der Ärzte unsere Körper behandeln.

(131) Das etikettierte Geschöpf
Die Depression, das existiert augenscheinlich nicht. Kein Arzt kann mich das jemals sehen lassen, nicht einmal modellartig. Sehen kann ich immer nur einzelne traurige oder teilnahmslos wirkende oder irgendwie müde Menschen, über die ich mir hindenke: „Depression."

(132) Warum diagnostiziert sich der Neurologe nach Wahrnehmungsstörungen durch Alkoholgenuss nicht selber eine „temporäre Psychose"?

(133) Obwohl sie auf der anderen Seite wissen, dass die Medizin keine exakte Wissenschaft ist, sind sich auf der einen Seite Ärzte so sicher wie Geisterfahrer.

(134) Immerhin ist es nicht gesagt, dass die wissenschaftliche Tauglichkeit des Begriffs „Psychose" nicht vor dem der „Schlacke" rangiert.

(135) Neurologistik
Einerlei, ob verursacht durch Alkoholmissbrauch oder Medikamentenentzug, durch zu arges Hungern oder ein katastrophales Ereignis – immer reagieren die Nerven zwar nicht in ein und derselben, aber in ähnlicher Weise: mit Überreizung und geistigen Trübungen. Sollten wir daraus nicht schließen, dass all die oft in lateinischen Begriffen fixierte hochspezielle Diagnostik Humbug gleicht?

(136) Das Garn des Psychosomatischen
Obschon es als gesichert gilt, dass etwaige psychische Beschwerden direkt körperliche bewirken, mag es in der Mehrzahl der Fälle nur sehr bedingt zutreffen, dass eine negative Geistes- und Gemütslage allein zu Krankheiten wie beispielsweise Krebs führt; denn ein Mensch mit einer problematisch-ungesunden Mentalität verwickelt sich in der Regel in eine ungesund-problematische Lebensweise, und andersrum, welches im allgemeinen die Ursache für seine gewisse Krankheit sein dürfte. Der Begriff „psychosomatisch" spinnt sich also in Richtung unwissenschaftliches Knäuel.[*]

(137) Der Therapeut als Scholastikus
Jede wissenschaftliche Kategorie ist und bleibt auf den konkreten Menschen angewandt zu eng.

---

[*] Oder wir machen's uns wieder einfach und nennen als Wurzel allen Übels „die Gene".

(138) Offene Therapeuten kennen den Schlüssel: Das Thema erschließt den Mitmenschen.

(139) Freud'sche Sexualtheorie
Warum soll es besonders richtig oder falsch sein, dass sich nahezu überall im Menschen die Sexualität wiederfindet? Es findet sich doch auch nahezu überall Blut.

(140) Die menschliche Psyche gleicht einem architektonischen Wunderwerk. Sie ist nicht drei-, sondern 3^{33}-geschossig mit endlosen Zimmerfluchten angelegt.

(141) Grundsätzlich ist jeder sogenannte Zwangsneurotiker ein Perfektionist. Und ist nicht jeder Perfektionist irgendwie ein Ästhet?

(142) Angesichts der Therapiemethode, dass eine Magersüchtige ihren Teller in einer bestimmten Zeit leeressen müsse, frage ich (gerade wenn dem keine tiefere Einsicht in die Vergänglichkeit vorhergeht): Lässt sich Zwang nachhaltig mit Zwang therapieren? Oder nicht vielmehr mit dem Gegenteil, mit Liebe?

(143) Von der modernen Psychologie „erfolgreich" genannte Menschen – Menschen, die zu ihrem Glück geliebt wurden – verbuchen selten außergewöhnliche Leistung. Wir alle wissen doch: Warum sollte sich eine Person, die sich pudelwohl fühlt, sonderlich anstrengen? Und die Psychologie weiß das auch; ansonsten hätte sie nicht die Begriffe „Kompensation" und „Motivation".

(144) Wer „mit beiden Beinen fest im Leben steht", der muss sich nur einer psychologischen Analyse unterziehen und er wird erkennen, dass er doch einigen Grund hat, depressiv zu sein.

(145) Der Geist hält Galopp, bis das Herz stolpert.

(146) Schreiben und Malen sind sehr sichere Therapiemittel, weil sich dabei die Auseinandersetzung nicht durch die Flucht ausschließt.

(147) Metapsychologie
Sofern Du über Deine Empfindungen und Urteile urteilen kannst, dass sie je nach Maßgabe nicht richtig sind, ist es nicht falsch.

(148) Motivation
Es gibt keinen kraftvolleren Antrieb als die Einsicht in die Notwendigkeit, selbst wenn sie nicht wirklich (sondern nur in der Einbildung) existiert.

(149) Sofern der Psychologe die „harmonische Normalfamilie" als Ideal setzt, darf jeder – das wissen wir –, jeder von den Problemen der gesellschaftlichen Wirklichkeit befleckter Mensch als gestört gelten.

(150) Wenn Psychiater die Emotionen eines Patienten behandeln, indem sie einen phlegmatisch-schläfrigen aus einem aufgeregten oder einen aufgeregten aus einem phlegmatisch-schläfrigen machen, Psychopharmaka nach ihrem Urteil das Wesen eines Menschen aber nicht verändern, was ist dann eine Wesensveränderung?

(151) Jemand, der als schizophren oder (wenn sich das besser anhört) psychotisch gilt, unterscheidet sich von einem Normalen vor allem dadurch, dass dieser seine verschiedenen Ichs sozusagen runden kann, indessen die Brüche bei jenem unverhohlen bleiben.

(152) Wenn die empfindungsfreie Theorie lehrt: „… wirkt schmerz-stillend", dann – so scheint dieser oder jener Doktor zu verdächti-gen – irrt sich der Patient mit seinen Gefühlen, Schmerzen zu haben.[2]

(153) Ein Feuerwehrmann ist in der Regel nicht anmaßend genug, um zu glauben, dass sich Flammen kontrollieren lassen; der Arzt hinsichtlich Drogen und Medikamenten schon.

(154) Wo ehedem zur Ader gelassen wurde, da werden heute mit nicht größerer Unbestimmtheit Tabletten verabreicht.

(155) Fortschritt macht Fortschritt nötig: Jede Lösung versteuert sich mit einem Problem.

(156) Die vor ihnen sitzenden Menschen nicht gemäß eigenen Über-zeugungen zu überreden, davon überzeugt beredt ein Studium der Psychotherapie und Psychiatrie. So versteht sich's auch, dass ver-fänglicherweise einem Patienten, der laut Phrase „die Kontrolle nicht abgeben" könne, das Alkoholtrinken nahegelegt wird.

(157) Das Hauptziel des technischen Fortschritts war und ist Ar-beitserleichterung. Und obgleich viele Leute sowohl schwerer als auch gestresster sind denn je zuvor, schreien sie nach mehr – Stress.
     Der Fortschritt ist ein großer Gruppenzwang.

(158) Psychologen oder Psychiater, die predigen: „Bitten Sie um Hilfe, grenzen Sie selber sich aber von Ihren leidenden Mitmenschen ab", therapieren Egoisten heran.

(159) Psychomechanik
Ich ahne, dass Psychologen im Studium selbst dahingehend kondi-tioniert werden, gegenüber dem Patienten oder der Patientin zur

Herstellung von Vertrauen wohldosiert und -kalkuliert Probleme mittels eigenen persönlichen Erlebnissen zu veranschaulichen. Doch ziehen sie mit Kontrolle den kleinen Finger wieder zurück, ehe sie *wirklich* von Seele zu Seele Dir die Hand reichen!

(160) Abgrenzung ist sehr anstrengend, weil sie dem natürlichen Fluss mentaler Energien widerspricht. Grenzenloses Sich-öffnen, in dem nichts stecken bleibt, ist der Königsweg inneren Friedens.

(161) Zwar will der Psychologe sich aller oder vieler Werturteile enthalten; was aber macht er in seinem Berufsalltag, wenn nicht auswerten und urteilen?[*]

(162) Das Brahmanentum der Ärzte
Die indische Priesterkaste teilte ihr Wissen ungern mit, die Eingeweihten sagten vor dem Volk nichts Schlechtes übereinander und entschuldigten sich nicht, alles, um vor den Gläubigen nicht ihre Autorität einzubüßen. Dieser Kodex der Brahmanen aber ist der Kodex der Ärzte.

(163) In Krankenhäusern stehen noch heute Prokrustes' Betten.

(164) Für den Religiösen ist alles religiös. Für den Psychiater alles psychiatrisch. Und dem Fleischer ist alles wurscht.

(165) Allmählich spüren einige Menschen, dass die Wissenschaft ihren mehr oder weniger proklamierten Anspruch, für ein neues Heil

---

[*] In der Psychiatrie wirst Du zu Deinem Wohl ständig hinter Deinem Rücken verhandelt. Personal, mit dem ich nie mehr als Grußformeln gewechselt hatte, wusste alles Mögliche und Unmögliche über mich.

zu sorgen, nicht erfüllen kann, und diese Enttäuschung trieb schon viele von der Kirche weg.

(166) Selber bin ich der Überzeugung, dass die Medizin nicht so sehr von künstlicher als vielmehr von künstlerischer Intelligenz profitieren würde.

(167) Psychopharmaka verstehen Dich nicht. Ihr grundsätzliches Verschreiben ist das Ende der Psychologie.

(168) Letztlich liegt der Fehler nicht in der Wissenschaft – das anzunehmen, wäre widersinnig –, sondern in unserem Wissenschaftsbetrieb.[*] Am evidentesten zeigt es der Klimawandeln: Der Fortschritt hinkt hinterher.

Zu Medizin und Politik

(169) Rezeptblock- und Halbwertszeitrechnungen
Eine Fehlanpassung – und als diese sollten wir jede Krankheit oder Störung deuten – durch die Fehlanpassung chemisch-synthetischer Stoffe korrigieren zu wollen, ist auf nicht-kurzfristiger Basis eine viel kritischere Angelegenheit, als dies so einigen Ärzten scheinbar klar

---

[*] Wenn nicht mehr das Wahre als Ware, sondern die Ware als Wahres gilt, dann sind einzig industrieller Ausbeutung und Aberglauben die Tür geöffnet.

zu Begriffen kommt (um nicht noch einmal von dem Fall zu sprechen, dass gewisse Personen dadurch erst krank gemacht werden).[*] Auch der einzelne Mensch ist schließlich ein ökologisches System.

(170) Die Monomanie der Ärzte heißt: Tabletten verschreiben.

(171) Bequem und einträglich ist es, einen leidenden Menschen mit Psychopharmaka zu beruhigen; denn der seelische Bodensatz wird dadurch unten gehalten und eine Therapie scheinbar erleichtert, im tieferen Sinne aber ausgespart.

(172) Jede sogenannte Nebenwirkung, unter der sich der Patient quält, kann das Vertrauen in den Arzt nicht minder zerstören, als hätte dieser ihm einen Schlag versetzt. Und gewissermaßen *hat* er ihn geschlagen.

(173) Wenn Parkinson und Schizophrenie mit denselben Neuroleptika behandelt werden, dann steckt dahinter eine feine barbarische Logik: Weder zittert noch halluziniert, wer schläfrig ist.

(174) „Nebenwirkungen" ist ein Euphemismus für Vergiftungserscheinungen.

(175) Es wäre menschenfreundlicher, Heimpatienten ein für allemal in die Gruft zu betten, statt auf Dauer sedierend Zombies aus ihnen zu machen!

---

[*] Nur die Konzentration der Toxine im Blut zu untersuchen, ist wahrlich eine halbwertige Sache; denn Blut fließt aller Wissens durch Organe, und ich habe trifftige Gründe zu dem Verdacht, dass ebenjene sich bis zur unternommenen Entgiftung dort katastrophal ablagern. Zu glauben, mit zwei bis drei Wochen „Ausschleichen" sei es getan, legt allenfalls Beweis von latenter Naivität ab.

(176) Die moderne Psychiatrie ist eine Menschenvergiftungsanlage.

(177) Aber sicher, die meisten Patienten nehmen „freiwillig", nachdem sie eine Gehirnwäsche bekommen haben, Medikamente.

(178) Bist Du erst einmal mit einer bestimmten Diagnose vorbelastet, so wirst Du gern ein Leben lang mit all Deinen Beschwerden (ganz egal, was Du hast) darauf reduziert.

(179) Die Allopathie als Katholizismus der Medizin
Die Psychiatrie kann zwar auf eine kürzere, in ihrer Humanität aber nicht auf eine bessere Geschichte als die christliche Kirche zurückblicken. Der schon mehr als einmal angedeutete Ritus, hilfebedürftige Menschen zwecks einer Scheingesundheit zu vergiften, gehört zusammen mit beispielsweise militärischen Kreuzzügen zur Friedenssicherung zu den schweren Zweifelhaftigkeiten unserer brausenden Wissensgesellschaft.

(180) Wenn Dir ein Arzt entgegnet (wie meiner Partnerin geschehen): „Die Natur ist gegen Sie", dann ist Misstrauen gefragt, ob er nicht zum unwissenden Verbrecher mutiert.

(181) Wie stünde es um den Beruf des Klempners, wenn er auch dafür bezahlt würde, dass er das ganze Haus unter Wasser setzt? Wie steht es um den Beruf der Ärzte, wenn sie auch dafür bezahlt werden, dass ein Patient (dessen Genesung nicht ein Werk von Wundern wäre) überhaupt nicht genest, ja stirbt?

(182) Das Prinzip Wort-Sach-Vertauschung
Alle reden von „Verantwortung". Doch Verantwortung „übernehmen", das ist nicht einmal denkbar. Zumindest: diese Redensweise

gerade auf den Fall anzuwenden, dass die Sache schiefgehe – dass der Patient stirbt –, ist völliger Schwachsinn. Selbst wenn der Arzt danach ins Gefängnis abkonsultiert wird, so spurt sich dies auf einer ganz anderen Ebene der Realität ein. Unmittelbar mit dem einzelnen Gestorbenen, für den „man Verantwortung trug", hat das nichts zu tun.*

(183) „Lebenserhaltende Maßnahmen" heißt richtiggerückt: am Sterben erhalten.

(184) Amtsrundtanz
Aus diesem Zirkel, dass sich nur mit medizinischen Gutachten von Akademikern akademisch geschulte Mediziner „gerecht" anfechten lassen, will es kein Entkommen geben.

(185) Wer emotional in Not ist, dem will in unserer Gesellschaft sofort mit einer Dienstleistung geholfen werden. Einfühlungsvermögen scheint ein kaum noch denkbares Ding zu sein.

(186) Homo institutionalis
Von der Kindertagesstätte bis zum Altersheim: Im Stempelstaat Deutschland wird der Mensch institutionalisiert. Wer das nicht einsieht, darf ins Irrenhaus!

(187) Das Flipper-Prinzip
Und der bravouröse Schwindel unseres Zuständigkeitsdenken ist, dass sich von der Gesamtheit aller Zuständigkeiten keine jeweilige einzelne Zuständigkeit zuständig fühlt.

---

* Der einzig sinnvolle Gebrauch des Wortes meint „moralischer Appell", was oft bedeutet, dass es sich mit „Macht" ersetzen lässt. Zu viele Leute aber gleichen Papageien.

(188) Verstehst Du Dich auf die Graduierungen der Welt? Dann wirf Dich nicht weg in die Hände anderer Leute![3]

(189) Das Kafkaeske unserer Zeit liegt eben darin, dass über allem, was wir sagen oder nicht sagen, tun oder nicht tun, ein *psychologisches* Urteil schwebt.

(190) Doch Gesundheit bleibt ein Segen, den Dir am besten Deine eigenen Hände erteilen.

(191) Jeder von uns hat sich vermutlich schon einmal gereizt gegenüber einem kranken oder irgendwie schwachen Menschen verhalten; doch haben wir auch nicht als Grund dafür vergessen, dass wir uns beleidigt fühlten, weil wir nicht zu helfen wussten? Denn offenbar kann es sich in solchen Fällen weder um Gleichgültigkeit noch um eine plausible Feindschaft handeln.

(192) Zu gerne nennen die Leute „Lebensqualität", was sie krank macht.

(193) Menschen in helfenden Berufen, die einer Abstumpfung nicht entgehen können, gleichen in gewisser Hinsicht einem Restaurantkritiker, der unter chronischer Übersättigung leidet.

(194) Jede schwere Krankheit ist egozentrisch.

(195) In Einzelfällen können wir unseren Mitmenschen dadurch einen Dienst erweisen, dass wir sie um Hilfe bitten. Sich nicht helfen zu lassen, ist in jedem Fall gegenüber Liebenden eine Grausamkeit.

(196) Positiv an einem niedergedrückten Gemüt ist meist, dass sich der oder die Betroffene über das eitle Getriebe der Welt erhaben fühlt.

(197) Scheitern als Triumph
Die Gesellschaft bezeugt ihr Unvermögen damit, dass sie derlei „paradox" nennt; wer aber seinen persönlichen Untergang (demonstrativ) einer Welt vorzieht, die er verachtet, beweist in Wahrheit nichts anderes als eine fatalistische Logik.

(198) Die Krankheit der Magersüchtigen ist streikende Romantik. Denn sie sucht inmitten der Überfluss- und Leistungsgesellschaft Liebe.

(199) Gesetze der Selbstzerstörung
In unserer Gesellschaft kommt ein Verzweifelter nun mal viel ungestrafter davon, wenn er sich dazu verleiten lässt, sich selber anzugreifen statt die Mächte, die ihm Leid zufügen.

(200) Ist es denn so sicher, dass wir einen Mitmenschen, den wir anschubsen, nicht stolpern lassen?

(201) Wen das Selbstmitleid befällt, der stellt sich inmitten tausend Hemmnissen selbst das Bein. Es gleicht einer Zärtlichkeit sich selber gegenüber, die lähmt und vernichtend wirkt.

(202) Niemand weiß Dir unter vier Augen besser die zwielichtige und unnütze Wirkung von Alkohol zu predigen als ein Alkoholiker.

(203) Die meisten psychischen Probleme entstehen dadurch, dass ein jeweiliger Mensch in ein kulturelles Spannungsfeld gerät, dessen Stress er nicht meistern kann. Psychologen müssen also Kulturforscher sein; kennen sie die geschichtlichen und zeitgenössischen Strömungen schlecht, so fällt die Therapie natürlich eng aus.

(204) Wer vom Konsumieren ihm abrät, den betrachtet er als Feind; denn stets ist der Alkoholiker demjenigen am dankbarsten, der ihm die göttlichste Bombe braut.

(205) Tückischerweise muten die meisten Sackgassen auf den ersten Blick wie Auswege an.

(206) Wer eine Sache übers Knie brechen will, der bricht gar nicht so oft – die Sache.

(207) Übersehen wir nicht, dass Freiheit auch von der Frage der Gesundheit abhängt, und wie gesund sind zivilisierte Menschen?

(208) Ein Deutscher, der an einem x-beliebigen Ort keine Sitzgelegenheit vorfindet, hält das bereits für einen Verstoß gegen seine Menschenwürde, und ich spreche selbstverständlich von einem noch-nicht-gehbehinderten.

(209) Von allen Angelegenheiten, die uns auslaugen können, ist die Gewohnheit die hinterlistigste. Schließlich gehen wir an ihrem Arm, weil sie uns mit Bequemlichkeit gelockt hat.

(210) Wenn der Mensch von Natur aus schlecht wäre, dann müsste ein von Schlechtigkeit verkrampftes Herz wohl länger als ein gutes leben.

(211) Liebe bleibt das zuverlässigste Mittel, um die Wunden zu heilen, die auch der eigene Zorn uns schlägt.

(212) Wer verzweifelt, liebt (eine Frau, einen Mann, ein Kind, das Leben …). Wäre die Heilung ihren Preis wert?

(213) Selbst die prunkvollste Festung schützt Dich nicht, falls der Feind innen sitzt und Du Deine geheimen Gänge nicht kennst.

(214) Wenn trotz bester Liebesmüh' alles im Leben schmerzhaft bleibt, kommt es darauf an, Schmerz mit Schmerz zu übertünchen: und es lebt sich wieder abwechslungsreich.

(215) Ein Ängstlicher wirkt beängstigend. Das ist nicht zu verwundern: wirkt doch auch ein Trübseliger betrübend.

(216) Solange wir es nicht verlernen, auf die Frage, ob wir uns von Zeit zu Zeit langweilen, angeberisch „nein" zu antworten, solange müssen wir bezüglich Stress klagen „ja".

(217) In einer seelisch gesunden Person befinden sich Minderwertigkeitsgefühle und Anmaßung in Balance.

(218) Facebook? Das ist doch diese flirrende Selbsthilfegruppe für ADS, die in Wahrheit ein Riesenkrake ist?

(219) Was für gewöhnlich Charakter heißt, sind nicht viel mehr als kulturelle Symptome.

(220) Wer käme anbetrachts der unzähligen Menschenopfer, die der Kommunismus in seiner von Karl Marx nicht vorhergesehenen Wendung gefordert hat, auf die Idee, selbigen einen größenwahnsinnigen Geisteskranken zu nennen? Praktisch niemand. Warum nicht? Weil er einen respektablen Bart mitsamt einem knitterfreien Anzug trug, und weil andere ihm zugestimmt haben?

(221) Bei allem Missbrauch drohen wir zu übersehen, dass die echte Aufgabe eines (gewählten) Politikers darin besteht, Therapeut der

Gesellschaft zu sein. Doch blick ihnen in die Augen: Sie schauen überhallhin, wo die Macht sich dreht, nur nicht wirklich auf Dich als ihren Mitmenschen.

(222) Die sich wechselnden und doch ewiggleichen Regierungen der Weltgeschichte sind nichts anderes als die sich wechselnden und ewiggleichen Leiden der Menschheit.

(223) Die verbockte Kleingeisterei unserer materialistischen Gesellschaft

In Deutschland wird jeder Mensch, der nicht ernsthaft am Gelde interessiert ist, ohne nähere Kenntnis als destruktiver Spinner betrachtet.

(224) In einem Land, das Vollbeschäftigung anstrebt, ist Pfusch unerlässlich. Würden wir von allen Stellen das nur dreiviertelqualifizierte Personal verbannen, so läge die Arbeitslosenquote schätzungsweise bei 40 Prozent. (Freilich, das wäre ein noch viel größerer Pfusch …)

(225) So viele Freizeitpassivitäten, wie sie uns heute zur Verfügung stehen, gab es in der Tat nie zuvor.

(226) Die Politik interessiert mich so sehr, wie ein Vogel sich für den Dreck auf dem Boden interessieren muss.

(227) Wirtschaftslogik

Wenn Falschheiten viel Geld bringen, dann sind sie richtig (nicht?).

(228) Falls Du mit dem Gesicht nach unten im Dreck liegst, schäme Dich nicht, Dich zu *empören*.

(229) Waren die allerersten Jahre Deines Lebens mies, dann wird der ganze Rest – und das ist schon die beste Hoffnung – zu einer Schadensbegrenzung geraten.

(230) Wer Stille nicht genießen kann, ist mit dem lärmenden Krieg in sich noch nicht fertig geworden.

(231) Unter Umständen ist der beachtlichste Erfolg derjenige, der nichts in unseren Händen lässt außer unsere Hände selbst und aus diesem Grund meist von niemandem gewürdigt wird – die Schadenseindämmung.

(232) Wenn Unkraut nicht vergeht, so sind es oft die edelsten Gewächse, die auf schmutzigem unwirtlichem Boden Blatt um Blatt verlieren, bis sie sterben?

(233) An archimedischen Punkten fehlt es wahrhaftig nicht: Der Hebel, um Deine (Mit-)Welt zu ändern, bist Du selbst.

(234) Dass der treuste Freund der Hund sei, ist bekannt; aber warum? Weil Menschen richten.

(235) Wenn es Stärke wäre, aus dem Vollen zu genießen, dann wäre Herkules ein Hausschwein.

(236) Überfeinerung
Dass unsere Jahrtausende alte Sprachgeschichte uns nur mit einer Handvoll Wörter für Geschmacksbeschreibungen beliefert hat, beweist das nicht, dass unser neuzeitliche Standpunkt maßlos „verschmeckt" ist?

(237) Schnitzel, Bier und Schnaps
Nicht nur ist es unlogisch, sondern auch ziemlich bedauernswert, dass viele Männer ausgerechnet das für stark halten, was sie in ihrer Menschlich- und Männlichkeit ordentlich schwächt.

(238) Allem voran haben wir selber uns einen Zoo gebaut, den wir auf den Namen „Gesellschaft" tauften.

(239) Manch einer, der meint, er sei am Boden oder ganz unten, hat vielleicht noch nicht entdeckt, wie viel Erdgeschosse im kreaturhaften Dasein es gibt.

(240) Unerschrockenheit
Das oberste Prinzip des Überlebens lautet: den Tod in Kauf nehmen.

(241) Konsequenzen der Integrität
Sofern ich keine Gewissheit erblicken kann, ob ein anderer oder nicht gerade jener Weg, für den ich mich entschieden habe, in den Abgrund führt, gehe ich weiter. Denn wie möchte ich jemals zwischen links und rechts einen Kompromiss finden, indem ich mich von der Angst hin- und herjagen lasse? Nein, gewiss würde sie im Abgrund ohnehin enden.

(242) Die wohl entscheidenste Begabung im Dasein ist: die Leidensfähigkeit.

Zu Politik und Sexualität

(243) Einfaches Motto für schwierige Zeiten
Alles, was ich will, kann ich; was ich nicht kann, das will ich auch nicht.

(244) Gerecht? Ungerecht? Im Kampf ums Überleben ist solcherlei eine zu müßige Frage.

(245) Die Geschichte kennt reichlich Menschen jeden Standes, die von der Gerechtigkeit mit hochgezogenen Brauen reden, um ihrem Nächsten das Messer in den Rücken zu stoßen.

(246) Jeder Krieg ist ein Missverständnis. Alle Beteiligten haben dasselbe Interesse: nicht zu leiden.

(247) Die verheerendsten Dummheiten der menschlichen Geschichte haben sogenannte intelligente Leute fabriziert.

(248) Schön wär's, wenn (positive) Ergebnisse uns interessieren würden. Da dieselben aber in der Berichterstattung oft nur als Randbemerkungen auftauchen, wohingegen die Miseren beeindruckend illustriert erscheinen, gibt es guten Grund zu der negativen Ansicht, dass wir Probleme schöner finden als Lösungen.

(249) Blöderweise drücken manche Leute ihre freie Meinung mit Gewehren aus.

(250) Auf Politiker zu schimpfen, ist leicht; aber Politik ist wie Kanalarbeit: versteckt, dreckig und schwer.

(251) Justicia[4]
Müssen wir anbetrachts einer Richterin, die mit großer steinerner Blindheit wägt, über die Art von Recht und Freiheit, die sie uns verbürgt, verwundert sein?

(252) Die Demokratie ist die subtilste Form der Tyrannei.

(253) In jedem Ratschlag fluoresziert ein Befehl. Freiheit meint sich zwingen lassen.

(254) Die Tyrannei der Demokratie buchstabiert sich Manipulation. Stimmt's nicht?

(255) So viel Wert legen wir auf die freie Entfaltung der Persönlichkeit, obwohl das ganze Leben ein Konzessivsatz bleibt.

(256) Ein schielendes Chamäleon mit vorschneller Zunge ist die Demokratie.

(257) Offene Gesellschaft
„Pornographische Durchleuchtung" für das Aufweichen des Persönlichen ist ein recht unsinniger Ausdruck, weil sich alle Pornographie in Wirklichkeit oberflächlich ausnimmt.[*] Wer im übrigen alles preisgibt, gibt nichts preis; niemand (außer dem Geheimdienst, freilich) schaut noch gründlich hin.

(258) Viele, die hinüber zur Freiheit wollten, mussten zu ihren eigenen Sklaventreibern werden.

---

[*] Ihr Ehrgeiz erschöpft sich auf den ersten wie zweiten Blick im Ausleuchten von Körperflächen und Schleimhäuten.

(259) Im Kommunismus ist der Staat der Pontifex maximus.

(260) Im unerschütterlichen Entschluss, nicht in der Befähigung dazu, das sogenannte Schicksal in die eigene Hand zu nehmen, liegt das, was sich als Freiheit anfühlt. Das Endziel nämlich leuchtet wie der Sirius. Infolgedessen will und muss ich im scheinbaren Widerspruch sagen: Ewig lässt sich nur der Kampf um (objektive) Freiheit, kaum die Freiheit selber erreichen oder nutzen.

(261) Seitdem es Polizei gibt, wird Religionslosigkeit nicht mehr als sträflich angesehen.

(262) Und Freiheit ist, sich an einem sympathischen Balken zu erhängen.

(263) Keine Staats- und Gesellschaftsordnung (ob kapitalistisch oder kommunistisch) kann jemals gütig sein. Doch Gesetze reichen für wahre Menschenfreundlichkeit nicht aus.

(264) Aus diesem Grund, weil unserer auf Kulturelles zielenden menschlichen Natur die Neigung innewohnt, unsere inneren Prozesse, die grundlegend von äußeren Objekten gespeist werden, in eben diesen wahrzunehmen, aus diesem Grund verprojizieren wir auch den politischen Willen – ob wir mögen oder nicht – mit einem psychologischen durcheinander.

(265) Die Humanität ist die ansprechende Maske der Leistungsgesellschaft, hinter der sie ihre zähneknirschende Fratze schützt.

(266) Auf der groben Ebene sind wir moralischer geworden, ja, aber auf den feinen Ebenen gröber.

(267) Sozialstaat, das scheint für viele zu bedeuten: „Dafür muss eben jemand anderes bluten."

(268) Die Formulierung „sozial schwach" kommt einem politischen Vorurteil nah, denn gemeint ist allzu oft „wirtschaftlich" oder „finanziell schwach". Obzwar es einen großen Zusammenhang zwischen Bildungsstand und Einkünften gibt, ist doch niemandem von uns fremd, wie asozial sich gelegentlich Begüterte verhalten können, und wie solidarisch Arme.

(269) Jeder Schlag oder Gewaltakt ist ein Appell um Hilfe an den Geschlagenen. Denn der Schlagende muss sehr jähzornig, in irgendwelchen Bedürfnissen verletzt und (kommunikativ) hilflos sein.

(270) Gnade ist Herablassung. Güte reicht die Hand auf selber Augenhöhe.

(271) Wenn Du niemandem Reue wünschst, dann weißt Du, dass Du trotz allem keine Feinde hast.

(272) Hass
Fast niemand würde an einem Aufheulen von Wahnsinn zweifeln, wenn die Feuerwehr einen Brand mit Flammenwerfern bekämpfen wollte; aber fast jeder reagiert auf Aggressionen mit Aggression. Darum sollten wir uns gegenüber Streitsuchenden – sofern diese für menschliche Vernunft noch irgend zugänglich sind – angewöhnen zu denken: Vielen Dank, aber ich nehme Ihre Feindschaft nicht an, auf Wiedersehen und alles Gute!

(273) Wie zu Hammurabis Zeiten ist alles Gesetz erst einmal nicht Praxis, sondern Literatur. Solange nicht angezeigt und in Sicherheitsverwahrung genommen wird, darf jeder Verbrecher alles.

(274) Selbst der Ein- oder Widerspruch, der im Affekt stattfindet, ist ein Unfall.

(275) Wo der lange Arm des Gesetzes nicht (oder zu spät) hinkommt, dort – steht Moral zu beweisen.

(276) Die Menschheitsfamilie zieht auf der Erdkarte Grenzen. Doch die Vögel, die keine sehen, wissen es besser.

(277) Menschliche Schafsköpfigkeit
Da spotten die Leute über den Vogel Strauß, der den Kopf in den Sand stecke, und übersehen dabei erhobenen Hauptes, dass er damit evolutionär weitergekommen ist.

(278) Der sogenannte Genpool
Nicht die „Reinrassigen", sondern die offenkundigeren Mischlinge sind meist widerstandsfähiger, gescheiter und schöner. Also: Warum sollten uns stattdessen irgendwelche Landesgrenzen gut gefallen?*

(279) Wer die Herde beunruhigt, den versucht sie niederzutrampeln.

(280) Ameisen werden in der Masse schlau, Menschen nur mächtig.

(281) Robinson Crusoe
Zwar droht die Herde, mit ihr zu muhen, das sei Verdienst; aber erst wenn Du alleine weilst, zeigt sich Deine Moral: ob Du Herr über Dich selber sein kannst.

---

* Es ist doch nachdrücklich gesagt purer Irrsinn, dass wir Menschen einander abschlachten, bloß weil wir uns an unterschiedliche Klimazonen angepasst haben!

(282) Land- und Städtewesen

Im geringelten Kempten scheinen die Menschen fest und schwer wie die Erde, die sie umwallt, im flachbebauten Rostock freiheitswillig und ungewiss wie der Himmel über der See. Folgerichtig sprechen wir von „Mentalität" und übersehen dennoch im Unterschied zu den alten Ägyptern mehrheitlich, dass solches so viel wie „Existenzstruktur" meint.

(283) Oft lehnen wir eine fremde Lebensform nur aufgrund der eigenen Vorstellung ab, dass sie uns selber unglücklich machen würde. Bestünde aber beim Lichte betrachtet nicht vielmehr Grund, sie hochzuschätzen, gerade weil ein anderer Mensch damit zurechtkommt? Sollte er hingegen nicht zurechtkommen und tatsächlich unglücklich sein, dann ist unsere Ablehnung erst recht verfehlt.

(284) Eine rein „selbstlose" Tat gibt es nicht, es sei denn, niemand führt sie aus.

(285) Wenn jemand aus Loyalität zu einer industriellen Gruppe mehrere Hektar Wald anzuzünden gedenkt und eine andere Person, nur weil sie dort eine Hütte besitzt, die Tat hindert, so müssen wir ohne Zweifel einräumen: Eine egoistische Handlung kann mehr wert sein als eine, die sozial sein will.

(286) Einerseits wird Bescheidenheit geschätzt; andererseits lässt sich nicht schwer ausrechnen, dass jeder Genügsame oder Bescheidene von der Konsumgesellschaft als Feind gehandelt wird.

(287) Eine nicht kurze Tradition hat im moralisch verarmt-verhärteten Wohlstandsbürgertum der Aberglaube, dass an der Geste des Gebens allein das Faktum zähle, ob das Gegebene gut genutzt wird.

(288) Stilles Tauziehen um Liebe
Tatsächlich ist in unserer leistungsorientierten Überflussgesellschaft die Demonstration recht unmissverständlich: Jede Magersüchtige befindet sich in einem Hungerstreik. Doch versteht's ebendiese Gesellschaft?

(289) Wir könnten uns fragen, was im 21. Jahrhundert überhaupt noch „Bürgertum" ist? Die Definition erarbeitet sich schlicht durch ein rituelles Besitzdenken.

(290) Auf die Plätze, fertig und entspannen
In den Urlaub zu fahren, ist schon zu einem Sport geworden.

(291) Zwar gilt ein vielbeschäftigter Mann oder eine vielbeschäftigte Frau als ein Jemand, der sich gesellschaftlich behauptet; je mehr Du aber Deinen Tag mit Beschäftigungen vollstopfst, desto mehr gibst Du Dich selber auf: Du existierst zu sehr als andere(s).

(292) Wer daran arbeitet, ein wesensmäßiges Entweder-oder als Sowohl-als-auch zu haben – und wie vielen Menschen fehlt die Einsicht, dass sie nicht alles beides haben können! –, der arbeitet daran, sich vom Widerspruch auseinanderreißen zu lassen.

(293) Jemand, der vieles anders macht als die Anderen, nennen wir einen Exzentriker; doch wer könnte zentrierter sein als derjenige, der alleine sich selber Maßstab zu sein scheint?

(294) Ausgerechnet die widersprüchlichsten Menschen sind die interessantesten.

(295) Charisma benötigt keine rationalen Gründe. Charisma ist Propaganda.

(296) Das Glück bestehe darin, sagte Simone de Beauvoir sinnge-
mäß, so zu leben wie alle Welt und doch wie kein anderer zu sein.
Da Rede-, Ess-, Kauf- und Gewohnheiten aller Art den Charakter
prägen, wäre dies – besonders wenn derjenige sich dabei für außergewöhnlich hielte – allerdings nicht so trefflich, wie es klingt.[5]

(297) Alleingehen rührt. So mancher wäre mildtätiger, wenn ihn nicht
so viele Mitmenschen umgeben würden. Sähe er in einer leergeräum-
ten Stadt allein jemand Weinendes an irgendeiner Wand kauern, so
würde er – unabhängig von seinem persönlichen Nutzen – sich eher
nähern, als wenn hundert Leute nebenher gingen.
    Gleichwohl: Alleingehen verhärtet. So mancher wäre mildtätiger,
wenn ihn wahrhaftig mehr Mitmenschen umgeben würden.

(298) Glück, wie es gewöhnlich verstanden wird, ist Erfüllung. Zur
Erfüllung aber gehört ungewöhnliche Leidenschaft.

(299) Wenn wir auf einen Mitmenschen unsere Frustration abrollen,
so wird er schwerer, wir (nach einer flüchtigen Erleichterung) aber
auch. Weil all unsere Mengen nämlich in einem Bereich liegen, kann
es sich nicht um eine Verschiebung handeln, und in diesem Fall
scheint die simple Mathematik zu gelten, dass ein Zusammenrech-
nen von negativen Werten nur ein Mehr im Minus ergibt.

(300) Ungeniert sagen wir, dass wir (geliebte) Mitmenschen „brauchen, um glücklich zu sein“. Was heißt „brauchen“ aber anderes als
„benutzen“?

(301) Wann immer wir im gewöhnlichen Sinne einen Mitmenschen
verurteilen, berauben wir uns der Möglichkeit, ihn zu verstehen.

(302) Die Aussage, dumme Menschen seien glücklicher, die nahelegt,
dass Glück (wie Augustinus es vor seinem Bekehrungserlebnis sah)

im gedankenlosen Fressen und Saufen bestehe, ist die nicht – dumm?

(303) Wer grundsätzlich die Fehler bei anderen sucht, gestattet sich selber nicht, Lösungen zu finden.

(304) Wenn Du meinst, glücklich sein zu müssen, wirst Du es selten sein.

(305) Wer Fehler nicht eingestehen kann, dem müssen in seinem Leben viele vorliegen.

(306) Bevorzugt antworten Dir viele Menschen auf das, was sie sich selber fragen.

(307) In Wahrheit tun wir sehr viel für unsere Nächsten, oft alles, was uns wichtig ist.

(308) Die zermürbendste Form des Alleineseins ist das Unverständnis der Vielen.

(309) Wenn ein geliebter Mensch stirbt, wird die Gemeinsamkeit einseitig.

(310) Mit den eigenen Bedürfnissen sich von der jeweiligen Gemeinschaft zu unterscheiden, einzig das nämlich ist der Schmerz der Einsamkeit.

(311) Ungefragt bekommen wir bei unserer Geburt die Karten des Lebens zugeteilt, und während irgendwelche Leute vielleicht Könige und Damen oder Asse in ihren Händen halten, magst Du Dich

schließlich fragen: „Scheiße, was soll ich bloß mit all diesen Buben und kleinen Zahlen anfangen? Soll ich nicht gleich hinwerfen?" Sorge Dich nur um die richtige Haltung, aber tu vor Dir selber nicht so, als hättest Du die gleichen Karten wie andere!

(312) Jede(r) ist ein Stückweit gefangen in der Mythologie der eigenen Familien- und Lebensgeschichte.

(313) Um wahrhaftig erfolgreich (stabil) zu sein, müssen wir zuerst den Umgang mit Misserfolg lernen.

(314) Wer sich nur um die Hauptpersonen der Familie sorgt, der sorgt sich schlecht. In einigen Fällen stürzt mit einer Nebenfigur auch das gesamte Gerüst ein.

(315) Zu den brenzligsten Steinen im Weg vieler Jungen und Mädchen gehört, dass die Eltern von sich auf das jeweilige Kind schließen: Sie behandeln es unter diesen gedanklichen Voraussetzungen beinahe wie einen Klon, der zur selben Zeit aufwächst, in der sie aufgewachsen sind.

(316) Emotionale Blockaden
Ob die Eltern ihr Kind wahrhaftig lieben, ist nicht einmal ausschlaggebend. Denn manche lieben es sogar, wenn sie es (aus Überforderung) schlagen. Ausschlaggebend ist, dass diese Liebe bei ihrem Kind ankommt.

(317) Druck als Erziehungsmittel
Vielleicht lernen wir es nach Jahrtausenden endlich, dass es nicht der menschlichen Natur entspricht, von einer Art Widersacher irgendeine Lehre anzunehmen.

(318) Nirgends zählt die eigene Meinung so wenig wie in der eigenen Familie.

(319) Das generalisierte Individuum
So lautet die Dummheit der Idealerziehung: „Wir behandeln jede und jeden, ohne alle Unterschiede, gleich."

(320) Existenzialerziehung oder Die Kunst der Menschbildung
Jedes Kind muss sich an dem bloß Möglichen – an dem, was für es selber (noch) nicht existiert – gemäß seinen Anlagen in die Wirklichkeit des Erwachsenendaseins hineinziehen. Diesem Unterfangen die notwendige und individuelle Unterstützung angedeihen zu lassen, ist der ganze Sinn der Erziehung. Eltern, die bei gesellschaftlichem „Nicht-Funktionieren" die Fehler beim Kind sehen wollen, bezeugen damit immer nur ihre Überforderung als Massenmenschen.[*] Alle Türen zwischen dem Reich des Möglichen und Wirklichen fallen zu.

(321) Mitwelt normt den Menschen.

(322) Zwar gewahrt der Amokläufer im Affekt: Das Man – der Schatten der Menschheit – muss bezahlen. Doch trifft er in tragischer Fehlerhaftigkeit nichts als eine Vielzahl einzelner Personen.

---

[*] Die Sorge der Durchschnittlichkeit ebnet alle Seinsmöglichkeiten ein, lehrt Martin Heidegger, weil sie sich unempfindlich zeige gegen alle Unterschiede der Echtheit und über jede sich vordrängende Ausnahme wache. „Das Man, das kein bestimmtes ist und das alle, obzwar nicht als Summe, sind", entfalte unauffindbar auf eben diese Weise seine alltägliche Diktatur. Selber will ich ergänzend diese Worte gebrauchen: Obgleich es sich mit der Anrede „wir" überschneidet, so bleibt das Man doch das System, die Maschinerie, in der Personen Zahnrädchen sind.

(323) Einen Träumer arg zu enttäuschen, ist zu gefährlich für den Realzustand einer Gesellschaft.

(324) In dem Moment, in dem ein Mensch sich *keine* Sorgen mehr macht, solcherart, dass er denkt: „Jetzt ist mir alles egal", in dem Moment ist er selbstmordgefährdet; er steht an der Schwelle, die zu große Last des Bewusstseins abzuwerfen. Denn nur dadurch, dass wir uns sorgen, besitzen wir das Potential zur Problemlösung und Freude. (Glückliche, die hingegen von einem dritten Fall ausgehen, wurden wahrscheinlich in Oblomowka geboren.)

(325) Der Verdacht liegt nahe, dass es keine einzige erzieherische Blödheit gibt, die nicht schon mal von irgendeinem Erzieher verübt wurde.

(326) Um alles, was Du verloren hast, musst Du Dich nicht länger sorgen.

(327) Dass Geld Unabhängigkeit bietet, bleibt selbstverständlich eine Milchmädchenrechnung: Banken, Arbeitnehmer, Kunden – selbst die reichste Person ist von einer Unzahl anderer abhängig.

(328) Pessimist und negativ zu sein, das ist gemütlich: Es lohnt sich nichts zu tun.

(329) Missgunst
Ist es nicht unlogisch, auf einen Arbeitslosen, der sich mit Rauchen und Trinken und Fernsehen beschäftigt, neidisch zu sein? Denn der Neid ist eine Form der Rachsucht. Brauchst und willst Du wirklich mit jemandem, der weniger kann als Du (selbst wenn er auf Deine Kosten lebt), um den Platz konkurrieren?

(330) Gegenstrebende Fruchtsammler der Zeit
Während die erinnerte Jugend am Romantiker wie eine schwere Rebe hängt, ist der Pragmatiker unablässig mit Pflücken beschäftigt. Doch unterscheidet der letztere sich vom ersteren um nichts darin, dass er die breite Straße der Zukunft übersieht, bis der Tod vor ihm steht.

(331) Nostalgiewellen
Bitte die 1950er-, 60er- und die 70er-Jahre, oder noch lieber die 20er? Jede(r) sucht sich ein Jahrzehnt aus, in dem er leben möchte: Ist das nicht ein unzweideutiger Beweis dafür, dass fast alle mit der jetzigen Zeit unzufrieden sind?
  Modern ist Nostalgie zwar immer. Dennoch böte sich als Synonym für die Romantisierung des Vergangenen zuweilen „Altersnaivität" an.

(332) Entscheidet sich ein vergesslicher Mensch wiederholt für das gleiche, so dürfen wir sagen: Alle Achtung, derjenige weiß seine Launen zu beherrschen; der ist konstant.

(333) Romantik und Materialismus sind alles andere als gegensätzlich. Das Schwelgen in romantischen Vorstellungen ist ziemlicher Luxus.

(334) Immer schmeckt die Erinnerung zu süß, schal oder bitter, als dass sie uns laben könnte.

(335) Da Romantik einer gefühlsschwangeren Ichgerichtetheit des gesellschaftlichen Wesens gleicht, ist sie rasch zum Scheitern am Gegenwärtigen (beziehungsweise Gegenwertigen) verurteilt.

(336) Wer aus Erinnerung weint, weint immer aus Selbstmitleid. Alle Tränen um die Toten fallen für uns selbst.

(337) Als Kinder möchten wir Jugendliche sein, als Jugendliche reizen uns die Rechte der Erwachsenen, und als Erwachsene weinen wir Kindheit samt Jugend nach.

(338) Ein bisschen Romantik erleichtert das Leben, viel Romantik den Selbstmord.

(339) Angst als Motor der bürgerlichen Gesellschaft
Mit seinen Gewohnheiten versucht der Mensch ein Bollwerk gegen das drohende Nichts zu errichten inmitten einer Welt dauerloser Gegenwart.

(340) Angst ist es vielmals, was wir Beständigkeit und Pflichtbewusstsein nennen. Schließlich zeigen sich viele Menschen in ihrer vom Gelderwerb freien Zeit auffallend unbeständig.

(341) Regelmäßig wird unser Stolz von der Angst vorgeschützt, die Angst zu zeigen.

(342) Dünkel
Ob wir nun sagen: „Ich ekle mich vor dem Obdachlosen", oder: „Ich ängstige mich vor dem Obdachlosen", bedeutet gleichviel. Der Ekel ist die Angst vor Niederem. Doch fehlt der Angst jede Erhabenheit.

(343) Wenn sich der oder die Ängstliche gewohnheitsmäßig zur Grausamkeit erkühnt, dann heißt es: Angriff ist die wollüstigste Verteidigung.

(344) Insbesondere die Palisaden der Vorurteile sind aus Angst gebaut.

(345) Das Argument, dass dem Tollkühnen die Vorsicht als Feigheit erscheine, ist eben aus dem Grund unbestreitbar, weil der Mut dem Feigen als Tollkühnheit erscheint.

(346) Je oberflächlicher uns ein Mensch gegenübertritt, desto mehr Angst (vorm Tod) vergräbt er in sich. Wozu sonst möchte der lebensdurstige Schirm der Oberflächlichkeit nötig sein?

(347) Intimität
Für den- oder diejenige, die Angst vor allem hat, ist alles intim.

(348) Das recke Kinn der Unsicherheit
Hinter einer arroganten Person verbirgt sich eine schauspielernde, der es nötig scheint, sich über andere zu stellen; und nötig scheint ihr dies eben aus dem gegenteiligen Grund als jenem, den die Leute mit dem Wort „Arroganz" leider meinen.

(349) Wer gefallsüchtig, zugleich aber ängstlich ist, sollte auf die Maskerade gehen. Zum Glück findet alle Tage eine statt.

(350) Mit der Ungeduld verrät sich, wem es an der Selbstsicherheit mangelt.

(351) Der Selbstbewusste kann sich Demut leisten.

(352) Einzig und alleine Leute mit beklagenswerter Selbstachtung lästern.

(353) Devise stolzer Demut
Bitte, aber bettle nicht.

(354) Nicht zu Demut, sondern zur Gebrochenheit oder (je nach Temperament) zu Rachsucht und Stolz führen Demütigungen.

(355) Von der Bestätigung zur Belastung
Jedes Lob bindet Dich.

(356) Sieger oder nur noch Gewinner
Sind wir es von einer Person erst einmal gewöhnt, dass sie auf dem Treppchen ganz oben steht, kann sie keine Größe mehr zeigen.

(357) Am wenigsten mögen die Stolzen stolze Menschen leiden. Denn die Reichtuenden fühlen sich durch Wucher besonders gekränkt.

(358) Wer um seine Verletzlichkeit weiß, bläst sich gern auf zu einer schillernden Blase. Leider greifen einige Mitmenschen dann umso eifriger zur Stecknadel.

(359) Nicht immer sucht die Eitelkeit das Leben, es kommt auch eine vor – nennen wir sie die Anna Karenin'sche Eitelkeit –, die liebäugelt mit dem Tod, um sich ein Denk-mal zu errichten.

(360) Dass aller Stolz aus Schwäche entspringt, ist schneller einzusehen, wenn wir uns vergegenwärtigen, dass viele Menschen sich denselben wie Durchhalteparolen zureden.

(361) Je eitler eine Behausung mit Gegenständen gefüttert ist, desto verhungerter ist in der Regel das Innenleben des Besitzers.

(362) Lange vor dem begehbaren Kleiderschrank gab es den begehbaren Mülleimer, nämlich den mit Gerümpel angefüllten Speicher oder Keller, der sich bis heute uneinsichtiger Beliebtheit erfreut.

(363) Unter einer freien Gesellschaft begreifen wir unausdrücklich einen Markt, der unsere Eitelkeit fördert. Eitelkeit aber ist eine mit Blumen überwucherte Kette, die wir unseren Mitmenschen in die Hände legen.

(364) Berühmt bist Du, sobald Dich von abertausend Fremden die einen verehren und die anderen verachten.

(365) Eitelkeit macht hässlich.

(366) Hinter allem Bekanntseinwollen steckt die Not, die eigene Existenz durch andere bezeugt zu sehen, meist weil sie sich zu höhlern oder zu schwer anfühlt. Echter wird sie in jedem Fall nicht.

(367) Meist sind die Menschen in dem Maße eitel, in dem sie um das Geliebtwerden bangen. Ruhm ist trauriger Liebesersatz.

(368) Erdtouristen
Wenn Du für kurze Zeit zu Besuch in irgendeinem Land wärest, so erschiene Dir der Gedanke, alle dortigen Sehenswürdigkeiten und Verlockungen besitzen zu wollen, sofort als schädlich oder lächerlich. Nichtsdestoweniger fällt diese Abwegigkeit des Besitzens – kosmisch betrachtet – Deinem und meinem gesamten Leben zu.

(369) Letztlich misst die schönste Rolex die Vergänglichkeit gleich einer Sanduhr.

(370) Reiche Frauen und Männer legen sich Goldketten an: Besitz besitzt.

(371) Lust tröstet, dass Laster belasten. So liegt das wahre Verhängnis im Hang.

(372) Beliebt unter den Berühmten scheint sehr der hedonistische Tod.

(373) Tüchtig verurteilen die Leute auch denjenigen als arrogant, der sich nicht für ihre Laster interessiert.

(374) Ein jugendlicher Mann oder eine jugendliche Frau, die *nicht* einer hedonistischen Weltanschauung frönt, könnte beinahe als pervers (naturwidrig) gelten. Immerhin haben sie die Aufgabe, sich ins Leben zu stürzen und zu paaren. Das bedeutet zugleich, dass der Hedonismus die primitivste beziehungsweise naivste aller Philosophien ist.

(375) Menschen ohne moralische Prinzipien waren schon immer höchst flexibel.

(376) Dermaßen lästerlich, wie einige verbitterte Greise über die Jugend schimpfen, vermag diese gar nicht zu sein.

(377) So sehr die Leute moralische Prinzipien als „unspaßig" verurteilen, so sehr bestaunen sie dieselben insgeheim.

(378) Ist nicht gerade das unhöflich, dass wir aus Höflichkeit gelegentlich jemandem nicht sagen, was wir von ihm denken, ihn also belügen oder täuschen?

(379) „Kompliziert", so nennen wir zuweilen diejenigen Menschen, die von so großer Einfachheit sind, dass wir im Umgang mit ihnen nicht auf unsere Kosten kommen.

(380) Durch das Notwendige das Überflüssige zu rechtfertigen, ist der beliebteste Sophismus seit dem alten Römerreich.

(381) Die einen verteidigen ihre Verschwendung damit, dass sie unter Entbehrungen aufgewachsen seien, und die anderen weisen darauf hin, dass sie Entbehrungen schließlich nie kennengelernt hätten.

(382) Wenn es darum geht, seine Laster zu rechtfertigen, ist selbst der Dümmste ein erstaunlicher Sophist.

(383) Unwissende gierige Menschen reden gern deswegen den Verzicht anderer als Heuchelei schlecht, weil sie auf Teufel komm raus nicht zugestehen wollen, was sie selber nicht können.

(384) Das Laster ist meist teuer. Tugend gibt es selten zu kaufen. Ziehen wir daraus den Schluss über den Wert des Geldes!

(385) Die Hinterlist der Dummen verblüfft so manchen Klugen.

(386) Das Lustprinzip gleicht dem Treibsand der Menschheit, und wir rechtfertigen alle Tage das verheerende Herbeischaffen von Körnern.

(387) Wer des Laufens müde ist, lässt sich gehen. Oder rennt.

(388) Was verleitet uns zu der optimistischen Annahme, dass für einen Genussmenschen das halbvolle Glas nie halbleer ist?

(389) In allem Erreichten sucht der Mensch befriedigungshalber das Unerreichte.

(390) Wenn ich bedenke, aus wie vielen Menschen bei einem Löffel Sahne-Eis aufseufzend alle Spannung flieht, so scheint (in diesem Fall) ein vollkommener Genuss als eine träge Ohnmacht aufgefasst zu werden, die dem Tod irgendwie näher als dem Leben steht.

(391) Haltlosigkeit
Sich in Lustgefühle zu stürzen, birgt immer Verzweiflung.

(392) Wer glaubt, er könne immerzu seine Grundbedürfnisse leugnen, ist wahrlich auf dem besten Weg, in die Säue zu fahren.

(393) So selten strahlen wir Menschen beim Sich-Vergnügen Würde aus, dass ich ums Haar denken möchte, wir seien fürs Leiden geboren.

(394) Um unsere Bedürfnisse uns zu verleiden, ist der erfolgreichste Weg der Überdruss. Mit (tiefschürfender, vernunftloser) Entsagung üben wir Bedürftigkeit.

(395) Die Askese als Schutzmaßregelung
In der schlechten Jahreszeit entsagt der Baum aller Blütenpracht. Das ist Askese. Sie macht solange einen Sinn, wie sie nötig ist.

(396) Aus der Tonne des Diogenes
Bedürfnislosigkeit hat ihren Preis.

(397) Liebe beruht nicht auf Leistung.

(398) Je mehr Lust wir beim Anblick eines Menschen empfinden, desto schwerer fällt uns dummerweise die Einsicht, dass er oder sie womöglich als Hilfebedürftige sich auf dem Holzweg des Schmerzes befindet.

(399) Für gewöhnlich wächst die Liebe unter dem Gewicht der Sorge. Bis sie zusammenbricht.

(400) Erst dann, wenn in einem Menschen der Mut sinkt, geliebt zu werden, erhebt er sich zum Hassen. Die Lust des Hasses füllt die Lücke der Liebe.

(401) Wer sich von ganzem Herzen wünscht, sich zugrunde zu richten, erlebt noch dabei einen Genuss. Schließlich sind alle sich erfüllenden Wünsche lust- und genussvoll.

(402) Ohne Worte kommen Liebende und Hassende noch aus, ohne die Geste aber nicht.

(403) Da dieser oder jener Mann nie in das Verständnis eindringt, wie bestimmte Frauen das empfinden, was sein Herz entflammt, bleibt er ein Leben lang von einem Gefrierbrand verschont.

(404) Ein bewährtes Mittel, damit die Lust sich beruhigt, ist in vielen Fällen die nähere Bekanntschaft mit der begehrten Person.

(405) Nicht Geld, sondern Sex regiert die Welt; Geld ist der sänfte- oder schildtragende Lakai dieser Herrin.

(406) Lust und Unlust
Da wir alle aus Erfahrung wissen, dass jedes Ohnmachts- ein Unlustgefühl ist[*] – weshalb streiten wir dann im Grundsatz darüber, ob es in der Pornographie um Lust *oder* um Macht gehe?

(407) Was wäre die Genugtuung, die gerechte Mitmenschen über die Strafe eines gescheiterten Sadisten empfinden, anderes als sadistisch?

(408) Gebiete der Liebesgötzin
Von offenkundigeren Täuschungen einmal abgesehen, beruht die

---

[*] Und selbst Zärtlichkeiten bleiben ungenießbar, falls sie unser Gemüt nicht aktiv stimmen. Wiederum ist ein Masochist nur scheinbar passiv. Immerhin muss beziehungsweise will er ein beträchtliches Maß an Energie freimachen, um dem „Schmerz" standzuhalten.

Sexualität auch deswegen auf einem Trug, weil die Frau sich (für einen Mann) gleichsam als geschlossenes System darstellt.* Ein geschlossenes System, das sich durch Eindringen öffnen mag, macht natürlich den Reiz des gesamten Unterfangens aus.

Die ungestörte Natur täuscht mit Wohlwollen.

(409) Gesellschaftstiere, in welchen der Ekel als Sperre dient, nennen folgerichtiger, als sie vermutlich wissen, einen sexuell kühnen Menschen „verdorben".

(410) Keuschheit, das dürfte wohl eine Sexualanorexie sein.[6]

(411) Vergewaltigungen in Kulturen wie Indien
Jeder Versuch, die Sexualität einzuzäunen und hungern zu lassen, droht im Gegenteil ihre Bestialität zu wecken. Ein wildes Tier benötigt nur regelmäßig Bewegung und Futter.

(412) Die menschliche Sexualität bleibt der Anarchismus der Kultur.

(413) Das sogenannte Hörnerabstoßen
In einer Ansicht, die der Logik folgt: „Vor mir hat er zum Glück schon zig andere Frauen gehabt und ausprobiert. Jetzt ist er für eine solide Beziehung bereit", schwingt für mich beinah ebenso viel Unsinn mit, als würde ein Jurist sagen: „Mein Mandant hat erfreulicherweise schon zig Banken geplündert. Der ist sicher brav."

(414) Ein gewiegtes Mittel gegen Treulosigkeit ist ein Harem.

(415) Damenwahl
Weil (nicht nur, aber gemäß meinem männlichen Blickwinkel vor

---

* Versteht sich, dass ein solch gelehriges Vokabular hart an den guten und würdigen Geschmack stößt.

allem) die Frau zwei ihrer Grundtriebe, fürsorgendes Mitgefühl und die Suche nach genuss- oder sicherheitsversprechender Macht, inmitten der herrschenden Sozietät nur schwer auf einen Nennen bringen kann, muss sie – wenn sie sich die Freiheit nimmt – nicht selten eine unbefriedigende Beziehung nach der anderen zählen.

(416) Eine Perversion, so lautet das Vorurteil des normalen Bürgers, sei nimmer menschenfreundlich und statthaft. Warum sollte sich aber eine Frau nicht mit einem Mann die abnormalsten Schweinereien (beziehungsweise das, was als solche gilt) leisten, wenn er ihr dabei das Gefühl gibt, eine „Göttin" zu sein? Hingegen kann ein solcher in der braven Missionarsstellung jener durchaus suggerieren, dass sie nicht mehr wert als Dreck ist.

(417) Der Maßstab echter politischer Selbstbestimmung
Das Barometer für die (konventionell verstandene) Freiheit einer Gesellschaft ist ihre Kreativität; sie ist's, der die Geschlechter, selbst die Handelsunternehmen folgen.

Zu Sexualität und Kunst

(418) Kultur? Problematisieren von Bedürfnissen.

(419) Die Vermessenheit eines selbsternannten Frauenverstehers gibt sich manchmal dadurch kund, dass er sich bald als Frauenvermesser entblößt.

83

(420) Eine Idee bezüglich einem Bedürfnis fühlt sich mit dem Bedürfnis selbst zum Verwechseln ähnlich an; dass aber die Idee dasselbe zu ihren Gunsten verändert, macht die Sache beileibe nicht besser: Es schwächt die reale Befriedigung ab.

(421) Es gibt wenig Langweiligeres als Vollkommenheit, und eine vollkommen schöne Frau ist das Langweiligste überhaupt.

(422) Die ziselierte Betonung der Sinnlichkeit ist kein Weg aus der Abstumpfung, sondern ihr Grund.

(423) Der Mann betrachtet die wohlgefälligen Brüste einer Frau als das dürstende Kind, das er potenziell mit ihr zeugen will.

(424) Die Verfänglichkeit aller Lust
Den Genuss mit jeder erdenklichen Raffinesse in die Länge zu ziehen, lässt seine Vergänglichkeit nur umso schmerzhafter ins Bewusstsein steigen.

(425) Dass Sex natürlich nicht „die schönste Nebensache der Welt", sondern eine sehr ernste Hauptsache ist, sehen wir schon daran, dass es fast jeden Mann verunsichert, wenn die Frau währenddessen lacht. Wahre sexuelle Erregung ist durchaus unlustig.

(426) Schwerlich kann sich eine Frau erotischer geben, als der Mann sie findet.

(427) Im Sex sucht ein Individuum das kosmische Ergötzen.

(428) Von der erotischen Anziehungskraft eines Menschen, dessen Worte wir bis auf wenige Bruchstücke vergessen haben, träumen wir oft noch, wenn wir senil geworden sind.

(429) Wer nichts ausgelebt hat, müsste später in Wahrheit auch nichts nachtrauern, wenn nicht gierige und schauspielernde Leute seine Einbildungskraft aufpeitschen würden.

(430) Was vom Laufsteg abgesehen Mode heißt, gleicht vielmehr eitler Uni-form.

(431) Wer sich auf einem Foto inmitten prächtigen Äußerlichkeiten zur Schau stellt, zeigt der nicht, dass seine Person keinen wahren eigenen Wert besitzt?

(432) Blend-Werk
So eitel ist die gewöhnliche Werbung, dass sie viel über ihre eigene Kunst und – hinter allen Pfauenfedern – fast nichts über das Produkt sagt.

(433) Der Amerikanische Weg der Show
Gestellte Positionen, Hinstupsen des Kopfes, Schreie und Abklatschen in Gruppen – ist das Wrestling? Ja, und Pornographie.

(434) Pikanterie
Wenn wir in einem Bereich alles, was wir als vernünftig betrachten, schon aus- und durchprobiert haben, schickt die Geltungssucht die Kreativität auf die befremdlichsten Wege.

(435) Im Höhepunkt moderner Dekadenz spaltet die Pornographie ein beträchtliches Element der Revolte auf, in dem sich mitunter entstellte Natursehnsucht wiederfindet.

(436) Deswegen, weil Sexualität lebensnahe Kommunikation sei, ist sie in unserem vertechnisierten Zeitalter so absonderlich begehrt.

(437) Praxisphantasien

Ist manch sexuelle Beziehung unbefriedigend, weil der Mann anfing, Pornos zu schauen, oder fing der Mann an, Pornos zu schauen, weil die sexuelle Beziehung unbefriedigend ist? Bevor wir nun antworten, dass explizites Film-Material auf alle Fälle einen „versauten" Maßstab bewirkt, sollten wir berücksichtigen: Die alten Nomaden lernten die Sodomie nicht aus Pornos.

(438) Weil wir ein prosaisches Zeitalter wollen, darum verdienen wir Pornographie als das Unpoetische schlechthin.

(439) Anbetrachts dessen, dass wir die Jugend (allerdings nicht erst seit der Erfindung des Internets) so erziehen, als ob es eine Sex-Welt parallel zu einer Normal-Welt gebe, dürfen wir von ihrem Verhalten nicht irritiert sein.

(440) Ein und zweiselbe

Zwischen einer Pornodarstellerin und dem Betrachter gibt es keinen wesentlichen Unterschied. Sobald nämlich der betreffenden Frau die betreffenden Aufnahmen präsentiert werden, nimmt sie unwillkürlich sich selber (stärker als zur Zeit des Aufgenommenwerdens) als Sexualobjekt wahr; sie denkt, sie fühlt: „Das bin Ich. Das sind Meine Brüste, Meine Beine, Mein Hintern", und gleichwohl: „Das bin Ich Jetzt nicht." Aus dieser plötzlich wahrgenommenen Diskrepanz heraus errötet sie, zumindest wenn andere (wertende) Ichs zugegen sind und sie nicht beispielsweise Sasha Grey heißt.[*]

(441) Eben das unproportionale Verhältnis, dass die sexuelle Anerkennung zu denjenigen Werten gehört, die eine (junge) Frau noch

---

[*] Zu verhülltem oder unverhülltem Neid gibt es somit wenig Anlass. (Übrigens findet dasselbe Motiv sich anders auch im Gedichtbukett.)

mehr als das sexuelle Befriedigtwerden anziehen, beschert uns und ihr wiederholt Irritationen bezüglich dessen, welch unbekehrbar wichtige Rolle jene in ihrem Leben spielt.

(442) Pornographie? Erotikersatz.

(443) Zu einer Gesellschaft, die nicht mehr hinter die Oberfläche blickt, ist das 3D-Kino ein wesentlicher Beitrag.

(444) Märchen vom Ich
Moderne Mädchen, Jungs, Frauen und Männer basteln ihre Identität in nicht besserem Maße über die Medien, als dies der antike Mensch kraft des Mythos tat. Ist da irgendwer, der eine andere Chance hat?

(445) Zu viele Suggestionen Deiner Mitmenschen hallen in Dir als ein zweites oder drittes, wenn nicht gar erstes Ich wider.

(446) Wer sich von den populären Medien erziehen lässt (und allen, die sich ihnen hingeben, geschieht dies), dessen gesamtes Leben gerät zu einer Pose.

(447) Viel, viel häufiger als Patchworkfamilien sind nämlich Patchworkpersonen.

(448) Wir ernten, was wir sehen.

(449) Das Wesen der Musik
Wenn ich mir ein intelligentes asexuelles Wesen vorstellen könnte, so könnte ich mir gleichzeitig kaum vorstellen, wie dieses auch nur einen einzigen überzeugenden Ton aus einem Musikinstrument kitzeln möchte.

(450) Das Vulgäre ist das Salz in der Suppe. Wer hat nicht schon versalzene Suppen geschlürft?

(451) Eine Fleischwerdung der Zerrissenheit
War der Marquis de Sade unsensibel? Alle Welt glaubt es angesichts seinen wüsten Figuren wie dem Herzog von Blangis. Doch warum sollte ein unsensibler Mensch so maßlos, so rachsüchtig, so überreizt reagieren, kurz: so empfindsam wie Justine?

(452) Niemand kommt auf die Welt und ist zum Schriftsteller berufen. Ursprünglich möchte der Mensch mit allen Sinnen leben, und wenn's mit dem Leben klemmt, dann gerät er zum Schöpfer bei entsprechendem Können beziehungsweise Wollen.
Die Sehnsucht schreibt am besten.

(453) Selbstironie gibt zu erkennen, dass Du dem Verhängnis überlegen bist. Norma J. Mortensen, verkannt unter dem Namen Marilyn Monroe, war (nicht nur nach dem Urteil von Arthur Miller) zu beflissen und gefühlvoll dafür.

(454) Aufforderung zur Toleranz
Jemandem seine künstlerische Brandung mit allen Mitteln ausreden zu wollen (selbst wenn zutreffend als „brotlos" gedroschen), ist so unverständig und roh, als sollte die sich kondensierende Sexualneigung aus ihm geprügelt werden.

(455) Perfektionismus ist die Angst, von Menschen, die in Wahrheit auch nicht perfekt sind, nicht angenommen zu werden.

(456) Das Leben als Bildhauer
Sehen wir einen Menschen nach einer längeren Zeit wieder, so erhaschen wir in seinem Gesicht unwillkürlich die fortgeschriebene

Freudens- und Leidensgeschichte, und ebendiese erregt (obwohl wir darauf so gefasst sein müssten wie Oscar Wilde) am Bekannten Befremden.

(457) Im Finale, dem Sterben, macht fast jede(r) eine ziemlich unperfekte Figur.

Zu Kunst und Philosophie

(458) Die Klangfarbe versuchender Gedanken
Tango?, fragt sie mich mit einer Strähne über dem Auge, und ich greife mit sachtem Atem auf den Lippen ihren nackten Arm ――― nie hätte ich gedacht, dass dem Lack der deutschen Sprache solch kühner Schwung innewohnt!

(459) Wann immer ich schreibe, zeichne ich. Bist Du als Europäer Asiate genug, um kontrastrierende Bilder zu lesen?

(460) Ist die Abhandlung ein imposantes Ding mit mannigfach versteifter Kleidung, so gleicht der Aphorismus der bloßen Anmut einer griechischen Statuette.

(461) Männer und Frauen, die unter dem Ewigmenschlichen als Brenngläser für die Problematiken ihrer Zeit dien(t)en, sind die Schöpfer jener Bücher, die wir nicht vergessen dürfen.

(462) Ein wichtiges, obwohl unbeliebtes und geradezu als unrechtmäßig angesehenes Mittel der Kunst ist: durch variierende Wiederkehr Überdruss zu produzieren. Denn „wer überwindet, der gewinnt", und nur wer einer Sache überdrüssig ist, will sie überwinden.

(463) Reisen zum Mittelpunkt des Geistes
Wenngleich es mit der Feder geschehen ist: Proust schlachtete sich nicht weniger als Nietzsche selber aus.

(464) Schreiben bleibt eine Reise ohne Gewissheit, ob Du nach Jahren nicht – metaphorisch gesprochen – in der Antarktis endest.

(465) Mit Ausnahme von Schriften wie Dostojewskis DIE BRÜDER KARAMASOW sind Alterswerke fast immer uninteressant – eben weil sie meisterlich geglättet und spannungsarm wirken.[7]

(466) Wer schiffbrüchig auf einer einsamen Insel schreiben würde, der schreibt aus echtem Antrieb.

(467) Wahre Meditation findet nicht auf der Bühne statt. Schriftstellern aber ist Meditation.

(468) Das letzte Ziel der literarischen Produktion ist es immer, sich aus der Einsamkeit herauszuschreiben. Als Ernest Hemingway merkte, dass er sich nur umso tiefer hineinbewegte und der Alkohol ihm das Verlorene auch nicht zurückgeben konnte, hörte er die Stunde für sich schlagen.

(469) Oft bewundert die Masse das Platte. Echte Leidenschaft kommt ohne Erfolg aus.

(470) In Wahrheit haben Schriftsteller sehr viel Umgang – mit Personen und Charakteren, die nicht existieren. Oder doch?[*]

(471) Was ist an den Worten interessant, dass jemand ein tausendseitiges Buch in wenigen Tagen durchliest? Es ist doch eine Beleidigung für denjenigen, der viele Jahre Gedankenarbeit hineingelegt hat.

(472) Die heutigen Romanfiguren wirken auch deshalb so blutarm, ungelenk und oberflächlich, weil sie mithilfe steriler Technik entstehen.

(473) Auf dem Markt ein wertvolles Buch zu finden, ist zuweilen trotz Rezensionen so mühselig, wie den Karnevalsmüll zu durchsuchen.

(474) Dem einen oder anderen Intelektuellen mangelt's an körperlichen Ergüssen gar nicht so sehr, wie er geistige zu Papier bringt.

(475) Inspirationsquellen
Nicht der Film, das Buch bleibt der Erstgeborene.

(476) Bei guten Autoren dienen Recherchen als Leim, nicht als Bretter.

(477) Ein literarischer Koch muss es schließlich verstehen, mit rohen und einfachen Zutaten abseits von Rezeptbüchern ein wertvolles Gericht zu kreieren.

---

[*] „Das ist der ewige Ursprung der Kunst, dass einem Menschen Gestalt gegenübertritt und durch ihn Werk werden will." Mit dieser Antwort inspiriert Martin Buber (ICH UND DU). „Auf die Gegenständlichkeit geprüft, ist die Gestalt gar nicht da; aber was wäre gegenwärtiger als sie?"

(478) Oder versuchen wir einmal diese Formulierung: Ein empfehlenswerter Autor, der schreibt nicht ab, was er irgendwo liest; ein empfehlenswerter Autor, der arbeitet mit Reminiszenzen.

(479) Ein bequemes Buch ist kein gutes Buch.

(480) Jeder Schriftsteller lässt sich auf eine Art und Weise zitieren, dass das genaue Gegenteil von dem hervortritt, was im Zusammenhang seine Absicht war.

(481) Jemand, der mit Bleifuß losfährt, um nach Gutdünken hier oder da abzubiegen, und zu seinem eigenen Erstaunen statt in München eben in Hamburg endet, den betiteln wir als verrückt. Und doch ist dies die allgemeine Art, einen Text zu verfassen.

(482) Aus dem Bauch heraus schreiben gelingt nur dann, wenn oben der Türsteher nicht schläft.

(483) Vorbereitung statt bloße Schwärmerei
Das größte Genie kann keinen Roman verfassen, wenn er oder sie vorher das Alphabet nicht gelernt hat.

(484) Es ist merkwürdig, dass viele Leser ausgezeichnete Schriftsteller wie Javier Marías (MEIN HERZ SO WEIß), der in erkenntnistheoretischer Absicht komplexe Sätze – sie nennen solche nach ihrer eigenen Vorgehensweise „verschachtelt" – formt, unbedenklich als schlecht kritisieren. Merkwürdig ist es, nicht weil sie es verkennen, sondern weil sie pauschal jeden Zweitklässler, der höchst simple Denkschritte niederschreibt, für einen glänzenden Stilisten halten müssten.

(485) Rezensionen
Für gewöhnlich kritisieren wir das an einem Autor, womit wir selber Probleme haben.

(486) Mit dem Stil ändert sich die Erkenntnis. Und umgekehrt.

(487) So wie der Anfang und der Schluss eines Buches weit auseinanderliegen, so gehören noch die entlegensten Phänomene eng zusammen.

(488) Ein Satz wie: „Von allen Aussprüchen ist auch das Gegenteil wahr", gleicht der Kapitulation eines Tauben.

(489) Viel mehr als Verkett- und -klebungen lassen sich weder in Gesprächen noch Büchern noch Bildern noch im Leben insgesamt erreichen, das im übrigen zu oft als gescheiterter Mitteilungsversuch anzusehen ist.
  Wie bei der Suche nach Fossilien besteht selbst die zusammenhängendste Erkenntnis aus lauter Splittern.

(490) Im Leben steht das Wichtigste nicht selten in Klammern.

(491) Was schwarz auf Weiß steht, kann jeder ungetrost zu Hause verbrennen. Mehr noch gehören digitale Buchstaben leider zum Unverbindlichsten, was es geben kann in dieser niemals stillestehenden Welt.

(492) Weitverbreitet ist es, mit modernsten Mitteln das Missfallen über die Moderne zu äußern. Es fehlt nicht viel und wir schreiben mit dem Maschinengewehr „Keine Gewalt!" an die Wände.

(493) Sag, ist es nicht deswegen so schwierig, mit Menschen zu leben und zu reden, weil sie anstelle von vernünftigen Gründen schwerpunktmäßig emotionale Ursachen haben?

(494) Die schweren Versuche der Sprachreinheit
Purismus ist eine verzweifelte Augen- und Ohrenkur: Die Sinne lahmen von zu viel Babel'schem Gewäsch.

(495) Alles, was ein Mensch „nur so" sagt, dürfen wir viel genauer werten als das, was er mit Überlegung zensiert.

(496) Gedanken, die bitter aufstoßen, wollen durchgerührt oder stehengelassen werden, bis sie bekömmlich sind.

(497) Als „grübeln" bezeichnen jene Leute das Denken, die sich schlecht drauf verstehen.

(498) Volksweisheiten sind Ersatz für Gedanken.

(499) Wer sich seines mangelhaften Vokabulars bewusst ist, der gebraucht gerne Anführungszeichen für die Fehler, die er schreibt.

(500) Der Humor verrät die Moral eines Menschen.

(501) Vokabularüberfremdung
Sprachen wie das moderne Englisch verhalten sich wie große Konzerne, die vielerlei Althergebrachtes schlucken. Doch liegt es in unserer Macht als Benutzer, wie weit wir uns dessen fügen wollen, oder wie weit nicht.[8]

(502) Fremdwörter sollten dazu dienen, eine Sprache zu bereichern, nicht sie zu verarmen oder zu entstellen.

(503) Der Sinn vom Schweigen ist ebender vom Reden: Wo dieses nicht zum Ziel führt, ist zu jenem geraten.

(504) Dia- wie Monolog
Obwohl er die Menschen zu erreichen versucht, liegt es in der Natur der Sache, dass der Redner irgendwie einsam klingt.

(505) Während der geschäftige Mensch teils gerade in seinem Erlebnisreichtum stehenbleibt, macht zuweilen der kranke, der auswertend in der Ödnis auf sich selber zurückgeworfen ist, eine rasende Entwicklung durch.

(506) Wenn Du Deine Mitmenschen verstehen willst, dann achte vor allem auf das, was *nicht* gesagt wird. Gespräche sind wie Filme geschnitten. Und dieser Schnitt bleibt – so präzise er auch gemeint ist – hör- oder sichtbar.

(507) Patinierte Zeiten
Erinnerte Geschichten sehen für denjenigen, der sie hört, zuweilen abenteuerlich und glänzend aus. Zuweilen erzählst Du sie Dir nämlich selbst.

(508) Für den einen oder anderen Existierenden wäre es besser gewesen, seine Eltern hätten Theaterstücke schreiben können, als dass sie nach ihren Vorstellungen ein Kind zu formen wünschten, das am Ende doch eine Person mit eigenem Charakter ist.

(509) Die Erinnerung ist ein Bild, das aufgrund dem unwiederbringlichen Original nie richtig, höchstens falsch restauriert wird: Stets aufs neue verändert sie das, was gewesen ist.

(510) Nur noch in der Erinnerung zu leben, ist indes ein raffiniertes Mittel, um tot im Dasein zu verharren.

(511) Sähen wir in einem Film eine sehr schmerzvolle Szene, die allerdings mit Schunkelmusik hinterlegt wäre, so würden wir (selbst wenn wir lachen müssten) sonderbar schwer betroffen sein – gerade weil das wirkliche Leben, wie schon Schopenhauer es empfand, einem tragischen Lustspiel gleicht.

(512) Bilder, Worte, Gesten
Das, was ein Mensch erinnert, bezeichnet ihn.

(513) Heute werden auch Kunst und Filme hergestellt wie Fertiggerichte: Diese Zutaten haben drin zu sein, und jene nicht, dann fressen's die Leute immer.

(514) Wer sich vom Strom der Medienwelt fortschwemmen lässt, der kann nicht daran denken, aus den (verborgenen) Zusammenhängen seines Lebens schlau zu werden.

(515) Fotographie
Wozu mit Massen von gesammelten Fotos gegen die Vergänglichkeit aufbegehren? Jedem Moment, der als Absolutum aus dem Strom der Realität herausgerissen wird, haftet etwas relativ Irreales an. Alle Objektive bleiben für uns ohne (Fehl-)Interpretation blind: und Inflationäres glänzt in unseren Augen höchstenfalls stumpf.

(516) Wenn sich bereits Kinder wie dressierte Affen in Pose stellen, dann sind mehr als je zuvor nur noch die Fotos interessant, auf denen die Abgelichteten sich nicht beobachtet fühlen.

(517) Wir strahlen unsere Lebensgeschichte aus, und wenn nicht eine unverhältnismäßige Episode dazwischenkommt, weben wir bis zum Fallen des Vorhangs das oft unbegriffene Thema fort. (Doch die esoterische Lehre einer Selbstprädestination, nach der jeder Mensch eigenmächtig und frei sein sogenanntes Schicksal wähle, ist eine entsetzliche Unverschämtheit angesichts all den Juden, die in KZs sterben mussten.)

(518) Der Glaube lohnt sich sehr als Verkaufsartikel im Diesseits.

(519) Gemeinhin versuchen wir uns gerade dann ein genaueres Bild von einem Menschen zu machen, wenn er nicht anwesend ist. Sind wir nicht wahrlich haarsträubende Maler?

(520) Von aufgeklärten Menschen wird Kunst gerne als Ersatzreligion bezeichnet. Was bedeutet Ersatzreligion aber anderes als Ersatzrealität?

(521) Pointen
Zum Lachen finden wir seltsam oft das Traurige, das ferne liegt. Spürbar dient somit auch das Komische der Katharsis.

(522) Wie blau kannst Du Dir die Decke eines Gefängnisses vorstellen? Phantasie befreit.

(523) Das Instrument der Visionen
Die Einbildungskraft ist in Wirklichkeit unsere mächtigste Waffe. Auf extremst negative Weise veranschaulichten dies Menschen wie Robespierre oder Mao Zedong.

(524) Dass sie die realistische Malerei ein für allemal zu Tode hetzt, das ist der Trumpf der Fotographie.

(525) Wessen Kunstauffassung dahin geht, dass eine Geschichte mit offenem Ende sinnlos oder unbefriedigend sei, der ist mit Fantastischem gut beraten. Sinnloserweise kommt dieser Einwand aber oft von Leuten, die's lebensnah wollen.

(526) Ein Dichter, der sich nicht zum Symbolismus bekennt, glaubt entweder nur, dass er realistisch verfasse, oder er ist in Wahrheit keiner.

(527) Wer Kunst enträtseln will, muss es verstehen, Assoziationen rückwärts zu denken.

(528) Was den Ästheten vielfach kennzeichnet, ist sein Bedürfnis nach Symmetrie. Gerade dieses kann dem Leben aber blind gegenüberstehen.

(529) Verwirrung macht Assoziieren ungeheuer leicht.

(530) Zufall oder Fehler heißen wir oft dasjenige, was zu echt und grundsätzlich ist, als dass wir es anerkennen möchten.

(531) Alles Leben besteht bekanntlich aus dem Streit des Gegensätzlichen; der Perfektionismus aber versucht ebendiese Spannung aufzuheben: und wäre dies machbar – wer von uns fände Lebloses schön?

(532) Mut zur Wahrheit heißt auch Mut zu Fehlern.

(533) Zwischen den beiden Unvollkommenheiten des Dilettantismus und Perfektionismus, da schwingt die Virtuosität.

(534) Die Andeutung ist das Vollblut der Kunst.

(535) Epochaler Hochmut
Weil sich ganz besonders auch die Menschen in tausend Jahren (vorausgesetzt, es findet kein katastrophaler Rückfall statt) „modern"
nennen müssten, ist genau genommen die Bezeichnung „Moderne"
immer – unzeitgemäß.*

(536) Rhythmisches Sinngefüge
Würden Musiklehrer und Musiker schwer definierbaren Krach
ernsthaft als Musik akzeptieren, dann hätten sie ebenso ein Grundlagenproblem wie die Literaturdozenten und Lyriker mit der Lyrik.
(Dagegen johlen wir betreffs der modernen Bildenden Kunst tatsächlich zu schnell: „Was sollen die Schmierereien? Weg mit dem
Scharlatan!")

(537) Wie Handlung und Handelnde(r) immer zusammenhängen,
ohne dasselbe zu sein, so ist auch die Kunst vom Künstler zu unterscheiden.

(538) Die Ästhetik ist eine Sonderform des Moralischen (oder Unmoralischen). Moral aber ist niemals nutzlos.

(539) Alle Kreativität muss bei der Unordnung von Gefühlen ansetzen, denn ihr schulisch anerkanntes Ziel ist das In-Form-Bringen.
Nichtsdestotrotz: Legt die Schule auf unordentliche Gefühle wert?

(540) Für oberflächliche Menschen ist alles, was sonderlich in die
Tiefe geht, Wahnsinn.

---

* Wenn wir weiterhin die Epochen unterscheiden wollen, ohne zigmal „post"
davorzuhängen, sollten wir demnach vorausschauender sein.

(541) Einen Preis abzulehnen, hat weniger mit Bescheidenheit zu tun als mit Stolz.

(542) Singt ein Künstler auf der Bühne, so fühlt sich das wie eine moderne Predigt an. Und dieses Anklingen des Gefühls als „Show" abzuarbeiten, ist nicht gerade rühmenswert für einen Musiker, der eben nicht oder nicht nur so etwas wie eine Schauspielkarriere anstrebt.

(543) Ein Philosoph ist ein Mensch, dessen Erkenntnisse die Leute zitieren, während sie gern das Gegenteil davon tun.

(544) Genie, das heißt Anderssein und -können. Bleibe ein Unikum, statt auf die Uni zu gehen.

(545) Die eigene Leidenschaft zum Beruf zu machen, ist ein nicht ganz unbewährter Weg, um sie in Asche zu legen.

(546) Weil der gewöhnliche Maßstab es nicht besser weiß, als dass alle Künstler, die nur gute Verkaufszahlen haben, gute Künstler seien, sieht es für das Genie zu allen Zeiten schlecht aus.

(547) Ehrgeiz, das ist verhärtete Leidenschaft, die ungenießbare Früchte wirft.

(548) Gehe ich fehl oder hängen exzessiver wirtschaftlich-technischer Aufschwung und literarischer Niedergang zusammen? Dann wäre die Industrie das Gegenteil vom Wahrzeichen der Kultur.

(549) Ein schweres Missverständnis ist es, jemanden wie Sisyphos als „ehrgeizig" anzusehen.

(550) Mit den Klötzen für das Haus, das er nicht errichtet hat, steinigten die Bürgerlichen schon immer gern den kreativen Menschen.

(551) Als Autodidakt beginnt alles mit einer Murkserei. Wer aber nur nachahmt, der verlässt nimmer das ebene Feld.

(552) Das Bürgertum empfiehlt sich als Totengräber für alle glühende Begabung.

(553) Alle, die auf ausgetretenen Pfaden wandeln, halten zurecht Philosophie für unbrauchbar. Philosophen und Künstler gehen querfeldein.

(554) Seelennot
Kunst ist eben für diejenigen unnütz, die sie nicht benötigen.

(555) Nur ein von Leid oder Lust zerschundenes Gemüt steigt bis zu jener Tiefe hinab, wo „Existenz" Existenz wird.

(556) Mittlerweile gehört es fast zur „Karriere" eines Künstlers dazu, dass er von seinen Mitmenschen ins Irrenhaus gesteckt wird!

(557) So balsamiere ich mit jeder geschriebenen Seite einen Schmerz, eine Lust, eine einsam flackernde Wahrheit ein, die ich hinausschiffe ...[9]

Parabeln, Satiren und Fabelstücke[*]

(1) Vom Riesen und seinem unbekannten Zwergenland
Das Kinn in die Hand gestützt, saß er auf seinem Hügel, umgeben von den Gräbern seiner riesigen Ahnen, und dachte: „Ich bin nichtswürdig, ich bin klein", unwissend, dass im Tal lauter Zwerge wuselten.

(2) Vom Biber und seiner anti-ornithologischen Sicht
„Vom Fliegen kann ich dir nur abraten", sagte zum jungen Vogel der Biber; „hier, Wasser, Holz und Steine, das ist was Ordentliches!"

(3) Vom Wiesel und seiner bockigen Empfindlichkeit
Das Wiesel erklärte dem Steinbock mit erhobener Kralle: „Gestern Abend hast du schürfend am Boden mir deine Hörner gezeigt. Heute Morgen hast du wetzend am Holz mir deine Hörner gezeigt. Und heute Mittag hast du gegen Steine stoßend mir deine Hörner gezeigt." Da hob der Steinbock suchend seine Augen, drehte den Kopf überhallhin und sagte schließlich: „Ich verstehe wirklich nicht, was du mit deinen Beschuldigungen meinst."

(4) Vom Tierbändiger und seinem ratgebenden Mitfachmann
Hingelehnt an das Geländer klagte er dem anderen: „Wie den Löwen, so habe ich nun auch das Pferd tagelang mit der Peitsche geschlagen – und es macht noch immer nicht das, was es soll!" „Versuch's doch mal mit einem Knüppel?"

---

[*] Bei Geschichtchen, die ich nicht mit einer Übertitelung versah, habe ich zur etwaigen Erleichterung des Zugangs nachträglich Phrasen aus diesen selber eingesetzt. Zur augenfälligen Unterscheidung sind sie je kursiv gedruckt.

(5) Von der Sternenköchin und ihrem einfallslosen Äffchen
Mehrmals drehte sie die bunte Frucht in ihren Händen und rätselte: „Was soll ich damit nur machen?", als ihr Äffchen vom Küchenschrank heruntersprang, es ihr wegschnappte und sich grinsend in den Mund steckte.

(6) Vom Goldsucher und seinem scharfen Blick
Er schürfte und schürfte, siebte nach Gold und warf wiederholt mit dem Fluche: „Noch so ein blödes Steinchen!" Diamant für Diamant weit von sich.

(7) Vom Sultan und seinen tausend Frauen
Unerhoben und reglos klagte er auf seinem goldenen Thron: „Mit wie vielen Sorgen muss ich die Freuden an meines Harems Reizen doch bezahlen! 1000 Köpfe, in denen lauter Dinge vorgehen, die ich nicht befehlen kann, das sind 2000 Brüste, zu viele, um jemals auszureichen, das sind 4000 Hände und Beine, die nicht mehr machen als eben das, was ich befohlen habe; und hinter alledem lauert diese verwunschene Zwiespältigkeit: dass ich sie *so* besitze, dass sie *mich* besitzen, so dass wir nimmer uns lieben."

(8) Vom Heiligen und seiner erpesteten Bußübung
Als die Pest über das Volk hereinbrach, stieg der Heilige auf den Berg, um mit Beten, mit Wachen und Fasten Barmherzigkeit vom Herrn zu erzwingen. Doch nach Wochen in der Einsamkeit und abgemagert bis auf das Skelett ergriff ihn das Nervenfieber und er schüttelte die Faust brüllend zum Himmel: „Du elender Hurenbock, du, warum lässt du mich hier verhungern!"

(9) *Und Gott im Himmel sprach zu Luzifer*
Und Gott im Himmel sprach zu Luzifer: „Ich hab dir gsagt: Neben mir isch kein Platz mehr frei. Du mit deine ewig vermaledeite Intri-

ge, du Sauhund, ab mit dir in d'Höll! − Sakredie, jetzt muss ich mi erscht mal wieder beruhige", und er donnerte Blitze nach links und rechts, „Herrgottzackverfluchtnochmal!" Und Luzifer saß still in der Hölle; und der Mensch auf Erden sprach: „Gottverdammi hat's mir die ganze Saat zerschlage!"

(10) Vom Religionsfeind und seiner unspeziellen Selbstwiderlegung
„Die Wirksamkeit ist wissenschaftlich nicht erwiesen", sagte der Religionsfeind zum Klosterbruder, und fügte dann im vollen Ernst hinzu: „Damit es was bringt, muss man schon dran glauben."

(11) *Als zwei Wanderer an eine Kreuzung kamen*
Als zwei Wanderer an eine Kreuzung kamen, sagte der ältere: „Wir gehen nach rechts!" Der jüngere fragte: „Woher weißt du denn, dass dieser Weg der richtige ist?" „Weil ich in meinem Leben oft reden hörte, dass die Leute nach rechts gegangen sind." „Und wohin führen die anderen Wege?" „Das weiß ich nicht." „Wie kannst du dann wissen, ob nicht doch ein anderer Weg der richtige ist?" Doch der Ältere sagte nichts mehr und schlug erhobenen Hauptes die Richtung ein, von der er geredet hatte.

(12) *Was für Pyramiden*
Nachdem der Geologe zehn Wochen lang die Erde dahingehend untersucht hatte, aus welchem Land sie stamme, stand er auf und erblickte mit bloßem Auge: „Donnerwetter, was für Pyramiden!"

(13) Von den Generälen und ihrer regelmäßigen Schlacht
Schon hatten Geschrei und Detonationen wieder begonnen, als der eine General fragte: „Warum führen wir noch gleich Krieg?" Und der andere überlegte: „Wegen unserem Glauben, dem Land, dem Geld? Oder weil unsere Regenten persönliche Probleme kompensieren müssen? Ich weiß es ehrlich gesagt auch nicht mehr." „Dann

können wir doch jetzt eigentlich aufhören?" „Eigentlich ja", pflichtete der zweitere dem ersteren bei, und beide riefen zusammen: „Männer, wir lassen das Töten erst mal wieder sein und gehen heim zu unseren Frauen!"

(14) Vom Bergsteiger und seinem unbezwingbaren Neid
Als er ein zweites Mal aber den Gipfel erreichte, den in der Zwischenzeit auch ein anderer erklommen hatte, nahm er von seinem Rücken einen Klappstuhl, stellte sich obendrauf und brüllte: „Ich bin und bleibe der Allergrößte!"

(15) Vom Extremsportler und seiner selbstkritischen Taktik
Die Interviewer warteten, bis der Rekordbrecher endlich kam. „Guten Tag, Herr Z." „Guten Tag und eines vorab: Ich bin der größte Egoist! Und nicht dass Sie jetzt auf die Idee kommen, mich mit dem ‚wissenschaftlichen Nutzen' zu entschuldigen – was ich tue, ist darüber hinaus völlig unnütz! So, und jetzt können Sie mit Ihren Fragen beginnen." „…"

(16) Vom Rüpel und seiner speziellen Relativitätstheorie
„Ach du liebe Scheiße", sagte sein Kumpel, als er ihm auf der Straße begegnete, „wie schaust denn du aus? Dein ganzes Gesicht ist ja rotblau. Ist das wegen dem …?" „Ja was denkst denn du – dem Jungchen hab ich meine Schnauze ordentlich in seine Faust reingehauen!"

(17) *Uneins wälzte er sich*
Uneins wälzte er sich im Bett neben seiner still atmenden Frau hin und her, grummelnd: „Schon die fünfte Nacht kann ich weiß der Teufel aus welchem Grund nicht richtig schlafen. Und die liegt in aller Seelenruhe da …" Jäh rüttelte er an ihr. „He, ich liege schon wieder wach, du miese Sau!"

(18) Vom Wahnsinnsgeliebten und seinem tödlichen Plan
„Dafür, dass sie mich verlassen hat", lud er kieferknirschend seine Pistole, „wird sie mir bluten. Und danach blase ich mir selber das Hirn weg. Oder noch besser", schielte er umher: „Erst bringe ich mich um, und dann sie, hehehehe!"

(19) *Triumphal und hysterisch*
Triumphal und hysterisch lachte er daheim den Fernsehmoderator aus: „Die Realität, die is doch nix!! Die Realität is 'ne Krankheit!!?!!"

(20) Vom Enthaltsamen und seiner exklusiven Methode
Eine graue Wolke auspustend, hielt das Pärchen ihm einen Glimmstengel hin. „Danke, aber ich rauche schon seit zwei Wochen nicht mehr." „Was? Erst gestern haben wir dich doch auf dem Balkon mit einer Zigarette gesehen." „Ach so, ja, nee da hab ich nur gepafft."

(21) Von der Frisörin und ihrem abgelebten Kunden
„Und jetzt den Kopf wieder ein Stückchen heben. – O Gott", sagte sie mit der Schere in der Hand zu ihrer Kollegin; „ich glaube, der Alte ist gerade gestorben." „Was machen wir denn jetzt?" „Lauf schnell rüber und hol seine Frau. Ich schneide hier ordnungsgemäß finito. Schließlich muss jemand die Rechnung begleichen."

(22) Vom Deutschen und seinem diplomatischen Geschick
Als er sich am Strand ausgezogen hatte, staunte sein Bekannter nicht schlecht: „Na du bist ja fett! In deinen Klamotten sieht man das gar nicht – Kompliment."

(23) Vom Kind und seiner anerzogenen Höflichkeit
„Guten Tag", nahm zurückhaltend der Junge die feiste Hand entgegen, „Mama und Papa haben mir schon viel von Ihnen erzählt, Herr Kaventsmann."

(24) *Und noch einen Löffel für ...*

Weil er angeblich zu dünn war, fütterte die Mutter ihren $2^{1}/_{2}$-jährigen Buben nach wie vor: „Und noch einen Löffel für Papa ... Und noch einen für Opa ... Und einen noch für die Oma." Schließlich protestierte er mit vollen Backen: „A-aber die können doch selber essen?"

(25) *Die Wochentage unterscheiden*

Bekümmert fragte sie ihren an Gehirnabbau erkrankten Mann: „Walter, kannst du die Wochentage unterscheiden?" „Na klar: Schnitzel, Rouladen, Gulasch, Kotelett, Kloppse, Kassler und Braten."

(26) *Von so einem Diabetes*

Er stieß das körnige Vollkornbrot beiseite und fuhr seine Frau an: „Seit fünfzig Jahren esse ich jetzt Marmeladenbrötchen zum Frühstück, und davon werde ich mich nicht von so einem Diabetes abbringen lassen, dem ich schon noch zeigen werde, wer hier das Sagen hat!"

(27) *Hoppla! Wenn die so stürzt*

Die Patientin war außer Rand und Band, und der Doktor verabreichte ihr eine so mächtige Dosis Betäubungsmittel, dass sie wo sie stand und ging umfiel. „Hoppla! Wenn die so stürzt, da kann man uns noch zur Verantwortung ziehen. Schnallt sie am Rollstuhl fest!"

Bald darauf kamen die Angehörigen vorbei, entsetzt: „Wir nehmen sie auf der Stelle wieder mit!" „Aber reagieren Sie doch nicht gleich so nervös, zuhause werden Sie mit ihr überfordert sein, reagieren Sie doch nicht so!"

(28) Vom Arzt und seinem cicero'schen Taktgefühl

„Da er nun mal das Recht hat, es zu wissen, sage ich es ihm ganz von Mensch zu Mensch", besänftigte der Arzt die Schwester, worauf er zu dem Patient in das Sprechzimmer trat und die Tür hinter sich schloss, Platz nehmend. „Hab'n Sie Ihr Testament schon gemacht?" „N-nee, wieso?" „Ja, also, det sieht richtig beschissen aus bei Ihnen da drin, da können wir nich' mehr viel machen. Am besten, Sie gehen jetzt nach Hause, und in der Zeit, die Sie noch hab'n, da amüsieren Sie sich schön. Der Rest erledigt sich ja dann von selbst."

(29) *'n halbes Jahrhundert lang kaputtsaufen*
Nachdem sie 16 Jahre lang dem Sohn eingebleut hatten, wie schlecht Alkohol für ihn sei, stellten sie an seinem Geburtstag gleich zwei Flaschen Bier vor ihn hin, gratulierend: „So, und jetzt darfste dich 'n halbes Jahrhundert lang kaputtsaufen!"

(30) Vom Besoffenen und seiner großartigen Werteverkehrung
Torkelnd fiel er beim Verlassen der Kneipe auf die Schnauze und triumphierte: „Bin ich etwa betrunken oder was!" (Prompt kam aus der Gasse ein kleiner Hund dahergelaufen und verbiss ihn.)

(31) *Der deutsche Tourist im Gartenrestaurant*
Der deutsche Tourist im Gartenrestaurant orderte: „Bringt mir doch mal 'ne Plastiktüte her, die Sonne knallt mir uff 'n roten Kopp, det is ja nich' mehr feierlich. Macht aber vorher schön 'n Loch rein, damit ihr mir det Bier in den Rachen gießen könnt."

(32) *Nicht jeden Tag Leberwurst*
Stechend haute er mit seinem Zeigefinger auf den Küchentisch: „Ich habe nun einmal das Bedürfnis, diverse Frauen zu bumsen, und das muss man akzeptieren; du willst schließlich auch nicht jeden Tag nur Leberwurst essen." „Na gut", pfiff sie, „dann treibe ich's gleichermaßen mit anderen Männern." „Wenn du das machst, dann schlage ich dich tot!"

109

(33) Vom Jugendlichen und seiner verschämten Vulgarität
Gestützt auf die Ellenbogen sagte sie im Liegen zu ihm: „Warum
kaufst du dir denn kein Kondom?" „Weil … dann glaubt die Kassie-
rerin noch, ich bräuchte es zum Ficken."

(34) *Ob sich das schickt*
Die Blonettine sagte zu dem Begleiter vor ihrer floridanischen Tür:
„Kommst du noch mit rein?" „Äh, ja, ich würde dich schon gerne
ficken, weiß aber nicht, ob sich das schickt." „Also bitte! Nur fern-
zusehen mit einem Mädchen, das einen jungen Mann mit nach Hause bringt, das schickt sich nicht."

(35) *Auf offener Straße*
Auf offener Straße sprach er angesichts einer freizügigen Blondine
zu sich selbst: „Wenn ich mir doch auf der Stelle die Hose aufknöp-
fen und einen runterholen könnte, aber das würde von der Gesellschaft wieder als negatives Zeichen gewertet, die Schweinigel, die!"

(36) *Der Wunsch zu „ficken"*
„Komisch", sagte er zum Psychiater, „jedesmal, wenn ich mit Ihnen
über die Frau meiner Begierden rede, komme ich ins Schwärmen,
komme ich sogar auf den Gedanken, es handle sich dabei um Liebe.
Aber dann, sobald ich die Praxis verlasse, meine ich wieder, ich müsste sie in den Arsch ficken, voller Härte in den Arsch ficken, und bilde
mir sogar ein, das würde sie mögen. Wie finden Sie denn das?"
    Der Psychiater antwortete: „Der Wunsch zu ‚ficken' – wie Sie so
volkstümlich sich ausdrücken – ist an sich ein ganz menschlicher
Zug, den wir aber unbedingt in den Griff kriegen sollten."

(37) *An zu viel Phantasie gestorben*
Stirnfurchend fragte der Krankenpfleger den Arzt: „Was haben Sie
denn auf den Totenschein des … wie soll ich sagen … jungen Dich-

ters geschrieben?" „Psychosomatisch." „Psychosomatisch? D-das heißt?" „Dass er an zu viel Phantasie gestorben ist."

(38) *Und jetzt frag nicht lang*

„He, komm mal mit! Der Insasse 04 ist tot. Wir müssen ihn weg-räumen", lief einer der Zuständigen den Korridor in die Zelle ent-lang, und der andere meinte dort: „Der sieht ja schrecklich abge-magert aus. Ist er verhungert?" „Ja. Er wollte nichts mehr essen." „Warum das?" „Er sagte, er sei im Streik oder so; und jetzt frag nicht lang und hilf mir mal."

Gedichtbukett

„Maschine blind und taub,
zur Grausamkeit nur taugend, /
Heilsames Werkzeug du,
das Blut der Menschheit saugend, /
Hat dich der Ekel nie
ob deiner Schmach erfasst, /
Sahst du vorm Spiegel nie,
wie Reiz um Reiz verblasst?"
Charles Baudelaire

1. Die Frau aus Gift
2. Das fixende Mädchen
3. Die Trinkerin
4. Die Frau aus Draht und Pixel
5. Das benutzerfreundliche Mädchen
   oder Das Befriedigungstäubchen
6. Die Igelin
7. Die Herrin und die Lakaiin, lackierend
8. Deine Schulter so schimmernd
9. Dein Blick lagunenhaft
10. Die Blühende so welk
    oder Eingefror'nes Augenblicken
11. Als Du die Vergissmeinnicht geköpft
12. Als Du Deine Strümpfe anzogst
13. Als aus Deinen Händen die Flöte stob
14. Der Gehetzte
15. Der Exilant
16. Die Orgiastischen
17. Obsession Progression

Die Frau aus Gift

Nachts kommst Du bitter, Süße, angeschlichen,
schlägst die Zunge bleckend an zum Kuss;
suchst auf Schmerzgelüste Du mich auszurichten,

Sukkubus?

Als dunkel mich Dein geiles Gift durchleuchtet,
umkreiseln meine Finger hart die Brust;
riecht Dein glutenschwerer Spalt nicht sehr befeuchtet,

Sukkubus?

Wildmähnig reitest Du mit nacktem Bein,
lügst aus der Lende mir den Schuss;
aus Deinen Augen klirren Krähen ein,

Sukkubus!

Das fixende Mädchen

Schwarzsträhnige, spann Dein Aug:
sprossenrotgespritzt die Haut
giert in windgepeitschtem Kleid
bleich nach matter Flüchtigkeit.
Kauernd in des Tunnels Eck
schnürst den Arm Du langgereckt,
dass ins Blut der Schwindel schießt
und teures Elend Du genießt.
In Toiletten, öffentlich,
knospenrank die Brust gelüft',
holst Du mit kaltem Schweiß
beim Wüstling Dir den Preis.
Worauf bist Du gesinnt,
wenn Frau, wenn Mann, dann Kind
bei trautem Gassenlicht
im sumpfig Aug sich bricht?
„Ein 17faches höher-tiefer leb als Sterbende ich dahin!"

Die Trinkerin

Einsam schwankst Du morgens durch die Straße,
die Straße lang schiebst Du Dein Töchterlein.
Dein Töchterlein – Du hängst fernseh'nd zu Hause –
nach Hause schwankst Du's nachmittags allein.

Allein, erduldend auch und stolz blickst,
blickst auf 'ne Gruppe Du und hörst den Freund.
Dein Freund führt heim 'ne Zweite, ohrringklinkernd,
…ickend abends, wenn Du Deine Lieb vergeud'st.

Vergeud't bis in die Nacht erscheint Dein Leben,
ein Leben, das dem Kind bewahr die Sitt.
Sittlos hebst Du die Flasche, senkst die Augen,
der Augen trübe Salzflut trinkst Du mit.

Einsam schwankst Du morgens durch die Straße …

Die Frau aus Draht und Pixel

Funken-
erzeugend lauschen
will Ich in Dein Bild versunken
und gegen Lust den Weltschmerz um Ich tauschen,
ja: in Deinem Nabel zwirbelnd will Ich Mich berauschen.

Doch will ein Held Ich sein für eine Frau tussau'isch-echt
und mit Zuckerblasen, rosa-blau, geschminkt?
Drum in den Strom des Traumes rechtzeitig pix!, ach, schlecht
und link …

Vernetzt,
ganz perfekt erblinkt
die Puppe nackt und rhythmisch jetzt,
rhythmisch surrt der Vorhang langer Wimpern. Spot-
tend befiehlst und dienst Du Mir, Göttin aus Elektroschrott!

Das benutzerfreundliche Mädchen
oder Das Befriedigungstäubchen

Im Zwielicht sehe zu Verschlag ich ein und raus
ein Mädchen flittern – sag, sahst Du sie auch?
Wie zu einem O! gelötet wirkt ihr Schnäbelein,
die schweren Haare scheinen grad wie blauer Rauch,
fast taumeln ihre kleinen Birnen frei und frei
im Kleidchen bis zum Nabel aufgelitzt;
die Schenkel sind doch nachher samenüberspritzt?

O das Täubchen wird von räuberischen Kerl'n
einander zugesandt und kostenlos benutzt;
sie badet ihr Gefieder (eins, zwei, drei) im Schmutz
und mag's gebürstet auch von hintenher noch gern.
Zum Glockenschlage girrt – o Du glaubst es nicht –
im ewig-einen Käfig schön geputzt
dieselbe schon bei ihrem turtel-tauben Freund.
Erführe er, wo die Liebe denn gewesen ist,
zerrisse er die Federn ihr, hier versteu'nd.

Die Igelin

Eng die Brüste pressend, knieend,
Perl' um Perle salzig tropft
durch die Haare wellenziehend
schwarzbraun, bergend um den Kopf;

kalt von Lippenstift beblutet
glüht die birkne Haut, die fleht,
als, Geliebte, unvermutet
in den Kachelraum ich tret:

„Wem", fleh ich, „gehört die Hand,
dass Igelin hier kümmerlich
Du sitzest? Deinem Manne? Sprich!"

„Sie", winkst Du mir abgewandt,
„ist Dein, ist Mein, die Mich, ihn schlug:
Der Täter Opfer ward dem Lug."

Die Herrin und die Lakaiin, lackierend

Wer, meine Liebe, wer genießt die Macht!
– Mit brodelndem Grienen sieht die Herrin sie streichen
mit klarstem Lacke deren Fußnägel und wacht:
Will die Lust machtvoll
an Ohnmächtigen sich bereichern,
muss die Kette – kickend! – in Stande sie reißen.

Wer, meine Liebe, wer genießt denn Macht?
– Mit brodelnden Gliedern sieht die Lakaiin sich knien
mit dem Fuße im Mund und grient im Verdacht:
Will durch Machtlose
mächtig die Lust nach oben fliehn,
Muss die Verkettung sie nach unten ziehn.

Deine Schulter so schimmernd

Wie aus Meeresschaum gehaun,
sah nackt mich Deine Schulter an,
bis ich schmolz im kalten Licht.
Was hast Du mir da angetan?

Wie eine Liebesgöttin ruh'nd im Stein,
die trotz Feuersglut nicht lieben kann,
deckst Du zuckend Deine Schulter zu.
Was wurde Dir nur angetan?

Dein Blick lagunenhaft

Wenn ich schau in Deine Augen, ist's,
als plätschre ich in der Lagunen Schwere.
Wenn ich blick in Deine Augen, ist's,
als schwämme ich getrennt vom Meere.

Oder lugest Du in mein Auge, ist's,
als ob Wonne nur sie selbst sich böten.
Aber siehst Du niemandes Auge, ist's,
als ertränkest Du in stummen Nöten.

Die Blühende so welk
oder Eingefror'nes Augenblicken

Seufzend, wie ein Blatt zur Erde sinkt,
beschaut sie auf dem Foto sich,
das vor vielen Jahren aufgenommen.
„Du Meine, die Du mir da winkst,
das bin ich und bin Dich nicht,
und alles, alles Glück,
für das betrogen Du so angestrengt –,
ist zerronnen,
ist zerronnen und was hab ich?"
Stumm und jung und fremd,
leblos sie blickt zurück.

Als Du die Vergissmeinnicht geköpft –,
sah gekränkt ich Dir in Dein Gesicht
und fragte: „Ist unsre Liebe schon erschöpft?"
Da lachst Du im geknittert Kleid
gekränkter noch als ich und sprichst:
„Die Liebe ist ein Land so weit!"

Als Du Deine Strümpfe anzogst,
saß auf der Bettkante ich und weinte
über Deine Schönheit, die
eine Stunde hässlich nur weilte.

Als aus Deinen Händen die Flöte stob,
donnernd, dass ich zuckte auf meinem Stuhle,
und im Lidstrich, drunter Ängste getobt,
ich zerregnen sah güldenes Lob,
das Dir ward in musikalischer Schule,
da sahst Du nur stolz in die Leere.

Der Gehetzte

Dort, als stähl niemand ihm Zeit,
als wär doch Zeit hier und Zeit,
weilt er und reckt sich bereit,
wie ein Krebs in der Muschel geborgen.

Doch in den Augen, flurrend, sorgend,
spiegelt sich der Geist so wild,
so wild, nicht mild, so ohne Labung,
sucht er, flucht er, ganz verirrt,
ganz sich bergend in der Meinung,
dass, was drinnen, draußen eilt.

Der Exilant

Unverstanden, von schlechtem Zufall gelenkt,
steht Einer inmitten Vielen und denkt:
„Heimat ist, wo Dir die Wunde erteilt."
Bindend, die Glieder verrenkt,
kämpft gegen Bitternis er und denkt:
„Die in der Fremde eiternd nicht heilt,
das ist die Wunde von der Heimat erteilt."

Die Orgiastischen

Die orgiastischen Damen und Herren
senden durch weiße Zähne den Pfiff,
an Westen sich selbst und Blusen zu zerren;

mecha-organisch sie tuschen mit Schliff
sich selber, so feiernd, selber so freiend
– ein Brueghal frei von Sündebegriff?

Die orgiastischen Damen und Herren
bechern statt Gräuel Lustdestillat,
rein aus Versehen o Blut hineingeifernd;

kaviaristisch sie beten zur Tat,
die orgasmierenden Organisierenden!,
die Obstruhierenden!, fallend ins Rad.

Obsession Progression

Prävention
plus Perversion
ist gleich
Perversion
minus Prädestination.
Perversion
potenziert durch
Perfektion
ist gleich
Perfektion
gebrochen in
Perversion.
(Strich.
Rest: Masturbation!)

ZWISCHENSPIEL

Zeichnerische Versuche

aus der Reinigung im Feuer

131

Übrigens leide ich grauenhaft, aber nicht in
Wirklichkeit; der innerste Kern meines Wesens
bleibt, wie er immer gewesen sein wird.
(Ich bleibe _____ der Generation X
zugehörig. _____ Von ihr zehrend,
weiß ich,
wer ich bin. Wisse ihr es auch?)

„Lieber durch Leiden
Möcht ich mich schlagen,
Als so viel Freuden
Des Lebens ertragen."

(Goethe)

Die Koch- und Pornoshow?

Es geht heiß her

Immer mehr Immer mehr

Immer mehr !!

Ein Bad in der Lust

(selbst-
bedienung)

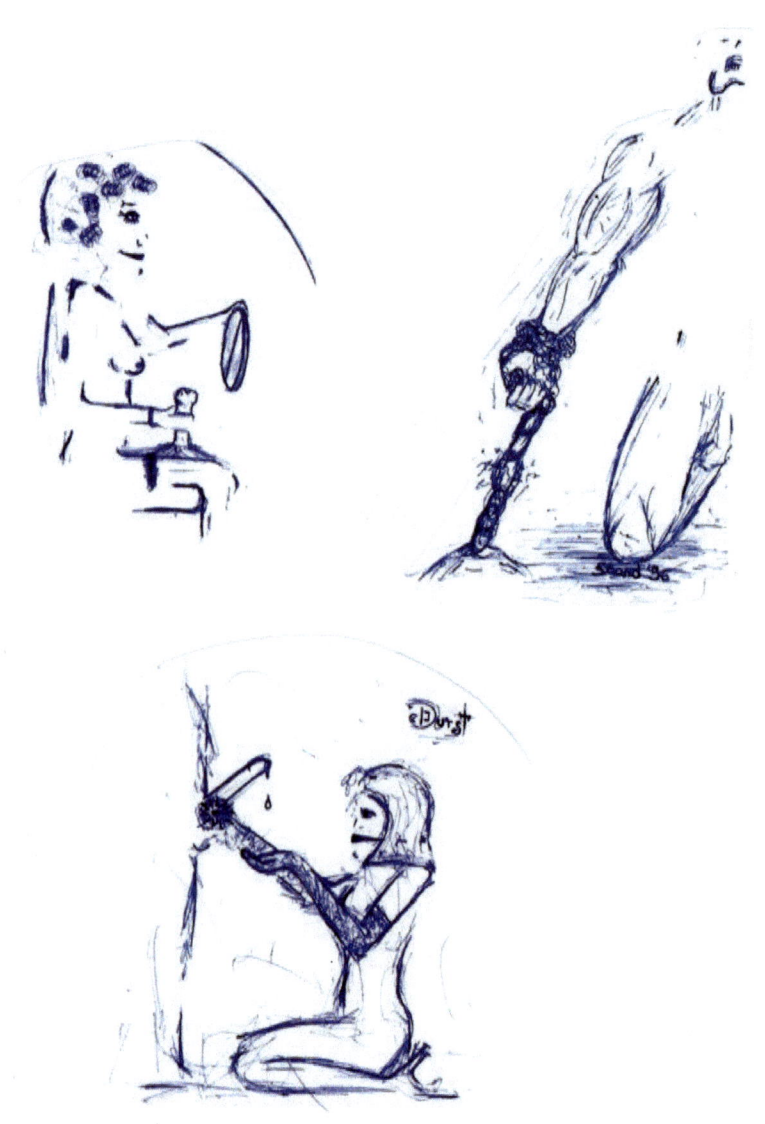

134

135

137

Krämpfe Anfälle Bedrohungen
Zerstörungen Bauchschmerzen
Vernichtung Trauer Schuld
Herzrasen Verzweiflung

Die schönste Runde ist das?
Die eimundtausendste! Weil so viele
und ihr habt es überstanden.

Verzweiflung

Sexualität

Demut Demut Demut
Geduld Mitgefühl Geduld
Demut Demut Demut

It's me in the corner
It's me in the dark night
Losing my perfection

138

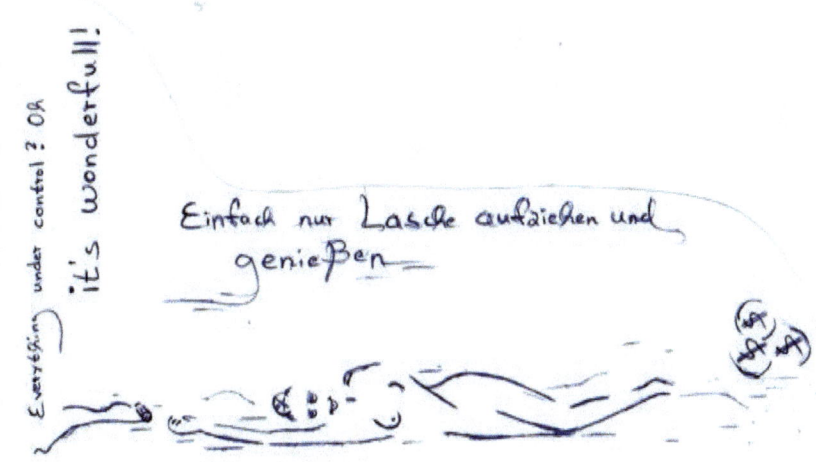

Until I'm clean

It grips you so unreal

Anno '93

Damals rannte die Kunst-
lehrerin mit einem Bild von mir
schnurstracks zum Rektor, der mit
meiner Mutter sprechen sollte ...* Nun, nicht alles ist
so schön und erhaben in der Welt, wie ihr es haben
wollt.

*Ich zeichnete pausenlos, sei es in Deutsch, sei es in Mathematik – das Fach Kunst
mochte ich nicht.

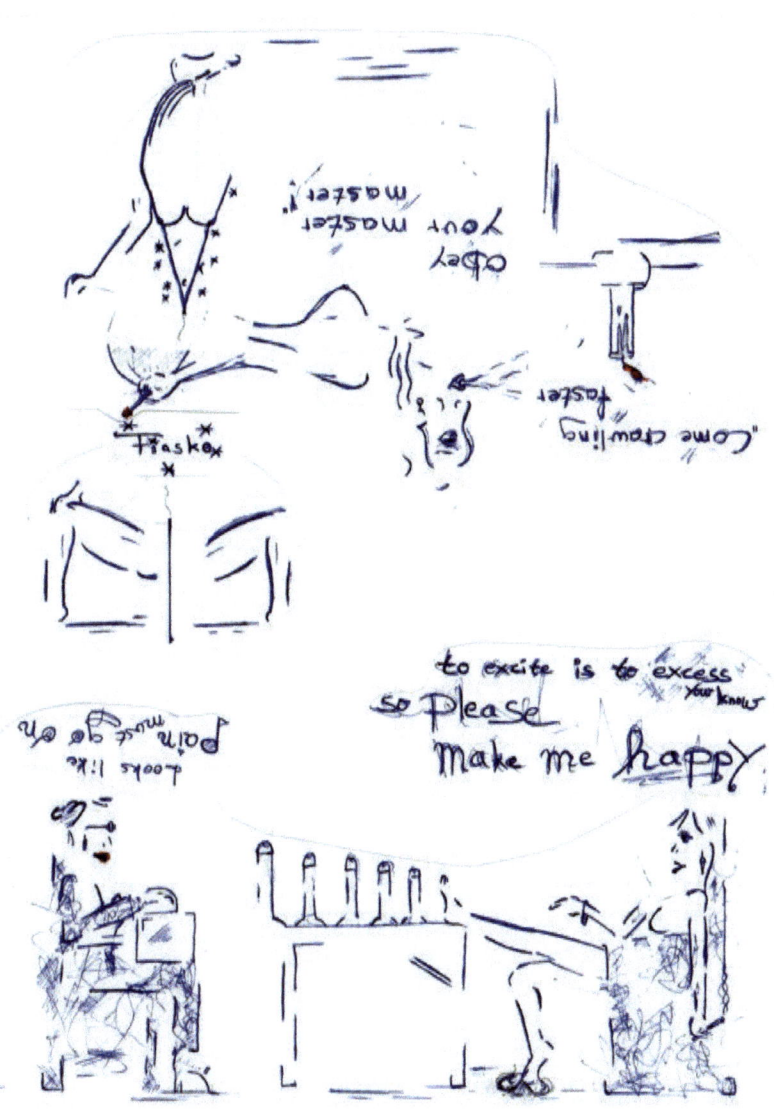

141

„Man darf nicht zerbrechen, mein Junge – selbst wenn es zu Ende geht, man darf es sich gar nicht erst eingestehen."

NIXON

The Joy of life

Susi tut lecker und macht...

Schwarze Milch ich trinke des Morgens schwarze Milch ich trinke des Nachts schwarze Milch ich trinke und trinke Der Trug ist ein Meister aus Deutschland Die Qualen die Qualen sie hetzten mich ab Mein aschenes Haar ...geschossen mit Gift...

142

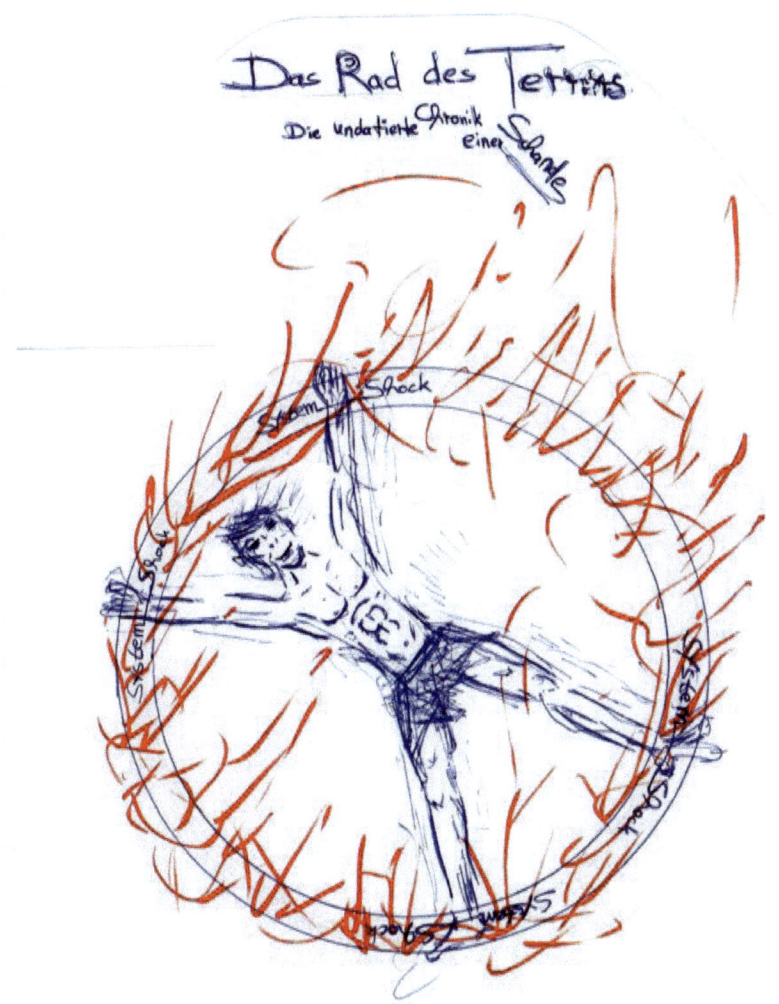

„So sprach ein
Weib voll
Schüchternheit
zu mir im
Morgenschein:
„Bist schon du
selig vor
Nüchternheit,
Wie selig wirst du –
trunken sein!""
Nietzsche

Fühl die
Agonie

des Lebens

I feel home
everywhere
the air is to
thick to breath

„,? I feel home

Forever young

Was riß so früh die Kette?
Wer gab dem Herz besiegt?
Und liebtest du, wer hätte
Dich nicht genug geliebt?

Du schweigst –
doch sind die Tränen
Den milden
Augen nah [...]"

I see your long tourniquet has driven you to madness

144

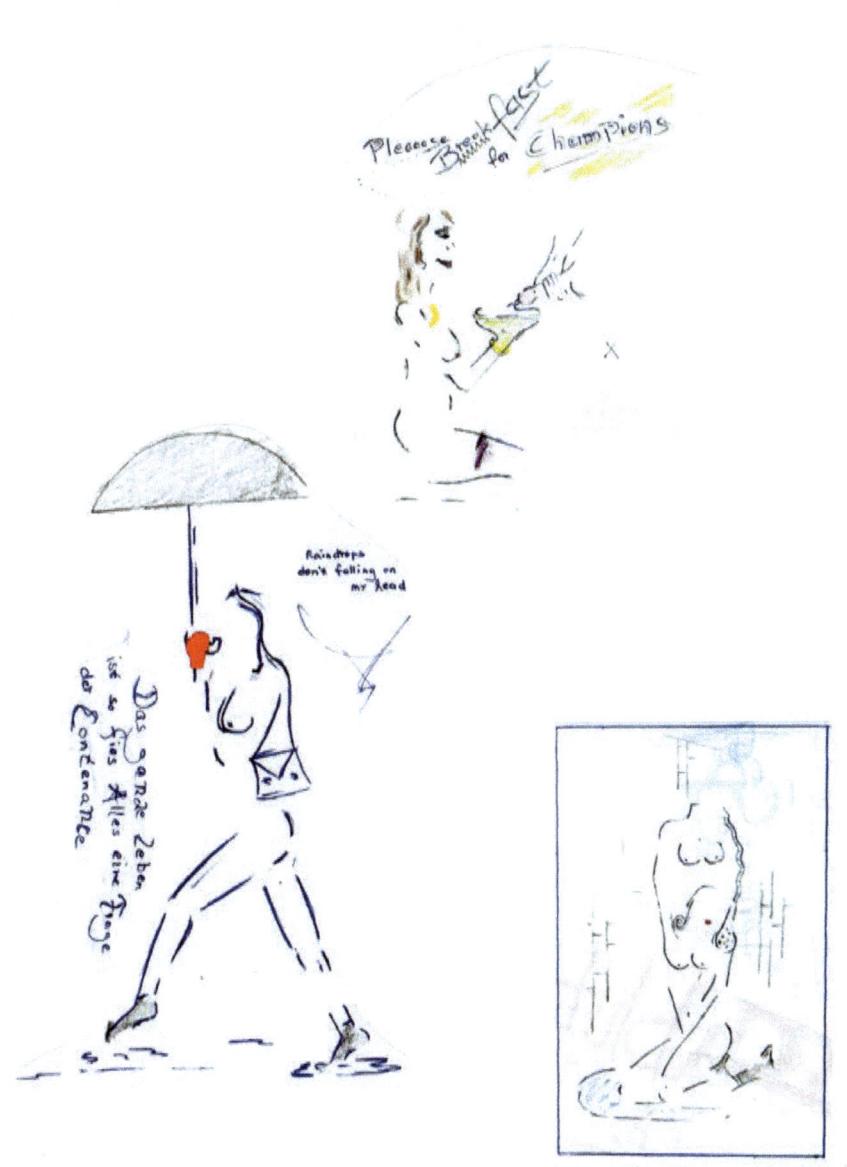

145

146

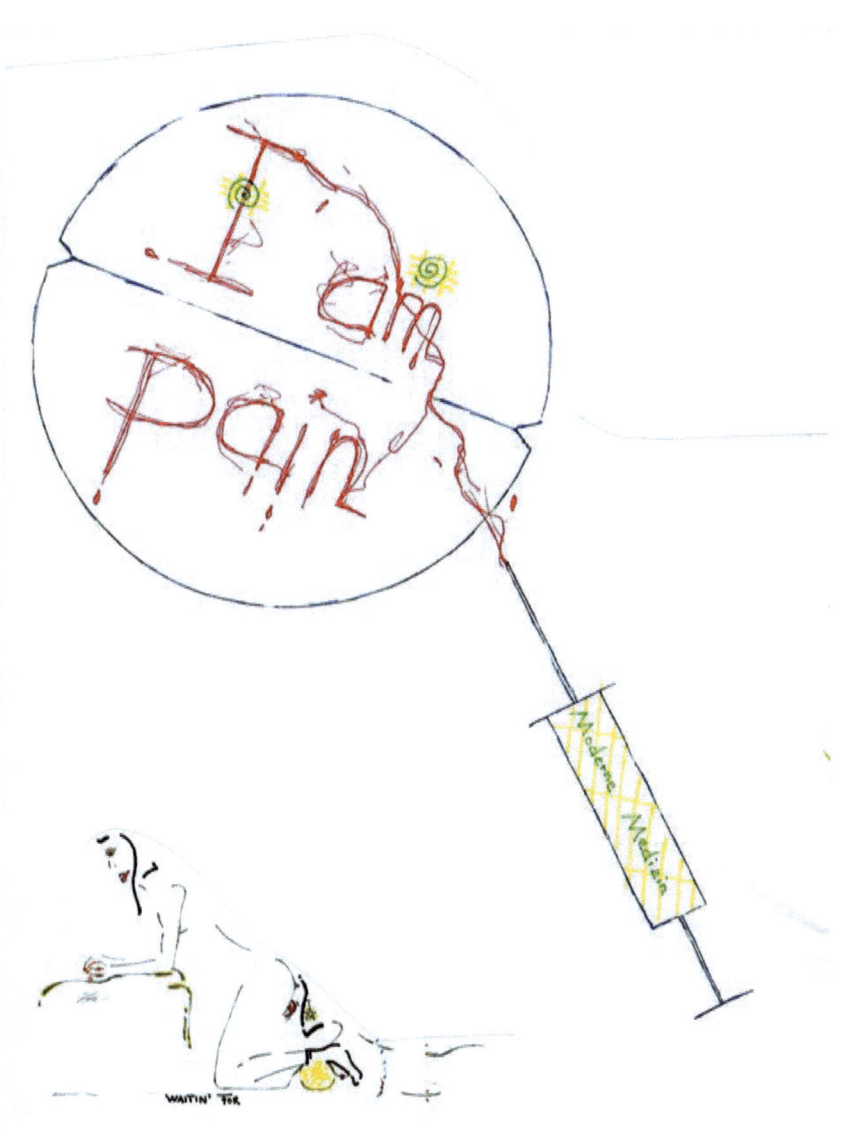

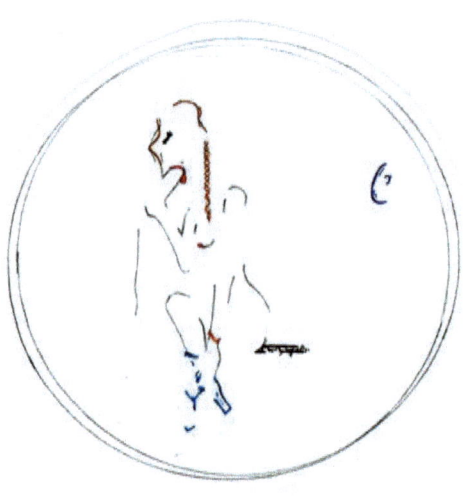

152

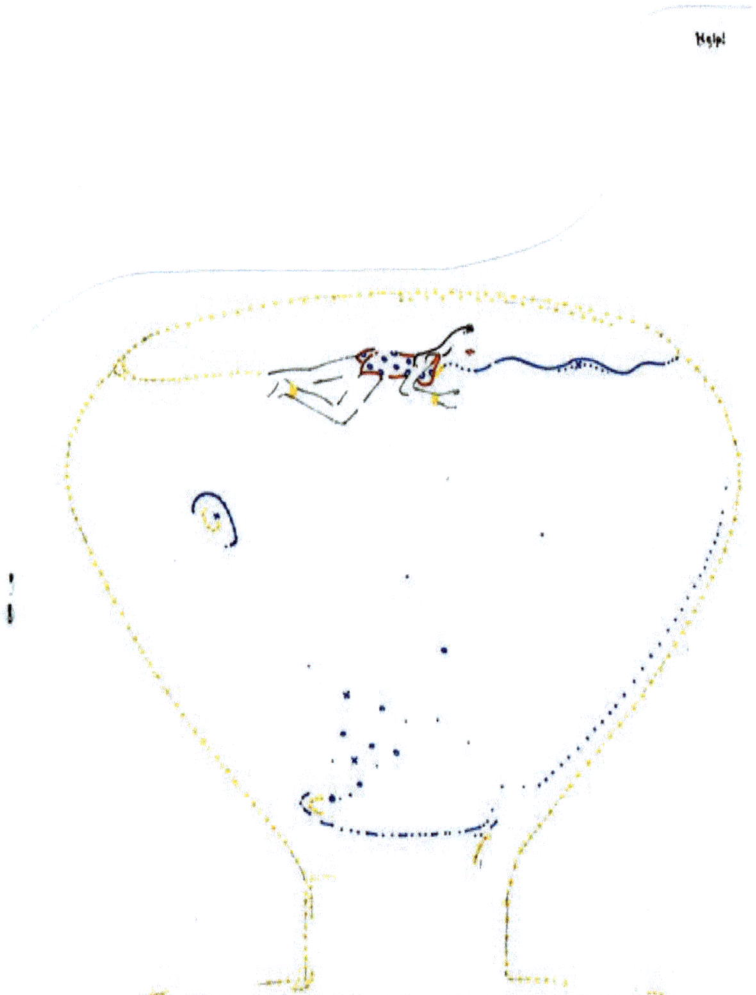

BUCH II

Die geschnitt'ne Wirklichkeit

Die Eisprinzessin

Ein Schreiben an den Tod

Unter den Wolken, 22. 9. 2012

Betreff: Untauglichkeit zum Leben

Gevatter!

Einsam liege ich auf einem Bettlaken in einer 27 m^2 kleinen Wohnung und schaue auf einen dunklen Vorhof hinaus. Das ungezwungene Lachen von Mädchen, das von der helleren Seite herüberschallt, stimmt mich verärgert und neidisch. Mein Verhängnis und meine Krankheit, wenn Sie so wollen, heißt Sensibilität. Prüfen Sie aber selbst, ob ich die erforderlichen Kriterien erfülle; um Ihnen also bei der Urteilsfindung behilflich zu sein, unternehme ich den Versuch, mein verknäueltes Leben treffend darzulegen.

Ich wurde am 8. 12. 1990 am Starnberger See geboren, bin 1.61 m groß und wog vor einer Stunde in Kleidung (aber ohne Schuhe) 47 kg, blond.

Meine Mutter, tschechischer Herkunft, hat katholische Theologie studiert und arbeitet als Redakteurin bei einer Frauenzeitschrift. Sie wirkt feierlich, stattlich und anpassungsfähig (ohne dass ich mich erinnern könnte, dass sie jemals sich angepasst hätte). Zwar sei es ein

Fehler, bekräftigt sie, dasjenige buchstäblich zu nehmen, was bildhaft geschrieben sei; dennoch hätte die Kirche es nicht verstanden, das Wort Jesu Christi menschenfreundlich und richtig auszulegen. Aus solchen Gründen tritt sie nicht nur für Kondome, sondern auch für die Pille ein, für alles, was sauber und geradlinig vonstatten geht. Mein Vater, aus St. Moritz stammend, hat als Psychologe zuhause im Seitenflügel ein Sprechzimmer eingerichtet. Er ist dermaßen abwägend und zaghaft, dass er selbst dann mit den Knöcheln nicht an die Tür klopfen würde, wenn die Klingel fehlt. Wie könnte ein Kind sich einem so ängstlichen Mann oder heiligen Weib anvertrauen? Die gemeinsamen Urlaube fanden übrigens nie in südlichen oder arabischen Ländern statt. Am liebsten fuhr mein Vater in den Wintersport.

Als ich 7 Jahre alt war, bekam ich meine ersten Schlittschuhe geschenkt. Es vermittelte mir ein Gefühl von Freiheit, die musikgeflutete Eishalle zu besuchen, und bereits nach dem 1. Tag konnte ich rückwärts laufen. Zur Strafe für diese Begabung steckten mich meine Eltern $2^{1}/_{2}$ Wochen später in einen Kinderverein. Die Tatsache, dass ich nicht nur besser, sondern auch schweigsamer als die anderen Mädchen war, machte jede Freundschaft von vornherein unmöglich. Immer tiefer barg ich meine Gefühle in mir, bis ich mit 13 Jahren zu einem vielgepriesenen Trainer kam. Er war mittelgroß, gutaussehend und streng. Auf der Stelle habe ich mich in ihn verliebt. Ohne ein Wort hierüber zu verlieren, trainierten wir jeden Tag 3 Stunden zusammen, nur ich mit ihm. Gegen 19 Uhr aß ich mit meinen Eltern zu Abend und ging um 21 Uhr hungrig zu Bett. Wieder und wieder bereitete ich mich auf irgendeinen Wettkampf vor. Wann immer mein Trainer meine Haltung mit seinen Händen korrigierte, fröstelte ich vor Angst und Erregung. Wurden meine Fortschritte aber gelobt, so durchglühte mich ein Schauer der Freude. Mein Pathos, versicherte man mir stets aufs neue, sei atemberaubend. Selber empfand ich meine Umgebung dagegen als leidenschaftslos, berechnend und mehr als nur kühl. Starr schaute ich an den Gesichtern meiner Konkurrentinnen vorbei. Ich fürchte, sie hielten mich für arrogant. In Wahrheit herrschte nur Heulen und Zähneklappern in mir vor. Nichtsdestoweniger errang ich mit 17 Jahren schließlich den Sieg bei den deutschen Meisterschaften. Das Gold, das mich schmückte, bedeutete mir aber nur insofern etwas, als es den anderen etwas bedeutete, und meine Bedrückung inmitten den ganzen Beifallsbezeigungen wuchs. Spät hatte ich mich nach der ersten Einheit im neuen Jahr ausgezogen, um mich unter der Dusche – was mir am liebsten war – alleine zu entspannen, als mein Trainer durchkreuzend in die Umkleidekabine trat. Vor Schreck erblasste ich wie zur Salzsäule; sobald er näherkam, spürte ich, wie die Röte in mein Gesicht schoss. Er meinte, es gebe keinen Grund, sich zu schämen, und fasste mit seiner Hand an einen meiner Brustnippel. Daraufhin bat er mich, ein Bein auf die Sitzbank zu stellen, und mit argem Befremden beobachtete ich, wie er vor mir kniend seine Zunge in meine Vagina steckte. Von diesem Tag an war er ungeduldig und grob mit mir. Regelmäßig brachen wir das Training eine $^1/_2$ Stunde früher ab, weil er seinen Heißhunger auf mich stillen wollte. Die Notwendigkeit, die Affäre geheimzuhalten, kostete mich zusätzliche Konzentration. So fühlte ich bei den Meisterschaften 2008 in Zagreb kalten Schweiß meinen Rücken hinunterschlängeln, lange bevor ich überhaupt an der Reihe war. Außerdem saßen Mama und Papa im Publikum. Eine Pirouette missglückte mir wie erwartet, ich stürzte, die Liebe der Welt zerfloss ein für allemal in dem Film meiner Tränen und ich endete mit einem Beckenbruch im Krankenhaus. Dort lag ich 3 Monate lang, eine Zeit, in der ich das Leben in mir zu begraben versuchte.

Unter diesen Umständen absolvierte ich die 13. Klasse lediglich mit einer 2,1. Dabei wurde ich von meinen Mitschülerinnen wegen meiner angeblichen Makellosigkeit seit jeher gemobbt. Da meine Karriere als Eiskunstläuferin beendet war, begann ich im Frühjahr

2011 mutlos, die Fächer Kunst und Kunstgeschichte zu studieren. Meine Eltern besorgten mir eine Unterkunft in München. Wie ein Becken gehauen für Seeadler, für Feuerquallen und Goldfische erscheint mir irgendwie diese Stadt. Ich studierte fleißig, aber ohne wirkliches Herzblut. Nicht weit vom Universitätsgelände entfernt befand sich ein kleiner Antiquitätenladen. Er war dunkel und rumpelig im Inneren, und beim Eintreten fühlte ich mich klamm. Mit einer Stimme, die merkwürdig zu seiner kräftigen Statur passt, grüßte mich der Besitzer freundlich. Er heißt Rufus und ist etliche Jahre älter als ich. Nach anfänglichen Hemmungen taute ich ein bisschen auf und er verabredete sich zu einem abendlichen Rendezvous mit mir. Das war, wie ich nicht vergessen kann, am 20. März 2012. Am Morgen hatten mir meine Eltern erklärt, dass ich von einer tschechischen Tante 99.999 € erbte. Schon 24 Stunden darauf brach ich mein Studium ab und habe die beiden seitdem nicht wieder gesehen. (Vom Schicksal meines Trainers weiß ich ebenso wenig zu berichten.)

Unsere obszöne Romanze dauerte 13 Wochen. Der ganze Stolz von Rufus' Geschäft, das direkt an seine Wohnung anschließt, war eine Amphore, auf der in Mosaiksteinchen die Kalypsó abgebildet ist. Mit Leidenschaft und Liebe erklärte er mir nicht zuletzt, dass sie seiner Einschätzung nach in den 1960er-Jahren getöpfert worden sei. Verkaufen würde er sie aber niemals; er gebrauche sie rituell zur Aufbewahrung fleischiger Datteln. Umso mehr hänge er an dieser bauchigen Rarität, als er mit seinem Geschäft Schiffbruch zu erleiden drohe. Die Bildhauerei, der er sich im übrigen widmete, werfe noch zu wenig ab. Kurzerhand setzte ich alles auf eine Karte, zog bei ihm ein und habe dafür bezahlt, dass ich ihn vor dem Ertrinken rettete.

Morgens, als ich mit den Ellbogen aufgestützt auf der Wohnzimmercouch liegend eine digitale Aufzeichnung von WELT DER WUNDER anschaute, kam er einmal zu mir, strich meine Haare beiseite und beugte sich über mich. Er erzählte mir von Herculaneum, der antiken Stadt, die irgendwann am Vorabend der Französischen Revolution aus den schwarzen Lavamassen wiederausgegraben worden ist. In derselben Sekunde war meine weiße Wäsche weg und ich spreizte mit meinen Händen bereitwillig meine Hinterbacken, um seinen steinharten Phallus in mich aufzunehmen. Wie zu einer Muschel geworden, zog sich die ganze Welt für mich zu einer einzigen Ich-Empfindung zusammen. Noch ungezählte Stunden später spürte ich das Schwelen in meinem Schließmuskel.

In einem anderen der Fälle trafen wir uns mit seinen Freunden (die er, wie ich glaube, gar nicht leiden konnte) auf der Gartenterrasse, um selbstgefangene Garnelen mit Zwiebelsalat und Stangenbrot zu essen. Was ihm da ins Netz gegangen sei, lachten sie, das sei allererste Sahne. Prompt packten sie ihre Ukulelen aus und sangen:

Angel with the blue eyes
Hades isn't paradise.

Um Nachtisch holen zu gehen, entschuldigten sie sich, und ich gestand Rufus, wie verschwitzt ich vor lauter Anspannung sei. Er riet mir, mich über den Tisch zu beugen, stellte meine dünner wie auch weicher gewordenen Beine auseinander und flutete meinen Plisseerock über meinen Rücken. Ohne den Kloß in meinem Hals hinunterschlucken zu wollen, hörte ich es im Champagnerkübel rühren, und stöhnte bebend auf, als ein Eiswürfel mein freies Becken hinauf- und hinunterglitt. Unaufhörlich wiederholte er dieses Spiel, bis er den halben Eimer in meinen Anus schiebend zum Verschwinden gebracht hatte. Erst in jenem Augenblick, als seine Freunde mit Erdbeeren zurückkamen, bedeckte er mich wieder mit dem Fältchengewebe. Sie wunderten sich, wie schnell das Eis geschmolzen sei, und meine Wangen glühten.

Wie von Gesteinsbrocken gedrückt zog ich mich eines Abends aus und wollte mich in das frische Bett legen, verharrte aber reglos aus dem Fenster starrend. Rufus erkundigte sich von ferne, was ich treibe, und ich antwortete: „Ich träume in die Weltgeschichte." Er wollte wissen, ob es ein schöner Traum sei, und ich sagte „jein". Nun, dann treffe er den Entschluss, mir bei einer Erweckung zu helfen. Kaltblütig keilte er mich mit meinem Rücken gen Schlafzimmerecke ein. Ich wehrte mich, aber nur, weil dies als goldene Regel erwartet wird. Mit dem Druck seines Penis gegen meinen Unterbauch küsste der Mond mein Gesicht und er schob mir seinen Mittel-, zuletzt seinen Zeigefinger plus seinen Daumen von hinten in die Eingeweide, bis ich in der Ekstase mich drehte und schraubte. Als ich wieder zu mir kam, sah ich weiße Flecken auf meinem nackten Fuß flirren, sonst nichts.

Ist sein Gewissen denn so völlig blank und leer? Sowie sein Geschäft wiederaufgebaut war, sagte er mir, er sei in die Irre gegangen, und hat mich fallengelassen.

Ich schwöre Ihnen, das ist die reine Wahrheit, ohne dass ich irgendetwas Überflüssiges hinzugefügt hätte. Sie sehen selbst, warum gerade ich für die Grabesstelle geeignet bin. Beim bloßen Anblick von Schlittschuhen verzerrt sich mein Mund zur Grimasse. Ich habe mein Glück verspielt und muss für die Schmach, die ich auf mein Elternhaus geladen habe, zur Kasse gebeten werden. Auch wenn es mir ein Mysterium bleibt, warum ich Sie in meiner Vorstellung mit der höllischen Glut verbinde, so sind Sie doch ein tüchtiger und unerschrockener Mann, und ich bitte sie inbrünstig, sich einer hilflosen Seele anzunehmen. Beeilen Sie sich!

Ihre Daria

Anlage: Warmes Blut

Im romantischen Spiegelkabinett

Ein Rosenblatt im kalten Winde

Wie von einem Gewebe aus Schnee bedeckt, greift sie am Spiegeltischchen sitzend ihre Bürste. Links daneben liegt eine kleine Pralinenschachtel mit einem Briefchen, jene geöffnet, dieses dem Anschein nach ungeöffnet. Langsam und gleichmäßig fährt sie durch ihr erdnussbraunes Haar und neigt den Kopf, um auch die andere Seite zu kämmen. Bedächtig tauscht sie die benutzte Bürste gegen eine Wimperntusche, und als sie die Augen aufschlägt, ist es, als gleiße die Sonne aus zwei unergründlich tiefen Brunnen. Länger werdende Schatten ziehen und ziehen über sie hin. Ihre Hand, kräftig und zierlich, hält einen flüchtigen Augenblick inne. Dann legt sie die Wimperntusche zurück und nimmt einen Lippenstift, der zu einem satten Rot ausfährt. Als wären die Uhren in Schweigen versunken, hebt sie denselben zu ihrem Mund, doch schon bald hinterlässt sie von Unrast getriebene Kreise. Ihre Brust schwellt kurz an und ein Seufzer entweicht ihr, als sie das Überflüssige wie mit einem fleischigen Kuss auf einem Taschentuch zurücklässt. Zusammenfaltend legt sie es nahe an das Pralinenkästchen, um schließlich ein Kettchen anzuheben. Ein Opal zittert daran. Doch mit einem Mal stürzt ihr das Kettchen in den Schoß. Verzweiflung schüttelt anscheinend ihre Schultern und ihre Augen verschwimmen in Zärtlichkeit.

Der Tautropfen im kürzesten Schatten

Warm flutet das Sonnenlicht durch den kahlen Raum, als sie mit einer stramm in die Hose gesteckten weißen Chiffonbluse die zweiteilige und verschwommen reflektierende Glastüre einschäumt. Die eine Hälfte ist bald vollendet und sie macht einen Schritt zur anderen. Dort bleibt sie stehen. Nach einer geraumen Zeit legt sie geknickt eine Hand in ihre Hüfte, stellt sich wieder aufrecht hin und zeigt sich saumselig. Dann macht sie eine kleine Drehung zur Seite, fasst unter ihr nougatbraunes Haar, lässt es in seidigen Wellen über ihre Finger zurückfließen, dreht sich noch mehr und sagt plötzlich: „Huch, stehst du schon lange da im Winkel?" „,Lange' würde ich nicht sagen." „Wie peinlich, dass ich mich alleine glaubte!" „Warum sollte es dir peinlich sein, dir selber so sehr zu gefallen, dass auch ich Gefallen an dir finde?"

Wie warmer Zimt auf einem Novemberabend

Untermalt von dem Gezwitscher eines Vogels geht sie in einem zwar dumpferen, zugleich aber geschmeidigeren Schritt als gewöhnliche Frauen durch die Gasse. Röstlich rote Locken fallen unter ihrer gestrickten Mütze auf ihr Mäntelchen herab. Ein bereits in die Jahre gekommener Mann, kunterbunt gekleidet, schwankt ihr von vorne entgegen. Sie befindet sich noch auf halber Höhe mit ihm, jedoch als wäre sie keiner Menschenseele begegnet, da wendet sich sein blasses Gesicht schon um und begutachtet ihre Reize. Der Wind trägt goldene Blätter zu ihren Füßen. Sie hebt ihren Blick zu dem nicht unmodernen Wohnhaus am Ende der Gasse, in dem nur wenige Fenster unbeleuchtet sind, und mit einem Male klingen ihre Schritte schneller. Vor der hauptsächlich metallenen Tür öffnet sie mit behandschuhten Fingern ihre am Becken gewiegte Tasche, holt einen Schlüssel heraus und lässt seinen Bart klickend im Schlosse spielen. Dann verschwindet sie hinter den Wänden.

Sie taucht im mittleren Stockwerk wieder auf und wirft einen längeren Blick in das halbvoll wirkende Zimmer, bevor sie noch einmal im Gang verweilt. Ihr zum Knie gebeugter Oberkörper lugt hinter dem hölzernen Türrahmen hervor. Dann kommt sie unbemäntelt in die Raumesmitte. Ihre dünn verhüllten Arme bewegen sich zwei- oder dreimal wie im Spaße. Doch gleich darauf beginnt sie auch die übrige Kleidung auszuziehen. Vom eckigen Tisch, auf dem eine Keramikschale mit saftigen Pflaumen steht, greift sie eine gemusterte Tasse und führt sie mit bedächtigen Händen über ihre geschwungenen Brüste zu einem leuchtenden Mund. Dann erstarrt sie gleichsam zu Stein. Der schweigende Himmel breitet sein blauschwarzes Tuch über die Stadt. Endlich wippt sie wie unter einem Lachen nach vorn. Sie befleißigt sich erneut ihrer verschiedenen Kleidungsstücke und zieht hüpfend die enge Hose über ihren Po. Alleine bleibt die Tasse in dem erdunkelten Zimmer zurück.

Milch und Zucker ohne Café

Mit einer Bretterkiste MADE IN TAIWAN kommt ein blau angezogener Arbeiter zum schnauzbärtigen Lagerverwalter, als von irgendwoher zu hören ist:

Heaven! I'm in heaven,
and we're all together dancing cheek to cheek …
Der Anliefernde fragt: „Wer singt denn da?" „Das is' die kleine Französin." „Kleine Französin? Und weshalb singt sie auf Englisch?" „Frag sie doch mal: Geh nach hinten und lade die Kiste ab", grummelt der Lagerverwalter.

Dance with me! Lalla-la …
Als der Blaugekleidete von hinten wieder zurückkommt, schmunzelt er: „Gar nicht hässlich die Kleine, nicht? Im ersten Momentchen wurde sie fast so rot wie ein kandierter Apfel, du verstehst." „Sie ist einsam", bejaht der Lagerverwalter und streckt ein digitales Gerät mit freiem langem Stift hin: „Ein Autogramm bitte − unter den Nummern, hier." „Ein Amusement bietet das alles aber schon, gesteh es ein", unterschreibt der andere.

And we're all together dancing cheek to cheek.
Lalla-la …
„Ein Amusement bietet es aber auch nur dann, wenn sie nicht Tag für Tag um einen rum ist. Wie man sieht, fehlt's ihr ja sogar an Verständnis für das, was sie da trällert."

Schwelend auf der kalten Stimmgabel[10]

Mit einem karmesinroten kurzen Kleid und einem Messer in der Linken steht sie im Schlafzimmer, allein. Halb inquisitorisch, halb zerstreut blickt sie durch das Fenster auf die Straße, dann nach unten auf die Klinge, dann wieder nach draußen. Einen Moment später gleitet sie barfuß in die Küche, wo ein weißer Rettich auf sie wartet.

Das unerhörte Rotkelchen

Die Unterarme auf die Tischplatte gelegt, die Haarwellen gebürstet, sitzt sie in einem schwarzgenähten Kleidchen in der Küche und starrt auf die herunterbrennende schmale Kerze vor sich. Ein rotes Tüchlein schmückt ihren Hals. Aufgrund einem Niesen hastet ihr Gesicht an den appetitlich gefüllten Tellern vorbei. Doch ihr Rücken wird weniger gerade als vorher. Im selben Moment bewegen sich Schritte die Treppe herab, die klingen, als rassle eine schwere Hand über das Piano, und im teilweise gekachelten Raum erscheint ein Mann. Ein silbriger Füllfederhalter steckt in seiner Brusttasche. Mit den Worten: „Du entschuldigst und hast sicher noch nicht lange gewartet?" nimmt er Platz. Sie antwortet: „Ich glaube, alles müsste noch warm sein", und hebt die Porzellandeckel: „Grüne Bohnen mit glasig geschwitzten Zwiebeln, plus Sahnesauce auf Tagliatelle, plus Filetsteak vom Känguru." „Oi", macht er, „sehr hübsch", und füllt sich mit der Kelle auf. Sowie er die Flasche mit Bordeauxwein entkorkt hat, sprudeln aus ihrem Mund die Laute:

„Heute Morgen befand sich Susanne in nicht gerade beneidenswerter Laune." „Ach ja?" „Ja, sie hat sozusagen 'ne Verwarnung hingepfeffert gekriegt. Sie hegte doch die Weltanschauung, sie könne sich alles erlauben, bloß weil die ausgehungerten unter den männlichen Gästen auf sie stehen, und da wurde sie endlich mal gehörig an der Kandare gerissen." „Aha." „Dabei hat sie auch noch ein Gesicht hingeflunscht, als wäre sie ungerecht behandelt worden. Du weißt doch, dass sie einem mit ihrer Flunsch regelrecht einen hässlichen Knoten in den Magen ziehen kann?" „Mhm." „Na jedenfalls ist da auch noch das Bübchen vom Chef hereingekommen, und der Kleine gluckste und surrte Susanne genau vor die langen Beine. Da sind ihr sämtliche Tassen und Croissants schwupps gegangen und der Orangensaft amüsierte sich genau auf ihrer halboffenen Bluse." Die Erzählende zieht die nicht sehr gezupften Brauen über ihrer Nase zusammen. „Das gönnte ich ihr dann doch nicht, und ich habe ihr geholfen, es reinezumachen. Ihre verkniffene Aversion gegen den kleinen Jungen schmeckt jetzt natürlich noch säuerlicher; aber ich freue mich, dass er endlich Aufwind bekommen hat und im Kindergarten nicht mehr außerhalb der Gruppe steht, so wie ich früher." „Ach ja?" „Ja, ich habe Dir doch erzählt, dass ich früher zu wenig Aufmerksamkeit bekommen hab." Nach einem unbefriedigten Blick zu ihrem essenden männlichen Gegenüber nimmt sie gleichfalls drei, vier Bissen und offeriert: „Und was meinst du, wer ihr darauffolgend vor die stolzen Beine gelaufen ist, um sich einen Café au lait mitsamt einem Glas Orangensaft zu genehmigen —" jäh schwingt sie den Kopf zur Seite und niest „— ihr Exfreund!" „Ach ja?" „Ja und ob, mit ihrer abgekehrten Flunsch sagte sie zu mir: ‚In was oder in wem

sucht denn nun *der* hier sein Glück? Bediene du seine Wünsche!',
und warum hätte ich nein sagen sollen? Mit einem Lächeln seiner
braunen Augen stellte er fest, das sei der beste Milchkaffee, den er
seit der Eifelturmbesichtigung genossen habe." Noch einmal strahlt
sie, als sie in das Gesicht über dem Füllfederhalter blickt oder blicken will. „Das Steak ist auch saftig und gut?" „Das Steak? Oh, ja,
sehr gut." Mit gekränkter, grimmiger Miene fährt sie fort: „Es wird
dich zwar nicht interessieren, aber er hat seinen Beruf als Optiker
aufgegeben und will sich nun bei einem Voodoo-Meister zum Scha-
manen ausbilden lassen. Susanne lästert, er sei schon immer zu sehr
‚außer sich' gewesen. Er findet, dass Susanne leider oberflächlich sei;
alles drehe sich nur um sie. Und wirkliche Unterhaltungen seien nie
mit ihr möglich gewesen." „Mhm." „Danach", schaukelt die Grü-
belnde den dunklen Wein vom Glas in ihren Mund, „haben wir noch
'n Weilchen geredet, na ja, und er fand mich ganz offensichtlich
überzeugend, und ich ihn auch. Und danach sind wir auf die Toilette
gegangen und haben miteinander gefickt." „Was!?", sieht er auf.

Tulpen auf dem Grab

In grauem Musselin schreitet sie mit terrakottagefärbtem Haar auf
den herbstgetrübten Friedhof. Vor einem eckenabgeschliffenen
Stein, der die Inschrift trägt: „1980 bis 2010", hält sie inne. Sie wis-
pert: „Sieh, ich habe dir einen Blütenstrauß mitgebracht", kniet her-

171

nieder und legt denselben auf das Grab. Dann steht sie wieder auf, faltet die glatten bleichen Hände auf ihrem Unterbauch und meint: „Die Leute glauben, ich käme gut zurecht. Doch mein Herz liegt in tausend und abertausend Stücken zerrissen. Hörst du?", schreit sie beinahe, führt den Rücken ihrer Hand zu ihrem seitlich nach unten geneigten Gesicht und beginnt vor Tränen zu zittern.

Das Opfer eines Künstlers

Er flaniert in einem Mantel, der sich recht sonderbar zu seinen alten Schuhen und seiner geflickten Hose ausnimmt, um die Ecke; ein Lächeln kräuselt um seine Lippen und Geldscheine tanzen in seiner Hand. Rot taucht die Sonne in die Erde. Plötzlich hebt er seinen Kopf, düsterer Rauch steigt auf, und auf seinem Antlitz malt sich ein zutiefst bestürzter Ausdruck ab. Indem er die Scheine in blättriges Geäst am erdigen Grunde wirft, beginnt er zu rennen; zwei ältere Damen stehen vor einem mehrstöckigen Haus, das brennt. „Ach herrje", klagt die eine bei seinem Anblick mit erhobenen Händen; „dass Sie ausgerechnet jetzt hinzukommen …! Halt, wo streben Sie denn hin?" „Die Bilder", ruft er bloß, „die Bilder", und wetzt auf die noch unversehrte halboffene Tür zu. „Aber Sie können, Sie wollen doch nicht …?!", protestiert die andere und verstummt mit ungeschlossenem Mund. Unlängst ist er in der Tür verschwunden.

Lodernde Wunden fressen an seinem Mantel, als er mit den Bildern an seiner Brust wieder herauseilt. In der Zwischenzeit haben sich mehrere Bürger eingefunden, einige wenige Kinder und eine zu leicht bekleidete Frau mit einer allerdings nostalgischen umgewickelten Stola. Einsilbig schreit sie mit dem glühenden Widerschein im Gesicht: „Du brennst! Du brennst!", als er ohne sichtliche Reaktion darauf die Leinwände an eine gestutzte Eiche stellt und aufs neue von unklarem empörtem Gerede weg in das Inferno hineinstürmt.

Von Kopf bis Fuß in züngelnde sprechende Flammen gekleidet, erscheint er noch einmal auf der Straße. Blind rettet er auch die weiteren Gemälde zu den bereits am Baume angelehnten. Feuerfeste behelmte Stimmen brüllen nach einem herangerasten blauen Heulen: „Dahin, schneller, dahin!", und in helfenden Schaumfluten zerstiebt der Wankende zu Boden. Zurück bleibt nichts als ein Häufchen Asche.

Die Bilder hingegen – dem Anschein nach zweitklassige – sind weder angerußt noch wurden sie von einem Wässerchen befleckt.

Das tote Herrchen

Wo ist dein frohes Bellen geblieben, mein guter alter Antisthenes?", ruft ein rüstiges Männchen, das mit einem selbstgeflochtenen Korb Pilze auf das Steinhäuschen zugeht. „Wach auf. Antisthenes?" Doch der angesprochene Hund bleibt reglos liegen. „Antisthenes!", setzt wirsch das Herrchen den Korb ab und rennt zur geschlossenen Tür. Kauernd und mit zugeschnürtem Atem befühlt er den Körper des Tieres. „Mein einziger, mein wahrer, mein treuester Freund!",

173

weint der Mann in seinen Bart bittere Tränen. Und alsbald liegen beide, Gesicht an Gesicht, im ewigen Schlafe beieinander.[11]

Im tragikomischen Spiegelkabinett

Ein musischer Holzhacker

Ächzend holt er noch einmal mit der Axt aus und zerschlägt das Holzstück auf dem Bock. Indessen er klagt: „Mini gottvudammte Achslä dtün mir weh", lässt er den Traktor mitten auf dem erdigen Weg stehen und schlurft wie ein Waldschrat in sein Häuschen.

„Hotti Frässä machä", knippst er drinnen eine dürftige Lampe an und greift von einem eisernen Haken eine Schwarte Speck, die er zusammen mit einem halben Laib Brot auf ein klobiges Brettchen legt. Aus einem Holzfass lässt er zudem einen Krug mit Most volllaufen. Dann trägt er mit einem kerbenübersäten Messer obenauf alles zu einer dünngepolsterten Eckbank. Spachtelnd legt er vorgebeugt die Ellbogen auf den Tisch. „Mol hörä, was goht", hebt er den linken Arm, um das Radio anzuschalten. „... noch einmal Sonnenschein mit Temperaturen zwischen achtzehn und einundzwanzig Grad ..." „Aha, da kann i morgä wieder fuchzig Ster machä", sucht er schmatzend einen anderen Sender. „... I kissed a girl 'n I liked it ..." Finster schaltet er weiter. „... im Berge tiefster Sinnlichkeit vergehen", besingt es unter Flöten und Geigen. „Isch des im Fall dä Dannhüser? Potzdüri, da isch dtadtsächlich dä Dannhüser!", richtet er sich mit geballter Hand auf und lächelt. Schaukelnd reißt er von Brot und Speck ab. Vom Feuer der Empfindung ergriffen, stimmt er mit ein. Sein wettergegerbtes Gesicht durchleidet jede Note der Angst, jede

Note der höchsten Verzückung. Bald bebt sein Körper vor und zurück und der Most tropft von seinem Kinn. Selbstvergessen grölt er mit den nicht anwesenden Sängern: „Freudig begrüßen wir die edle Halle, wo Kunst und Frieden immer nur verweil, wo lange noch der frohe Ruf erschalle ..." Mit glänzenden Augen zertrommelt er den Tisch. Schließlich steht er in der Mitte der Hütte, fuchtelt wild in der Luft herum und schreit in einem Wahnwitz der Begeisterung: „Ich bin voll überzogä, dass ich da könnt dirigierä! Da könnt ich dirigierä-ä-ä!!"

Am nächsten Tag schleppt er sich desto kläglicher in den Wald.

Ein volkstreuer Bursche[12]

Mit einem Brief in den Händen geht er an einem zerschlissenen Sofa und einem Fernseher vorbei, laut die Adresse buchstabierend: „Der Oberbürgermeister. Amt für soundso", woraufhin er rülpsen muss und die Hände an seinem Unterhemd abwischt. An einem schief stehenden Tisch, auf dem Brotkrumen sowie ein Bockwurstzipfel liegen, nimmt er breitbeinig Platz, um mit einem unabgespülten Messer das Kuvert zu öffnen. Während zur Rechten noch eine Flasche Bier auf ihn wartet, beginnt er zu lesen: „Zur Überprüfung von ... bitten wir Sie, den in der Anlage befindlichen ..." (wobei er zwischendurch „so 'n Quatsch" kommentiert) „... auszufüllen. Sollten Sie dieser Mitwirkungspflicht nicht Folge leisten ..." Rutschend auf dem Stuhl überlegt er: „Einkommen", und: „Vermögen. Was meinen die mit Einkommen?", klopft er sich mit dem leeren Flaschenhals an die Stirn; „kommt was rein, vermag ich was ... Und: nach-fragende Person. Nachfragend. Bin ich nicht die nach*ge*fragte Person, ihr hochgestochenen Blödsäcke, ihr? ... Mehrbedarf für kostenaufwendige Ernährung", liest er weiter und frisst den letzten Zipfel Wurst. „Einkommen? Einkommen?" Schnaubend schmiert er mit einem Kugelschreiber quer über das Blatt: „ICH BRAUCHE GELD! GELD!!! So", öffnet er zischend die volle Flasche und nimmt einen großen Schluck von der Gerstenbrühe, infolgedessen er wie ein Schwein rülpst, „da wisst ihr superklugen Drecksäue von Büroschreibern deutlich Bescheid." Zufrieden steckt er das Dokument zurück in das Kuvert.

Ein beflissener Geschäftsmann

Düster vor sich hinblickend, ohne die Straße oder die Büsche am Rand zu sehen, geht er in einem weißen Hemd und mit schwarzen Hosen durch die heiße Spätnachmittagsluft, als ihm ein zweiter Mann in einem lässigen braunen Leinenanzug und mit Aktentasche entgegenkommt.

„Angelo!", ruft dieser, und der erstere erwidert: „Guiseppe!" „Na, du siehst irgendwie − wie soll ich sagen − gestresst aus. Schon Feierabend?" „Du weißt doch, dass ich gar nicht arbeite, was meine Frau unter keinen Umständen erfahren darf", beugt sich derjenige in Hemd und Hosen vor und zuckt gleich darauf zurück wie ein Aal: „Wie geht es aber dir?"

„Ach, mit Maria geht es zu Ende." „Was?! Ist sie denn krank?" „Nein, ich meinte: Meine Ehe steht vor dem Aus. Ich betrüge sie seit längerem mit einer tüchtigen, schönen Schlampe, die so etwas … ich will nicht sagen Eingebildetes an sich hat, das mir die Sinne raubt." „Kenne ich sie?" „Kennen? Würde ich nicht unbedingt sagen. Ich glaube nicht, nein", sagt der Braungekleidete und fährt fort: „Eigentlich regelte ich logistisch alles perfekt, um mir heimlich die Ödnis mit ihr vertreiben zu können, und wie!, das volle Programm: blasen, lecken, ficken; von hinten, von oben, von unten. Und dann wieder ab zu Frau und Kind." „Siehst du, Guiseppe", gestikuliert der andere, „exakt hierin liegt das Problem: in der sorgsam gepflegten Ordnung selbst noch in den allergrößten Sausachen." „Tja! Damit aber meine Frau es nicht noch in der Nachbarschaft herumerzählt, wollte ich sie zur Räson bringen und habe ein klein bisschen auf sie eingeprügelt. Jetzt reicht sie die Scheidung ein." Eine Träne kullert unversehens aus dem gesenkten Auge auf die Aktentasche.

„Du bist traurig. Weil du Maria und womöglich auch noch das Kind verlierst?" „Ach nein, nicht unbedingt. Aber dieses aufgeilende Frauenzimmer will ihren nicht ganz gebügelten Mann einfach nicht verlassen und ist ihm auch noch in ihrer Untreue treu."

Eine hilfsbereite Mutter

Wie ein knallrot bemänteltes Fässchen mit ins Pflaster gerammten Stöckelschuhen steht sie auf dem Bahnsteig, als im diesigen Wetter der Zug einrollt. Während ihre Hände rastlos wie Hühnerkrallen einander wringen, beäugt sie die aussteigenden Leute. Plötzlich eilt sie los. „Kindchen!", öffnet sie die Arme, ohne irgendwen sonst zu sehen, küsst eine junge Frau mit gebändigtem braunschimmerndem Haar und nimmt ihr einen petrolfarbenen Koffer ab; „wie war die Reise? Sag." „Hallo, Mama", setzt leise ihre Tochter über die Steinplatten hinweg; „die Reise war gut, aber natürlich anstrengend." „Zuhause gibt es gleich mal kräftiges Erntedankfest-Griebenschmalz mit Wasserbrötchen. Wie geht es deinem Asthma?" Mittlerweile stehen sie vor der Treppe des Bahnübergangs. Die Tochter sagt: „Lass uns doch erst mal 'n paar Sekunden warten, bis die Leute weg sind." „Ja, du wirst sicherlich staunen, wenn du wieder deinen Neffen siehst. Deine große Schwester bringt ihn jedes Wochenende vorbei. Er ist ja ein so lieber Junge. Dein Vater hat ihm doch tatsächlich eine Modelleisenbahn gekauft. Damit fährt er ununterbrochen, un-un-terbrochen hin und her, gluckst und macht ‚tsch-tsch-tsch', bis ich ihm am liebsten den Hals umdrehen würde − entschuldige. Aber schuld daran sind die Eltern. Die wälzen den Kleinen buchstäblich verbal nieder, und da muss er sich dann Luft machen, verstehst du?" „Ja. Ist schon ziemlich hoch, die Treppe. Wenn wir aber die Ruhe bewahren, dann geht es schon. Na auf", und damit nimmt sie gefolgt von der Mutter die erste Stufe, und die zweite und dritte … Auf der oberen Zwischenfläche atmet sie: „Pause." Die Rundliche stellt polternd den Koffer ab und betrachtet ihre Tochter ängstlich von der Seite. Diese beginnt zu keuchen. „Gott, Kindchen, dass es so schlimm geworden ist." Die Tochter wirft ihr einen grimmigen Blick zu, ächzt. „Was soll ich denn bloß tun?", hält die Ältere entsetzt ihre Hand auf die eigene Brust; „ich kriege bald selber keine Luft mehr." „Ich … ha-be doch …" „Gott, Kindchen!" Die Tochter schnauft wie mit zugezogener Kehle. „Gott, Kindchen!", drückt die Mutter sie verzweifelt an sich. Das Gesicht des erwachsenen

Mädchens läuft bläulich rot an. „I-c-h …", röchelt dieses, doch jene gibt nicht auf: „Großer Gott, Kindchen, ich drücke ja so fest ich kann!" Im selben Moment kommt ein Mann mit graublauer Jacke und Tasche die Treppe herunter. Seine Brauen ziehen sich zusammen. Dann rauscht er herbei. „Hören Sie auf, was soll das denn", zerrt er an der Quetschenden, „Sie bringen sie ja um!" „Lassen Sie los!" „Lassen *Sie* los!" „Ich beschütze meine Tochter!" *„Loslassen!"* Und der Helfende stürzt über den Koffer und mit der Mutter sämtliche Stufen hinab. Die auf ihre Knie gesunkene junge Frau ringt nach Atem, richtet schlussendlich sich wieder auf und blickt mit sprachlosen Augen auf den ruhigen Bahnsteig.

Eine unzeitgemäße Witwe

Laut wirft er die Tür hinter sich ins Schloss. „Was'n lows hier, Muddä?" (Es ist dunkel.) „Is's, weil der Vaddä dtowt is? Sow wird doch heut nich mehr getrauert, mit ein Johr in Schworz und sow, der Trend gejht doch vielmehr dohin, einmal sow richtich lowszuplärren und dann ab in'n neujes frejdiges Lejben!" Er geht in die Küche, von wo gleich darauf ein HACK zu hören ist, und kommt mit einer in Hälften geschnittenen Zwiebel zurück. Eine davon reicht er seiner auf dem Sofa sitzenden Mutter. „Du bist wohl verrieckt?", sagt diese und verschränkt ihre Arme: „Det mach ich nich – sow respektlos gegen den armen Vaddä!" „Wiesow denn nich? Mit dem brennenden Gmies hat er immer die Supp gmacht, ein *riesen* Pott

Hühnersupp, von dem ma noch in vier Tach essen konnt. Und wenn er sonst auch nichts konnt, aber die Hühnersupp …" Die Mutter beginnt zu schluchzen und zu weinen. Der Sohn flennt mit. „Sow!", klatscht er in die Hände und reißt die Vorhänge auf; „und jetzt gejhn wir schön 'n Käffchä trinkä!"

Im dramatischen Spiegelkabinett

Über ein Geburtstagskind

In einem kühnen Manöver dreht ein gealterter Herr mit Wohlstands-bäuchlein lässig mehrere Würstchen, während ein junger sportlicher Mann daneben an einem Extragrill steht und eine faltige graue Frau in der knallenden Sonne mit einer Tasse Kaffee am Gartentisch hockt. Neben ihr verschränkt eine Blondine vor ihrer rot- und weiß-gepunkteten Bluse ihre Ellenbogen. Eine jugendlich gebliebene, aber reifere Frau mit einer Sonnenbrille nippt währenddessen in einer Gartenliege ruhend an einem dekorativen Glas, als ein kleiner Junge mit königsblauem T-Shirt und rotem Victory-Zeichen vorne drauf vom Gittertürchen her sagt: „Mammi, ich glaube, da kommen sie." Und die Blondine tritt gleichzeitig mit knirschenden Reifen und ei-nem bereits sich abstellenden Motor herbei.

Eine vielleicht dreißigjährige brünette Frau mit eher vollem Bu-sen und Becken, aber enger Taille in rubinrotem Rock und cappuc-cinobrauner Bluse sowie ein Mann in kurzärmeligem Hemd steigen mit verdrossenem Gesicht aus einem Mercedes, gefolgt im Sprunge von einem strahlendweiß zurechtgemachten ganz leicht pummeligen Mädchen. Dieser holt vorm Schließen der Türen eine bunt verpackte Kiste hervor, während jene mit ihren glatten Händen über ihren Bauch streicht und sich schon wie an der Spitze einer Kegelfor-mation dem quietschend aufgemachten Törchen nähert. „Hallo,

Schwesterchen", beugt sie auf ihren hochhackigen Schuhen, mit denen sie ungefähr ebenso groß ist wie die Blondine in ihren flachen, ihren Oberkörper vor, „wie geht es dir? Und da ist ja auch schon der Held des Tages:

Happy Birthday to you,
Happy Birthday to you,
Happy Birthday, lieber Leon,
Happy Birthday, lebe hoch!"

„Ist das da für mich?" „Na für wen denn sonst", sagt der Mann, „hallo, Leon." „Hallo, Onkel." „Hallo, Cousin, ich habe auch bald Geburtstag und bin schon viel älter als du." „Hallo, Cousine." Die Brünette kommt auf dem Weg zwischen dem Rasen herein und grüßt teilweise gleichzeitig mit ihrem Mann. „Hallo, Papa." „Hallo zusammen, wie war die Fahrt?" „Hallo, Bruderherz, na, was grillste da?" Aber der sportliche Mann reicht nur entschieden die Hand. „Hallo, Oma, der Kaffee riecht schon wieder nach Rum." „Nu ma gönnt sich ja sonst nix. Flott siehst du aus." „Danke." Und an die äußerst sommerlich gekleidete Frau mit dem dekorativen Glas gewandt: „Hallo, Mom." „Hello! How are you? My garden is your garden." „Hast du auch allen guten Tag gesagt, Herzchen?" „Ja, hab ich", antwortet das Mädchen der Braunhaarigen, woraufhin der Junge die Frau in der helleren Bluse fragt: „Krieg ich das Geschenk nicht, Mammi?" „Gebt es ihm doch endlich." Der Mann im kurzärmligen Hemd, der gerade bei dem älteren sowie dem jüngeren am Grill gestanden ist, legt es vor den Buben hin. „Danke." Ohne alle Gier packt er es aus. „Ein Spielzeugauto!" „Ein Oldtimer", wird er korrigiert; „was hast du denn von deiner Mammi bekommen?" „Ein Schwert und einen Schild." Die Liegende mit der Sonnenbrille bemerkt, ohne dass dies an jemanden gerichtet scheint: „Ach, wir sind alle einsam, Maggy." „Wollt ihr Würstchen oder Kohlen essen?" „Würstchen!", schreit das Mädchen, woraufhin der Herr mit leichtem Wohlstandsbauch erwidert: „Dann bitt ich an den Tisch zum Kartoffelsalat."

„Also, was isste denn da so Prächtiges?", fragt die Frau in cappuccinobrauner Bluse den jungen Mann. „Sieht aus wie Beefsteak", sagt der sich neben sie setzende mit Ehering. „Es *ist* Beefsteak", erklärt die Blondine, „und zwar exakt ganze 250 g, denn er hat in zwei Wochen seinen Wettkampf, nicht, Bruderherz?" „Er nimmt es eh schon viel zu ernst, nicht, Sohnemann, nimm es nicht so ernst", sagt der noch stehende Herr mit der Würstchenzange in der Hand, „dabeisein ist alles." Der athletische Mann beißt auf seinen Kiefer und lächelt. Die Blondine meint: „Das ganze hier ist aber auch ziemlich fett." „Sind das nicht eher magere Kalbswürstchen?" „Magere Kalbswürstchen? Wohl eher Schwein." „Was meinst du, Maggy", schaut der Mann mit angegrautem Haar in Richtung der nach wie vor liegenden und lasziv an einem fleischigen Zipfel nagenden Frau mit etwas knöcherner Brust: „Kalb oder Schwein, mager oder fett, sowohl als auch oder weder noch?" „I should rather think Wurstkuh with very sad potatoes. But take care of the pineapple-juice. I need it badly for more sunshine-mood." „Richtig. Jedenfalls", sagt der seriös Wirkende sich und dem Mercedesfahrer ein Budweiser einschenkend, „wie war euer Urlaub?" „Ach ja! Am Anfang hatten wir ziemlich schlechtes Wetter, a…" „Schatz, du brauchst Vati nicht vom Wetter zu berichten. Er hasst es. Du weißt, er arbeitet beim Wetterdienst." „Natürlich, das Wetter tut also nichts zur Sache", isst der Mann im kurzärmligen Hemd und beginnt aufs neue: „Unter anderem haben wir meinen Bruder besucht. Er ist erst zwanzig und übt an der osteuropäischen Bühne eine Rolle ein." „Nicht dass ich davon was verstehen tu, aber lieber Schwan", staunt die graue Frau über ihren Kaffee hinweg; „wie der Stalin geschmiedet wurd' und so, kennt man doch alles, nich'? Und will's ihm auch gelingen?" In dem Moment sagt das Mädchen zu dem jungen stillen Mann: „Weißt du denn nicht, dass man Steak mit einem Steakmesser schneidet?" „Ob es ihm gelingt, das muss ich leider bezweifeln, aber selbstverständlich gönne ich es ihm", sagt der Mann im kurzärmligen Hemd. „Wir sind nämlich von den Ortschaften um Danzig herum sichelförmig bis nach Rom gereist ..." Unterdessen unterhalten sich auf der anderen Seite des Tisches die beiden jungen Frauen. „Einzig und allein aus der Tatsache heraus, dass ich bei Philipps arbeite, bin ich noch lange kein schlechterer Mensch." „Das hab ich doch auch gar nicht behauptet." Diejenige in der rot-weiß-gepunkteten Bluse entgegnet: „Ja, aber du denkst es." „Überlass es doch lieber mir zu denken, was ich denke." „Weil du ja nämlich Chefsekretärin bei Miele bist. Dabei ist es überhaupt nicht gesagt, dass Miele besser ist als Philipps, nicht, Oma? Oma!" „Ja, ja, so ist's. Früher, als ich noch jung war, da bekam ma 'n Appel und 'n Ei für'n Pfennigfuchzig. So war's; aber die Zeit läuft halt nicht rückwärts, nich'?" „Na ja, wie auch immer, ich brauche jedenfalls keinen Mercedes, der die Umwelt verpestet", greift die Blondine die Brünette an. Diese erwidert: „Wir auch nicht. Wir haben einen Katalysator." In der Gartenliege sagt's unterdessen: „Ach, Maggy, du hättest auf deine innere Stimme hören sollen, damals, als sie dir vor guten beziehungsweise schlechten dreißig Jahren ein Nein zuflüsterte. Wenigstens hast du für die Farce ein geradezu paradiesisches Kleid erringen können", zupft sie an sich rum. Gerade in diesem Augenblick steht der Mann im kurzärmligen Hemd auf und geht noch mal zum Grill. Sie schiebt ihre Sonnenbrille mit der freien Hand ein Stückchen herab. „Hm, ich glaube, er trägt sein Knackwürstchen links. Verständlich – vom Herunterwedeln mit rechts." „Mama, was redet die Maggy denn da die ganze Zeit?" Die Brünette antwortet vorerst ohne den Kopf zu wenden: „Sie redet Nonsense, Engelchen; und da sieh her, jetzt hast du dich bekleckert." „Kriegt man das mit Fleckensalz nicht wieder raus?" Die Blondine stellt fest: „Ganz schön vorlaut und naseweis für eine Erstklässlerin."

„Sie kommt in die zweite Klasse. Und nimmt den Stoff eben sehr leicht auf." „Den unwirklichen vielleicht; aber zwei, drei Kilo weniger Hüftgold täten ihr ganz gut." „Bitte, zensiere gefälligst deine Gedanken. Wenn es nicht unter meiner Würde wäre, so wollte ich dir allerhand über *deine* Erziehung sagen." „Wieso?! Leon ist ein Junge nach dem klassischen Ideal, nicht, Oma?" „Ja, ja, so ist's." „Oma ist schwerhörig und dazu noch zu stolz, um es einzugestehen", entgegnet diejenige in der cappuccinobraunen Bluse, „sie würde auch noch dann ja sagen, wenn man sie leise eine alte Schnapsdrossel nennt, *nicht, Oma?*" „Ja, ja, so ist's." „Und du", fährt dieselbe fort, „bist launisch und zickig, Schwesterchen." „Ach ja? Besser als überakkurat und dermaßen prinzipienstarr zu sein, Schwesterchen!" Währenddessen wird dem angegrauten Herrn mit kauendem Mund zu Ende berichtet: „… und die Akustik im Kolosseum ist einfach nur spektakulär." „Wusstest du", meint das Mädchen, „dass das Bauwerk bei der Völkerwanderung schlimm zerstört wurde?" „Tatsächlich?" Aber schon während der Herr mit kleinem Bauch das Wörtchen sagt, bringt er die Palatschinke. Und im selben Moment kündigt die Blondine an: „Der Höhepunkt!", rüstet den Jungen mit Plastikschwert und -schild aus und sagt: „Jetzt wird unser Geburtstagskind als echter Spartacus DIE UNMÖGLICHE TATSACHE von Morgenstern vortragen. Weck doch jemand noch Oma auf!" „Wie konnte sie denn einschlafen?" „It's everything a question of the dose, honey", so die liegende Frau zu dem reiferen Herrn; „more caffeine or more booze." „Psst, Mom!", heischt die Blondine und kündigt besonders mit Blick auf die geweckte alte Dame nochmals an: „Leon steht bereit, um ein Gedicht vorzutragen. Es geht los. Leon! Los!" Der Junge verlagert sein Gewicht vom linken auf das rechte und vom rechten auf das linke Bein, bevor er beginnt:

Palmöl [„Palmström!"] Palmström, etwas schon an Jahren, / wird an einer Straßenbeuge / und von einem Kraftfahrzeuge / überfahren. [Die Fahle staunt: „Ist das denn die Möglichkeit!"]

„Wie war", sagt er, sich erhebend / und entschlossen weiterredend, [„Weiterlebend!"] / äh, „möglich, wie dies Unglück, ja –: / dass es überhaupt geschah? [„Sehr gut, weiter!"]

Ist die ... [„Staatskunst!"] Staatskunst anzuklagen / in Bezug auf Kraftfahrwagen? / Gab die Polizeivorschrift / hier dem Fahrer freien Kiff? [Lachen. „Trift!", so die Mutter mit tödlichem Blick.]

Oder war vielmehr verboten, / hier Lebende zu Toten / umzuwindeln [Noch lauteres Lachen. „Umzuwandeln! Verflixt und zugenäht, wir haben es doch miteinander geübt!"] wandeln – kurz und schlicht: / *Durfte* hier der Kutscher nicht –?"

Eingehüllt in feuchte Tücher, / prüft er die ... die Gesetzesbücher / und ist alsobald [„Alsbald!" Doch der ältere Herr entgegnet: „Nein, ich glaube, er hat Recht, es heißt da ‚alsobald'. Dürfte das übrigens nicht ein bisschen zu schwer für einen 4-Jährigen sein?" „Ach, Mumpitz, wird's bald!"], äh, im Klaren: / Wagen durften dort nicht fahren!

Und er kommt zu dem Ergebnis: / [„Halte den Schild und die Klinge höher, die Klinge!"] Nur ein Traum war das Verhebnis [*„Erlebnis!!"*] / W-weil ... schließt er messerscharf, er nicht *kann,* was er nicht will d-darf.

Mit einem Satz befindet sich die Blondine beim Jungen und scheuert ihm eine ins Gesicht. Allgemeine Empörung und spezielles Weinen werden laut. „Was sind denn das für Erziehungsmethoden! Muss der Junge als Trojaner für deinen seelischen Müll dienen?", so beschuldigt unter anderem der Mann im kurzärmligen Hemd. Die hellhaarige Frau, deren Bluse an ihrem geröteten Hals klebt, fuchtelt mit heiserer Stimme: „Das ist *mein* Kind und ich habe nur eben mal ihm 'ne Ohrfeige verpasst, es keineswegs gehauen. Ich habe es tatsächlich nur bekommen, um euch allen zu beweisen, dass ich selbst alleinerziehend auch wer bin. Früher wurden die Mädchen und Buben doch allesamt tüchtig geprügelt, und kein einziger Warmduscher ist infolgedessen rausgekommen" – der Junge heult den blinden tonlosen eingefrorenen Schrei –, „sondern allesamt sind begüterte und dem Schicksal trotzende Menschen geworden; aber jetzt regt mich das Teil tierisch auf; nicht, Oma?" „Nu hör sich das einer an! Da habt ihr dem Jungchen allen möglichen wertvollen Plunder da gegeben, sowie unbegriffne Worte obendrein, statt dem Einen, was er wirklich und wahrhaftig bräucht." Im Teller des jungen athletischen Mannes kräuselt sich das Blut. „Undisputable, it's just a shame. I'm really pissed off. Fucked up family."

Über eine Nackttänzerin

And now here comes Gamblin' Embers!" In purpurroten halterlosen Strümpfen mit langer schwarzer Seitennaht, schwarzglänzenden schwerbesohlten Schuhen und dünnem schwarzem Höschen fegt eine brünette mittelgroße Frau auf die schmale Bühne hin, bis dort, wo ein primitiver Stuhl platziert steht. Und tanzt mit feiner erotischer Körpergewalt zur aufgezüngelten Musik:

> But what I need to make me tight are
> Girls, Girls, Girls!

Rhythmisch gleitet sie dabei unter dem Stuhl hindurch, windet sich langsam wieder nach oben und zieht wie beiläufig ihren BH aus, noch einen Moment in den Fingerspitzen tändelnd. Mit leicht angezognem Knie wirft sie ihr seidiglanges Haar zurück, bevor sie geschmeidig um die Lehne kreist und betont-unbetont ihre Haut entlangfährt. Immer wieder blickt sie mit auffälligem Augenaufschlag zu einem Mann mitten im kleinen dunklen Ring versammelter Zuschauer. Schließlich schlenkert sie über das abgelegte Textilstückchen hinweg, zeigt einen Knicks und lässt sich eine stattliche Menge Geld in die fast unsichtbare Schnur ihres Höschens stecken, wobei sie ihm, dem Murmelnden, tief in die Augen schaut. Unversehens bei 2:59 verstummt die Musik.

„Nimm doch auf dem Stuhl bitte Platz, Embers … Dankesehr. Wie alt bist Du?" „Neunzehn." „Und wie ist Dein richtiger Name?" „Moni, das heißt Monica, aber ich mag Monica nicht." „Wie fühlst Du Dich, wenn Du vor uns tanzt, Moni?" „Ich fühle mich", tönt im Lichtkegel dunkel aus ihrem Mund, „unsicher, schüchtern, bedrückt. Ich habe das Gefühl, die anderen Tänzerinnen seien alle schöner und besser als ich. Alle meine Bewegungen sind zu schwerfällig." „Beschreibe es uns näher, so eindringlich wie möglich, Moni, wie Du vor, auf und nach der Bühne Dich fühlst." „Meine Show beginnt für gewöhnlich um elf, doch bin ich schon beim Abendessen (es ist eigentlich nur noch ein Happs) sehr unruhig. Ich fahre in Alltagsklamotten alleine mit dem Auto zum Club, um mich gemeinsam mit den anderen Mädchen zurechtzumachen. Alle sagen lächelnd hallo, aber ich kann nicht aufhören, im geheimen zwischen ihren und meinen Reizen Bilanz zu ziehen. Meine Brüste sind doch zu klein, die Beine und der Po bereits zu dellig, und meine Augen trotz der Schminke irgendwie zu schmal, *zu* viel Schminke letzten Endes. So betrachte ich meinen Körper wie ich die Körper außerhalb von mir betrachte, mit all seinen Vorzügen und Fehlern (nur dass ich an dem meinigen eben mehr Fehler wahrnehme) und ich frage mich, ob mir dieser Körper, der *mein* Körper ist, auch wirklich mehr gehört als jener der anderen Frauen. Und das alles spukt in meinem Kopf, bevor und nachdem ich in diese Wäsche und diese Schuhe schlüpfe, auf denen Moni oder Monica nie hätte gehen können, und mich verwandle und wieder auch nicht. Meine Füße in meinen Strümpfen werden feucht, sowie ich auf die Bühne tanze. Beim Bücken fällt mein Bauch (das heißt, wenn ich ihn nicht einzöge) nach vorn oder zumindest habe ich das Gefühl, dass er noch vorne falle. Und nacheinander schmerzen meine Wirbel beim Räkeln auf dem Boden. Ich lasse meine Brüste schaukeln, beziehungsweise eure Blicke schaukeln meine Brüste durch mich, und ich weiß nicht mehr, ob ich das alles auch will, was ich augenscheinlich will. Meine Beine spreizen sich – ich spreize sie – und doch habe ich das Gefühl: ich bin nicht ich. Tanze ich nackt, spüre ich das Teilen meiner Schamlippen, das ich (warum auch immer) nicht spüre, solange ich dieses Höschen trage. Meine Muschi – Verzeihung – ist das einzige, was ich ungeteilt an mir mag." „Und mehr? Ist sie – bist Du – erregt?" „Mehr ist da nicht, alles ist in Wahrheit sehr anstrengend, und ich versuche einen Gesichtsausdruck herzustellen, als bekäme ich spielend Luft, bis ich wieder von den Brettern runtergaukeln und aufatmen kann", gesteht sie bewegungslos wie eine Marionette sitzend auf dem Stuhl, um zu ergänzen: „Die wartenden Mädchen schielen, wie viel Geld ich zusätzlich gemacht habe, und fragen nichtsdestoweniger, wie's denn gelaufen sei? Ich sage ‚gut' oder ‚schlecht' oder ‚so lala'; vor mir selber werte ich aber jede Einzelheit unerbittlich aus. Oft habe ich noch in der Nacht einen 2. Auftritt, oder einen 3., vor dem ich schon weniger aufgeregt bin, bevor ich frühmorgens nach Hause fahre. In meinem Haar sind alle mir bekannten und unbekannten Parfumgerüche verschwistert, Alkohol und Rauch. Ich ziehe einen blass geblümten Schlafanzug an, wie um wenigstens die verschiedenen Männer, euch, vor denen ich meinen Körper entblößt habe, nicht mit in mein Bett zu nehmen. Ich habe ein … wie eine Klausnerin dann ein weltabgewandtes Gefühl." „Warum trittst Du überhaupt auf?" „Weil mich mein Freund, mein Ex-Freund, wegen einer anderen, Schwarzhaarigen, verlassen hat, an der große feste Brüste wippen. Sie wirkt so unverschämt selbstbewusst und überall beliebt." „Möchtest Du so sein wie sie?" „Vielleicht. Ja." „Möchtest Du, dass Dein Freund, Dein Ex-Freund, zu Dir zurückkommt?" „Nein. Ich weiß nicht." „Liebst Du ihn noch?" „Kann sein. Er … soll für immer und ewig an mich denken, ich will, dass er sieht, dass mich andere Männer sehen und wollen." „Weiß er denn davon?" „Nein, noch nicht." „Wissen es Deine Eltern?" „Nein, sonst wüsste auch er es schon." „Was erzählst Du ihnen?" „Ich lüge, dass ich nach der Ausbildung übernommen wurde, und tue so, als ginge ich weiterhin zur Arbeit. Sie wollen zwar wissen, warum ich am Abend niemals Zeit habe; aber ich schweige, das heißt, ich lenke ab, mache nachdrücklich eine lässige Geste oder schiebe zwar nicht wirklich unwahre, aber zweitrangige Gründe vor, bis ich sie schon beinah selber glaube, und das, obwohl ich täglich beziehungsweise nächtlich hierher komme. Von meinen Ängsten und Wünschen, die Wahrheit könnte ans Licht kommen, wäre ich wohl erst erlöst, wenn mich eine Freundin verraten würde." „Wie würdest Du Deine Kindheit und Eltern bezeichnen?" „Als normal bis langweilig. Mein Vater ist Vertreter für Enthaarungscreme und war gelegentlich niedergeschlagen. An den Nachmittagen nach der Schule habe ich mir vor den Bildschirmen den Hintern plattgesessen, und am Wochenende bin ich mit den anderen in die Disco gegangen. Ich war so erstaunt über mein gutes Zeugnis, dass ich in den ersten Sekunden es niemandem zeigen wollte." „Und wie, Moni", erkundigt sich die männliche Stimme sanft, „stellst Du Dir Deine Zukunft vor?" „Ich denke, ich tue so, als wäre ich für immer neunzehn. Als beginne immer das Ende der Vorstellung." In genau diesem Moment kommt auf ein Zeichen hin ein schwer wirkender Mann herbei. „Du hast Plot gerade Dein Geld in Verwahrung gegeben" (derjenige nimmt es sich und verschwindet wieder in den Schatten), „um auf dem Stuhl schließlich Dein Höschen auszuziehen. Ohne dass Du Dich an Deine Bekenntnisse erinnern könntest, wirst Du jetzt, wenn die Musik aufs neue einsetzt, folglich für uns zu Ende tanzen, Embers." Und die Musik setzt bei 3:03 wieder ein.

Keck schwingt sie mit den Fingerrücken über ihre Brüste, öffnet langsam die Lippen und hebt ihre Füße in die Höh. Zwei, drei Augenblicke später schwirrt durch die Luft ihr Höschen. Und sie grätscht wie eine Purpurrose ihre Beine. Sinnlich-schwül beendigt sie auf dem hölzernen Stuhl ihre Vorstellung und beginnt bei 4:11 ebenso kontrolliert wie trudelnd hinter die Kulissen zu tanzen. Applaus![13]

Über einen Sportler

Zähneknirschend dehnt er seine Glieder und macht sich auf einer roten Bahn warm. Ein weißes Trikot haftet in der trockenen Luft auf seiner sehnig wirkenden Haut. Mehrmals schaut er aus den Augenwinkeln zu einem Dunkelhäutigen, der hüpfend mit fleischigeren Schultern unter den Konkurrenten hervorsticht. Eine auf der nahe- und tiefgelegenen Zuschauertribüne stehende blonde Frau mit einem Buben vor sich sagt: „Das ist dieser Ben Krethi." „Ben Krethi?", fragt ein schleifchenverziertes pausbäckiges Mädchen dicht bei einer Brünetten, die eine taillen-becken-betonte Bluse von cremiggerührtem Azurblau trägt, und einem Ehering tragenden Mann. Gleich dahinter blinzelt ein graumelierter Herr kopfschüttelnd in die Sonne. Das Stadion ist halbvoll. „Ja", sagt die Blonde zu der Brünetten gewandt, „das ist dieser Afrikaner, der von einem deutschen Sportlehrerpaar adoptiert wurde." „Also ein Deutscher." „Wenn du so willst", antwortet die Blonde achselzuckend; „als wäre es ihnen einzig und alleine darum gegangen, mit den Leistungen ‚ihres' Kindes anzugeben. Steh doch mal still, Leon!" Indes hat sich der kleine Junge keine Sekunde bewegt. In der Zwischenzeit streckt der hellhäutige Deutsche im Stehen sein rechtes Knie und beugt es wieder zurück, massiert mit dem Handballen mehrfach darüber hinweg. Da tänzelt der besagte dunkelhäutige zu ihm heran und sagt: „Schön, dich hier zu treffen. Langweilig wird es nicht", und dabei zeigt er seine weißen Zähne. „Nein, gewiss nicht", nickt der andere daraufhin, und die Wettkampfleiter am Rande der Bahn schauen auf die Uhr. „Psst!", wird das schleifchentragende Mädchen mitten unter den Zuschauern in dem Moment ermahnt, als es heißt: „Aaauf die Plätze!"

Durchatmend begeben sich alle Konkurrenten zu den Startblöcken. Sie beugen sich vor, treten aufgestützt mit den Händen nach hinten aus und bringen die nägelgespickten Schuhe an die jeweiligen Stellen. Nach dem Anlegen der gespreizten Finger an die Startlinie schaut der Hellhäutige, dem die mittlere Bahn unmittelbar neben dem Farbigen zugewiesen ist, noch einmal zu ebendiesem hinüber und blickt mit zu Schlitzen verengten Augen nach unten zurück auf seine Spur. Läufer sowohl als auch Zuschauer erstarren in gespannter Stille. „Feeer-tig." Sie beugen nach oben den Unterkörper auf. Der Dunklere schießt – PENG! – vor Erschallen des Schusses hoch. PENG!, folgt ein anderer. „Fehlstart", erläutern einige Zuschauer.

Derjenige im weißen Trikot schürzt die Lippen, als er automatisch wie auch die anderen hochgezuckt ist und jetzt nach hinten an den Start zurückkehrt. Aufs neue kehrt Stille ein. „Feeer-tig." Abermals richten sie den Unterkörper ein Stückchen nach oben auf. PENG!, schießt der Hellere vor nach Erschallen des Schusses, und erst nach jenen daneben auch der Farbige vor. Mit aufrechtem Körper kurbeln des Letzteren Arme wie unter Dampf stehende Hebel los. Gezielt scheint sein Blick in das Endlose jenseits der Bahn gerichtet. Ersterer schnaubt mit vorgeneigtem Oberkörper auf den Kolben seiner Schenkel geradeaus. Wie ein Rollband schwirrt die rote Bahn unter den tretenden Spitzen seiner Schuhe nach hinten und die in der Mitte des Stadions schauenden Diskuswerfer gleichzeitig nach hinten-und-seitlich weg. Auf der anderen Seite rasen währenddessen die Zuschauer dahin, brüllend: „S-c-h-n-e-llll-eeer!" Hell und kurz fliegt das Haar am Kopf festgehalten tausendfach zu ebensolchem zurück. Die genauso-deutschen Konkurrenten fallen jetzt schon aus dem relevanten Raum hinaus mit Ausnahme des ausländischen Deutschen, der zusehends an Relevanz gewinnt. Grelle Blitze schellen immer wieder flach darein. Auf dem ganzen Hals des Hellhäutigen fluten Sehnen und seine Lippen grimassieren von oben nach innen, von innen nach außen. Das Mädchen der Brünetten steht da mit taub-offenem Munde, unterdes der ältere sowohl als auch der weniger Jahre zählende Mann die Augen in stumme Falten legen; blind bohren sich die Finger der blondhaarigen Frau in den Nacken des Jungen hinein. Denn unaufhaltsam treiben die striemenwerfenden Schultern des Dunkelschimmernden die kerzengeraden Hände mit rosigen Nägeln im Gleichtakt voran. Der Führende neigt flüchtig den Kopf zu dem Erscheinenden im Seitenwinkel, der nicht länger hinter ihm läuft. Sein kurzzeitig geweiteter Blick verengt sich nun desto mehr und er bleckt wie in einer verzweifelten Anstrengung seine Zähne. Das bräunliche Gesicht des anderen scheint gerade unverhältnismäßig entspannt in alle Richtungen gleichzeitig zu entgleisen. Seine Augen sind offen, und seine muskulösen Beine keuchen wie in gewaltigen friedlichen Sätzen dahin. Die Wettkampfleiter stieren gleichsam aus einer anderen Dimension. Unwirklich schreiend sieht mit geschlossenen Augen der Hellhäutige offenbar mit in Flammen stehender Brust die Ziellinie auf sich zuregnen. Desgleichen rudert der auf selber Höhe Laufende seinen Oberkörper jäh nach vorn. Und alle zwei lassen taumelnd die Endgrenze weit hinter sich zurück, die übrigen folgen nach.

Schnaubend schauen die beiden sich und die Bahn und die Zuschauer und die Wettkampfleiter als wäre die Zeit verloren gegangen an. Ihre ausgefahrenen Ellbogen harren auf den Händen in den Taillen aus. Und aus. „… Auf dem 1. Platz mit 10,99 Sekunden – Ben Krethi …" Mit vor Freude hell erleuchtetem Gesicht reißt der Sieger die Rechte zu einem Victory-Zeichen hoch, schwingt beide Arme zurück und holt zu einem Salto mortale aus. Er landet sicher auf seinen Beinen, als der 2.-Platzierte ihm mit der Linken auf die Schulter klopfend seine Hand reicht. „Glückwunsch, Ben, du hast es verdient." „Spaßvogel, wir sind doch praktisch gemeinsam in das Ziel gekommen. Ohne diesen Druck, mit dem du mich da gezogen hast, hätte ich das in dieser Art nicht geschafft. Du …" Doch im selben Moment kommen ein Mann und eine Frau mit dem Emblem „Krethi" auf den T-Shirts neben einer buntgewürfelten Schar herbei. Das etwas pummelige Mädchen fragt die blusentragende Brünette: „Sind die immer deshalb so schnell, weil die so schwarz sind?" „Schscht! So was fragt man nicht." „Warum?" Gleichzeitig wendet sich die blonde Frau mitfühlend-verhärtet an denjenigen im weißen Trikot: „Wenn die Kniebeschwerden nicht wären, dann hättest du überdeutlich gewonnen. Das Podium ist ja eigentlich deines, Bruder." „Schon gut, *so* viel mach ich mir auch nicht draus." „Genau", steuert der Graumelierte bei: „Ganze Knochen sind besser als 'n goldener Rollstuhl im Alter."

Hierauf kehrt sich der Hellhäutige ab, geht, seine Kiefer malmen gegeneinander und er redet zur eigenen Person: „Wegen einem Nichts von nullkommanochwas Sekunden … zur Hölle. Ich schwöre, dass ich nimmer ein Anderer als der Beste werde!"

Über einen Freund

Wie ein in Stein gegossener Herkules hockt er mit einem Stuhl auf der nächtlichen Flussbrücke, als mit nahenden Schritten ein gelber Kreis seinen bedeckten Rücken trifft. „Du bist schon da?", fragt auf die Uhr blickend eine schwammige Figur mit Taschenlampe in der Hand, oder jene dünnere, die mit bauchigem Stab neben ihr geht. Zwischen beiden klappern Gerätschaften. „Es ist Punkt 12." „Ich war schon 5 Minuten früher da", antwortet eine Bassstimme, ohne dass sich der Sitzende umdreht. Eine dritte und hellere versucht zu witzeln: „Und schon 5 Körbe Fische weggefangen?" „Ha-ha." Der Fülligere, dessen Mund gleichsam Drätchen säumen, bläht sich mit Luft: „Ah, der Äther ist so herrlich mild und rein. Seht ihr den Kleinen Bären dort?" Der Hockende kehrt überdeutlich den Kopf. „Im bayrischen Land", lacht's daraufhin, „findet man allenfalls einen Brummbären, Rufus. Um den Kleinen Bären zu sehen, musst du aber nach oben blicken." „Davon abgesehen, dass ich mich ernstlich frage, ob du mit der Ukulele da die Steine aus dem Schlaf reißen willst, kann ein Kleiner Bär zu dieser Zeit von diesem Ort aus wohl kaum sichtbar sein." (Verschämt steckt der andere die leichte Keule zwischen die Beine.) „Also, wollen wir nun die Sterne vom Himmel oder die Fische aus dem Wasser holen?" „Die haben wir spottbillig im Internet ersteigert, beide", stellt der Rundgesichtige mit kreuz und quer in die buntgeklecksten Bäume strahlendem Licht die Klappstühle auf, während der Flinkere mit zwei Eimern die Brücke verlässt, um allem Anschein nach schwerer wiederzukommen. Danach hantiert dieser wie jener an seiner Angelrute. „Hast du die Würmer?" „Die Würmer? Ich glaube nein." „Ich dachte, du hättest die prächtigsten Köder besorgt?" „Tata!" Wie im Scheinwerferlicht präsentiert

197

der Schmächtige eine Büchse: „Die verlockendsten Larven frisch aus Holland." Der Dickbäuchige leuchtet mit seiner Taschenlampe hinein, als jener hinzufügt: „So prall und saftig wie die ungesäuerten Weißbrotkrumen von heute Abend, nur lebendig." „Igitt, ich muss sie jeden Moment wieder auskotzen." „Quatscht nicht rum und spießt ihnen lieber den Wanst auf, wie es sich gehört." Wortlos stellt der eine die Büchse auf die Armlehne nahe des besetzten Stuhls, während der Bärtige leuchtet, und fasst mit den Fingern der einen Hand hinein, um ebendiese zum Angelhaken in der anderen zu führen, den er schließlich an der Schnur befestigt. Die Taschenlampe tauschend wiederholt sich dieselbe Prozedur umgekehrt. „Und wo hast *du* deine Leuchte?", späht die schmale Silhouette zur sitzenden. „Ich kenne mich aus in der Düsternis." Mit einem SSST landen die Angelschnüre ohne Weiteres über dem Geländer. Endlich nehmen auch die Dazugestoßenen Platz. „Gottverdammich", springt der Breitschultrige auf, „deine Holländer viechern auf meinem Schoß!" „Entschuldige bitte", steht der Magere ebenfalls wieder auf, gefolgt von dem noch Übrigen. „Ich erledige das schon; guckt wenigstens auf die Angeln", schnauzt der Übersäte pflückend. „Das ekelhafteste Getue darf ich wieder einmal ausbaden … Ich habe die Hälfte zurück in die Büchse, die andere aus Versehen unter meinen Füßen zermalmen können", hockt er sich wieder hin; „tut mir irrsinnig leid um den Zaster. Ob diese Taschenlampe auch einen ‚off'-Schalter hat?" Verschummernd harren drei mit Köpfen versehene Klappstühle über dem rauschenden Wasser. „Wo entspringt die Isar eigentlich?" „In den Kalkalpen von Südtirol, denke ich." „Ist die Isar nicht ein Nebenfluss der Donau?" „Doch, und zwar exakt 293 Kilometer lang." „Ich glaube mit Sicherheit gehört zu haben, dass sie ungefähr 70 Kilometer von München entfernt –" „Angebissen!", zieht der Schlanke mächtig an der Rute. „Hast du zu wenig Brote abgekriegt?", spritzt die dumpfe Stimme herüber; „oder bist du nun endgültig ‚salao'?" „Das ist 'n Ungetüm, sieh doch", kurbelt der Erfolgreiche einen Fisch heraus, den er am Boden vom Haken löst. „Schau mal einer an", stützt der Untersetzte die Hände in die Hüften: „'ne Lachsforelle." „Dann hat sie wohl von deinem in den Himmel gehobenen Nieder-Rhein sich hierher verirrt, wie? Er schillert viel zu grün, um eine Lachsforelle sein zu können." „Wie kannst du denn erkennen, ob dieser Fisch hier grün ist?", knippst er die Taschenlampe an.

… donnent à votre linge
une odeur fraîche et agréable.

„Was zum Kuckuck ist *das?*" „Meine Handymelodie", greift der Frohgelaunte in seine Hosentasche, „scharf, wa'?" „Hast du 'ne SMS von ihr gekriegt?", fragt der andere, während der Klotzige auf die Knie geht, und die hohe Stimme lässt verlauten: „Sie schreibt, wie sehr es sie verzaubert hätte, und will sich mit mir wieder im ORPHEUS treffen." „Wer ist ,sie', und aus welchem Grund schreibt dir die mitten in der Nacht?" „Was machst denn du auf dem Boden da", schauen die Antwortenden nach unten, „mit den Zähnen die Nägel aus den Brettern ziehen?" „Ich war so gnädig", baut er sich wieder auf, „eure Lachsforelle, die keine ist, zu töten. Übrigens wird dein Licht immer dunkler." „Worauf willst du damit anspielen: mein Licht wird immer dunkler?" „Dass deine Batterie leergeht." Auf der Stelle erlischt das Licht. „Nun?", fordert der schwarzaussehende Hüne; „wie sieht die Frau aus, die sich von dir berauschen lässt?" „Blond, vollbusig und schlank, Assistant of audio-visuell aids." „Dann hast du ihre Bekanntschaft entweder auf einer Porno- oder (beziehungsweise: ist gleich) Märchenseite gemacht?" „Fast, aber nicht wirklich. Ich habe sie über meine Schwester kennengelernt." „Dass ich nicht lache", zischt es; „unter allen Witzen, die ich mir von dir anhören musste, ist das der beste." „Es ist wahr", tritt der Korpulentere vor; „sie hat mit protzigen Männern wiederholt Unglück gehabt und war auf der Suche nach Ehrlichkeit." „Die hat sie ja nun gefunden, ha-ha-ha!", beugt sich der Anklagende grölend vornüber und wischt sich mit dem Handrücken den Mund ab. „Vielleicht bist du bloß neidisch", hebt der Vorgetretene sein Kinn, „dass er dem Glück auf den Spuren, dein eigenes aber in die Säue gefahren ist?" „Wer in diesen Breitengraden könnte sich bitte ein anderes Glück als ein säuisches vorstellen?" „Ein Mädchen namens Daria hätte es gekonnt." „Wenn sie jetzt nicht tot wäre", hüpfen vom Geländer diese Worte heran, die wiederum der Mund des Beleibten einschränkt: „Tot ist sie nicht. Sie hat es allerdings versucht zu sein." Der Gegenüberstehende lässt die Arme hängen und ballt wiederholt seine Hände. „Wie kommt ihr zu diesen Verdächtigungen?" „Ich stehe noch in Kontakt mit ihr." „Du lügst. Was habt ihr euch schon füreinander interessiert?", verschränkt er die Ellenbogen vor der Brust; „nur dass ihr sie auf eurer falschen Leier da ausgefrötzelt habt." „Wir haben niemanden ausgefrötzelt, aber eine freigebige Seele besungen, die Tapferkeit begehrte und stattdessen wie von einem Sodomiten körperlich ausgebeutet wurde." „Kack mir nicht in die Ohren mit diesem blumigen Gewäsch. Selbst wenn das der Realität entspricht, was sich ein paar kleine Spanner eingebildet haben, ist sie doch längst 18 gewesen. Lebt sie jetzt noch oder nicht?!" Der Behäbige drückt mit einem KNACK sein Rückgrat durch. „Sie lebt. Sie lebte bislang aber zu schlecht." „Und wie soll *ich* das wiedergutmachen? Ich kann sie nicht zurückholen, so gern ich es auch wollte." „Das wäre auch ihr finaler Todeskuss. Sie muss aber im Gegenteil endlich in ein warmes und helleres Leben finden." „Dann feilschen wir hier um Schuld und Sühne, auf wessen aalglattem Rücken der Angelhaken spazierengehen will?" „Werd doch nicht gleich so finster", sagt der dritte, an dessen Arm noch immer sein schimmerndes Handy klebt; „eigentlich wollten wir dir unsere Hilfe anbieten, die 90.000 Euro zurückzuwirtschaften. Mit einer vernünftigen Buchführung würde es diesmal 100-prozentig klappen." „Vernünftig? Und das würde in der Praxis was bedeuten?" „Weißt du, äh, wenn …" „… du dich erstens von deiner Amphore tren–" „So wetzt der Henker also das Beil", zürnt und poltert es; „ihr schmierigen Skarabäen wollt die Münzen über die Tische drehen." „Das sagst du aus purer Berechnung. Für uns würde sich das nicht lohnen. Du weißt, Rufus, dass wir deine Freunde sind." „Freunde, ha, wir kennen uns, gewiss, aber im Innern – wie weit sind wir da voneinander entfernt! Tausendundeinmal habt ihr auf einer Versteigerung bereits an eurer Fliege rumgezogen, ehe ich überhaupt in mein ramschiges Loch gekrochen bin", stampft der Sarkastische, als plötzlich ein KSCHRRK zu hören ist und er selber mit einer kleinen Taschenlampe dorthin blinkt, wo sein Klappstuhl sich befindet. Die Angel ist weg. Sprachlos stehen der Hagere und der Feistere vor ihm, wobei einer der beiden ein Schniefen von sich gibt, als er unbeeindruckt seine Schimpfrede über sie gießt: „Drei neue Streuselgesichter glotzen aus einem Haufen von Kindern hervor, die den Klassenverband bilden, und was tun sie, na? Die aufgeblasene Kröte" (er pustet die Backen randvoll mit Luft), „die hinterlistige Schnake" (im Schatten saugt er die Wangen desto stärker ein) „und der ach so blöde Auerochse" (mit heraushängender Zunge scheint er in alle Richtungen gleichzeitig schielen zu wollen) „schließen sich zu einem Trio der ultrapeinlichen Coolness zusammen. Kann aber auch nur einer von uns bestreiten, dass ihm das damalige Schachspielen im vollen Ernst Spaß gemacht hätte, oder dass das Angeln für ihn *nicht* eine Pflichtveranstaltung wäre?" „Ja." „Ja ich weiß nicht, wem von euch zweien ich in meiner Phantasie den Sack öfters zu Rühreiern getreten habe; denn ihr wart für mich vom ersten Tag an nichts anderes als Rivalen!" Ein kaum hörbares PFLATSCH mischt sich in ein vorübergehendes Rasseln hinein, als die beiden Freunde ihre 7 Sachen packen. „Haut nur ab: Ich bleibe." „Deine Rute treibt im Wasser." Die Worte kommen bereits vom Ende der Brücke, dessen ungeachtet er zurückjohlt: *„Trotzdem!"*

Über einen Schwiegersohn

Zwiefach harkt der Schlüssel im Schloss, und er greift sich an den Kragen, obgleich er fest in derselben Hand bereits Rosen sowohl als auch eine angebrochene Flasche Ramazzotti hält, flucht, weil er beim Versuch sich bekleckert, und schleicht in die Wohnung. Von der Spätsommerglut wie ein Hochofen aufgeheizt, lässt sich augenblicklich das Verstummen eines schwärenden Lachens vernehmen. Barfuß steht mit geknickter Hüfte in Bastshorts und blond auf halbe Länge frisiertem Haar eine Frau am Bügelbrett. Sein Blick huscht zu ihrem dort liegenden Handy, er schaut auf die Blumen in seiner Faust, sieht unweigerlich die halbleere Flasche und sagt:

„Ich habe dir Rosen mitgebracht." „O danke, und so viele gleich, und wie rot sie lodern. Du weißt doch, wo die schwere Vase von meinen Eltern steht? Oder warte, warum mache ich das eigentlich nicht selber", richtet sie das Bügeleisen auf und kommt in den engen schattigen Gang, um die Rosen ihm aus der Hand zu nehmen; „ist der Ramazzotti aus dem Spirituosengeschäft beim Hotel?"

„Ja, beziehungsweise nein heißt das, ich bin einen Umweg gegangen."

„Das heißt, du bist *so* durch die Straßen vagabundiert?", weist ihre Stimme, obgleich sie aus der Küche erschallt, auf sein beflecktes Hemd hin. Er furcht kurz die Brauen und meint: „Das ist geschehen, als ich im Treppenhaus ins Schwitzen kam", wobei er den klirrenden Bund, der bis dahin in seiner nicht unfreien Hand gehangen hat, an das Schlüsselbrett hängt. Noch in ihre Frage: „Weswegen bist du denn ins Schwitzen gekommen?" fragt er hinein: „Mit wem hast du telefoniert?"

Es schweigt in der Küche, bevor sie wiederholt: „Mit wem ich telefoniert hab? Na, mit Maria hab ich telefoniert", und hart besänftigend rauscht Wasser auf. Er löst seinen Kragen, derweil er etwas unsicher das Wohnzimmer betritt, steckt nahe am Fenster die Linke in die Hosentasche und macht Anstalten, auf ihr Handy zu schielen. „Schau an", kommt sie mit der Vase zurück, „wie schön, und riech mal, wie sie duften." Während er sie wie eine Wettererscheinung anstarrt, schnuppert er. „Hast du sie denn auch gekürzt? Dein akaziensüßes Parfum ist so wunderschön. Hättest du sie nicht kürzen müssen?"

„Du riechst nach Alkohol. Warum", zieht sie ihm die Blumen weg, „ziehst du dich nicht um?" Er schürzt den Mund bis zur Nase und stellt auf dem Tisch die Flasche ab, ohne sie loszulassen. Halb von ihm abgekehrt lächelt aufs neue die pfirsichhäutige Frau: „Zieh dich doch um. Sicherlich sind diese Sachen doch beengend und du würdest gerne duschen, wo du damit den lieben langen Tag im Hotel arbeiten musst, nicht wahr?" Er beäugt sie mit offenkundigem Misstrauen, ohne dabei den Kopf zu heben. Doch sie bügelt scheinbar ganz munter und fährt mit ihrerseits gesenktem Kopf fort: „Ich koche dann Spaghetti al Tartuffo, dann trinken wir deinen Rest Ramazzotti dazu."

Plötzlich hebt er entschlossen ihr das Gesicht entgegen: „Mit wem hast du gesprochen, wen habt ihr da ausgelacht?" „Ausgelacht?", fährt sie mit dem säuselnden Eisen über ein Negligee; „angelacht, wolltest du sicher sagen. Maria, sage ich dir doch, Marie habe ich angelacht."

„So, Maria hast du angelacht: Was gibt es in ihrem Leben denn, was so zum Freuen ist?"

Kühn hält sie im Bügeln inne, woraufhin er zum Tisch blinzelt, wo die Rosen stehen, doch zwingt ihr Blick ihn zu hören: „Ihren Mann zum Beispiel, der sehr beflissen, familiär und nicht humorlos ist." „Marias Mann ist ein fein prügelndes Schwein, der sie mit irgendeinem aufgeilenden Frauenzimmer betrügt", ballt er die Fäuste und lässt sogleich die Schultern fallen. Die Lider über ihren Pupillen flackern, bevor sie mit dem Bügeleisen in ihrer Hand sich räuspert: „Wenigstens hast du die Flasche losgelassen", und weiter das Negligee entlangfährt.

„Ich habe dir nie Gewalt angetan, Nina. Ich könnte dich …" „Was könntest du denn? Gar nichts könntest du, weil du eben feige bist, und sonst nichts."

Sein Brustkorb wallt auf und ab. Er schließt die Augen, und als er sie wieder öffnet, spricht er zu dem Schächtelchen Pralinen, das neben der Flasche und der Vase ruht: „Seit wann bist du hier?"

„Ich arbeite bis halbfünf, denke ich, und du?" „Ich? Ich arbeite, wie man vielleicht nicht zum ersten Mal sieht, eine Stunde länger." „Aber vielleicht hast du auch schon eine Stunde früher aufgehört und dich rumgetrieben und getrunken?" Mit stäubender Stimme fragt er dagegen: „Was wollen diese Reden heißen?" „Ganz sicher hast du vielleicht aber schon aufgehört, bevor du überhaupt angefangen hast, und hast dich mit diesem Fleck auf deinem reinlichen Hemd den lieben langen Tag durch die Straßen getrieben", gleißen ihre Augen voll dunkler Siegeslust.

„Dein Vater … hat wieder dein Vater seine eifersüchtigen Griffel im Spiel?"

„Du bist feige, weil du ein Lügner, der sich überdies in die Besoffenheit hinein flüchtet, bist. Im Hotel sagten sie, dass du noch *nie* im Management, dass du noch nicht einmal in der Putzkolonne gearbeitet hast!" In die letzte Silbe schneidet ein blassbuntes Geräusch hinein und beider Blick heftet sich auf das Handy, das an der äußersten Kante des Brettes wie ein überfüttertes Tierchen vibriert. „Ja", springen Schweißperlen in der untergehenden Sonne auf die männliche Stirn, „er hat mich nie gemocht. Er hat alles, was auch immer ich machte oder nicht machte, schlechtgemacht, hat dir – wie gut muss man's denn meinen! – von Anfang an meine Person ausreden wollen." „Warum sagst du das? Das ist doch alles nicht wahr. Das ist doch alles nur Wirklichkeit in deiner Einbildung. Oder war es nicht mein Vater, der dir das Leben hier möglich gemacht, der unsere Hochzeit sogar arrangiert hat? Sag!"

„Leben, pah, was nennst du denn Leben? Wir sind alle zwei doch nur halb-halb, alles ist nur halb-halb; aber ich bin noch nicht einmal in diesem Land geboren, und komplett fremd bin ich in dieser Stadt. Wie verabscheue ich sie! Du, du ruhst dich auf deinem Papa" − speit er − „aus. Gebügelt sitzt du dort in seinem superattraktiven Reiseunternehmen und scherst dich um nichts anderes als darum, ob denn auch ich Eindruck mache."

Bebend funkeln ihre Lippen. „Wäre es nicht mal angesagt, dass wir auch über deine *Mama* reden?" „Wirf doch keinen Stein ins Gebüsch! Meine Mutter hockt seit dreißig Jahren todunglücklich in Deutschland. Warum! Warum, Nina, tust du uns das an, du hast mich doch geliebt, geheiratet hast du mich doch, warum ist dein Herz denn so völlig vereist?"

„Mein Herz brennt!", schwimmen Tränen auf ihren Seelenspiegeln; „kalt ist die äußere Welt. Wenn nur nicht unsere Angst wäre zu versagen, unsere Angst. Aber ich habe mir das alles verdammt noch mal auch verdient. Ich arbeite auf das Beste und leiste darüber hinaus alles, was in meiner Macht steht, damit wir hier schön und ordentlich leben können, wohingegen du − nix leistest, nix tust!"

„Tu doch nicht so wahrhaftig und stehe da rum, als lebtest du wie ein sittsames Hausweibchen", taktiert er im Zorn, „während du im Büro dich auf deinen nackten Arschbacken spreizt für den angewedelten Francesco!"

Von oben nach unten salzt ihre Mimik ein. Mit rotunterlaufenen finsteren Augen packt er die Flasche, um deren Geist mit zurückgeschleudertem Kopf noch einmal in sich gurgeln zu lassen, und donnert beim Abstellen den Rosenstrauß mit der Vase um. Sie zerkreischt in dutzend Scherben. Hastig versucht seine Frau, die nassgewordene

Couch zu retten; als ihr Mann sich aber ihr Handy schnappen will, schnappt sie es stattdessen sich vorweg und rührt sich nicht mehr von der Stelle.

„Ja", knurrt er, „Francesco war es nämlich, mit dem du telefoniert hast. Du hast es gerade nötig, mir von Lügen zu erzählen. Du lebst doch die Lüge und lügst das Leben. Ich habe mich eben *nicht* geirrt, dass er mich so" (er schwenkt das Kinn auf dem verkrampften Hals) „schuldbewusst und gleichzeitig süffisant angeguckt hat." Ihr Negligee kohlt an: Erschrocken hebt sie das Bügeleisen hoch und Schwaden von Gestank kriechen um die beiden herum. „Darin", zaust er es grob an sich, „hast du die vorgestrige Nacht, die du bei deinen geliebten Eltern verbracht haben willst, dich ihm vermutlich serviert. Wohin habt ihr euch diesmal verabredet? Oder machst du wieder Überstunden, bis du die Letzte bist, damit du fleißig mit ihm in den Feierabend hineinficken kannst?" „Du bist *krank*, Angelo. Was dir begegnet, das *ist* Trug und nichts als Trug." „Rede, was immer du willst. Mich bringt ihr nicht wieder zum Schweigen. Du gehörst als meine Frau mir, mir ganz allein, und ich lasse mir nicht nehmen, was mir gehört." „Ich gehöre einem Niemanden", nimmt ihr Blick eine freimütige nadelige Traurigkeit an, „ich kann machen, was ich will oder nicht will, ich gehöre ganz alleine mir." „Und für wen hat sich Nina dann die Haare machen lassen?" „Ich habe mir die Haare überhaupt nicht machen lassen. Du bist gestört." „Du lüüügst. Sehe ich etwa nicht, was ich sehe? Wie sieht aber dein Vater das, dass du es dort auf seinen Möbeln mit Francesco treibst, du hinterfotzige Schnalle!" Ihre vorhin noch salzige Miene zerwölkt sich feuerrot. „Du bist ein paranoides, krankes Arschloch!"

„Gib mir das Handy jetzt", schmettert er das Negligee zu Boden, „gibt es mir jetzt und zeige mir, dass ich krank im Kopf bin, jetzt sofort!" Indem er einen beschuhten Fuß auf die zarte Faser vor sich setzt, macht er mit einer zur Klaue geöffneten Hand einen

Schritt auf seine Frau zu. Sie spannt unwillkürlich ihre Schulter nach hinten: „Einen Dreck werde ich deiner Neugierde geben", in der Rechten ihr mobiles Telefon, in der Linken das Bügeleisen haltend. „Und warum", dringt er noch näher an sie ran, „warum gibst du es mir nicht? Weil du was zu verstecken hast. Du versteckst eine Kurzmitteilung von Francesco." Ihr gesamter Leib verhärtet sich aufs bitterste. In fräsendem Tonfall verdächtigt er: „Diese geschniegelte Wanze besäße wohl dein Vater lieber als Schwiegersohn. Hat er deswegen dir das Maul gestopft? Hat dein Vater deswegen dir auch noch mit seinem Schwanz das Maul gestopft!?" Er macht rasend einen Satz nach vorn. Voller Entsetzen weicht sie zurück, und mit den letzten blutig glitzernden Pfeilen der Sonne stürzt er geblendet am Bügelbrett vorbei in seine Frau, doppelt aufschlagend am Grunde. Verzweifelt wehrt sie sich mit Beintritten und gellt: „Setz diesem Wahnsinn ein Ende, Angelo, bitte, ich liebe nur dich, ich liebe ja nur dich!" „Selbst noch jetzt diese Verlogenheit −", versucht er mit aller Gewalt ihre Finger aufzuzerren; „doch leider habe ich während meinen Rumtreibereien dich in Francescos Haus gesehen, wie er schlabbernd an deinen Titten hing − arrrgh!" Von panischem Hass durchtränkt zerschreddert sie mit den Nägeln ihrer Linken sein Gesicht. Brüllend vor Schmerz greift er das zu Boden gefallene Bügeleisen, hievt es in die Höh und stempelt es ihr brutal auf Stirne und Wangen. Unter ihrem schmorenden Fleisch johlt sie in der Agonie ohrenbetäubend auf, zappelt, fleht und zuckt. Bis sie endlich völlig ruhig und gefällig daliegt.

Doch seiner Tat des Grauens scheint er nicht gewachsen. Heulend wie ein gespenstischer Schatten poltert er aus der Wohnung. Auf dem Handy aber, das noch immer eingekrallt in ihren Fingern liegt, schillert: „Ich hoffe, du spielst ihm wieder erfolgreich was vor. Wir treffen uns also wie gehabt in Francescos Domizil. Guiseppe."

Über einen Redner

Welk blickt aus dem geöffneten Fenster jenes Raumes, der Wohnstube und Küche zugleich ist, ihr Gatte − gequetscht mit dem wollenen Pullover ans Blumenbrett − hinaus über ein paar sehr zweckmäßig produzierte und marode Häusermauern bis zu einem bahnenden Mähdrescher. Im Hintergrund der Wohnung bietet sich ein Stück des Bettes und die Toilettentüre mit verzinktem Griff. Schwärzlich brodelnder Rauch wandert an dem Schauenden vorbei, als er sich plötzlich geradestellt und mit halb zurückgewandtem Kopf meldet: „Olga, da naht er sich wieder." Seine Frau lässt den Pfannenwender liegen und gafft: „Verdutzend, nicht? Eigentlich sieht er nett und harmlos aus." „Weg −!" Scheinheilig verzieht der Mann das Gesicht zu einem grüßenden Lächeln, nebenhinlispelnd: „Nun hat er uns schon gesehen. − Olga!" „Die Hackbällchen brennen an", stellt sie zustimmend fest und huscht schwerfällig an den Herd zurück.

Ihr Mann drückt die Scheibe zu, litzt den Hebel um und begibt sich auf den Stuhl zu der Zeitung, die gleichsam eingenickt auf der Holzplatte liegt. „Was tischt sich uns heute denn auf?" „Na Hackbällchen." „Ah, schau hier, in Danzig hat die Polizei männliche wie weibliche Demonstranten niedergeprügelt. Zwei davon waren nackt. Wie immer das Fleisch mit eingedosten Tomaten?" „Ja, wie immer." „Geht er jetzt die Treppe hoch?", sieht er seine in Schürze gekleidete Frau fragend an und lässt zwischenrein die Worte purzeln: „Soll man dir beim Herbeitragen nicht helfen? Jetzt hat die Wohnungstür über uns gebätschelt." „Danke, aber es trudelt schon an", stellt sie zwei Teller auf den Tisch und bringt hinterher das Besteck, selber sich niederhockend: „Guten Appetit!" „… Guten Appetit", wünscht verzögert mit einem Ohr zur Zimmerdecke gesogen auch ihr Mann und isst, bald schmatzt er; „sehr gut sogar."

„Ja, ich hasse meine Mitmenschen!"

Angesichts der von oben drohenden Stimme gefriert ihm scheinbar der Kloß in der Backentasche. „Hat er gerade gesagt, er hasse seine Mitmenschen?" Stumm nickt seine Gattin mit Messer und Gabel in den erhobenen Händen, während er weiter meint: „Gerade vorhin, als ich noch am Fenster stand —"

„Alle Leute verstellen sich."

Indem er die halbzerkaute Masse in die andere Backentasche wälzt, versucht sich ihr Mann in Beschwichtigungen: „Das will nichts heißen, Olga, nicht? Vielleicht telefoniert er?" „Ja, Pjotr, vielleicht telefoniert er." „Genau, er telefoniert vielleicht nur", setzen die Geräusche seiner gefüllten Mundhöhle sich fort, bis er stutzt: „Mit wem kann man so von null auf hundert in Form solcher Polemiken schwatzen?" Seine bejahrte Partnerin sinniert dröge vor sich hin: „Womöglich ist er Student." „Du meinst, er ereifert sich über die Akademiker? Ja, warum nicht? Hört man nicht tagtäglich Debatten darüber, dass der Professor soundso einer Studentin zu tief in den Busen geschaut hat? Und nachher wird vermuscheltuschelt. Deswegen hat unser Nachbar möglicherweise auch gesagt: ‚Alle Leute verstellen sich.'" „Ja, möglich ist's."

„Ich hab mich ein einziges Mal meiner selbst geschämt", erklärt die Stimme mit Nachdruck; „Unschuld? … Mein Stolz geht nur mich etwas an."

„Das ist sogar mit Sicherheit möglich", kommentiert der Hackbällchenfrönende; „die Fleischeslust eines Eifersüchtigen, wie mutmaßlich auch er einer ist, hat an ihrem Thema schließlich hart zu beißen." Behutsam entgegnet seine Frau: „Würde man das aber in diesem Tonfall am Telefon eingestehen?"

„Ich bin nicht gemütvoll genug für so läppische Bedenken."

„Ich schon; ich meine, ich würde so nicht rumposaunen", rührt ihr Mann quer durch die Soße, hirnend: „Aber wie sollte man solche Töne denn sonst deuten?" „Vielleicht sieht er fern?" „Fern? Ein Triller", zieht mit unkorrekter Aussprache der Ruheständler durchaus in Erwägung. Doch lässt seine Angetraute zweifelnd ihre Gabel ein Stückchen zurück in den Teller flatschen. „Um diese Uhrzeit?" „Hab ich von dir nicht mal gehört, ,wenn sich inmitten einer gewissen Freizügigkeit die Sender um fünfzig vermehren, dann dividieren sich die guten Sitten ungefähr um dieselbe Zahl'?" „Ja, aber bloß weil ich selber in etwa diesen Satz mal irgendwo gehört hab." „Dann ist er lediglich umso wahrer. Lass uns doch mal recherchieren", knüllt er in der Zeitung herum, „was gerade durch die Satelliten gejagt wird … Hier", schwenkt er ebendiese halbwegs in den Teller seiner Frau, die wie anbetrachts eines Kryptogrammes buchstabiert: „Miss-i-on ich weiß nicht." „Selbstverständlich nicht", mampft er, „aber hier steht glasklar: Agentenfilm."

„Alle Leute verstellen sich. Gut lügen, darauf kommt es an."

„Na, das ist doch kombiniert! Welcher Agent muss die Kunst der Verstellung nicht wiederholt bewahren?", spießt er noch einen Kloß auf. Die Gegenübersitzende schluckt: „Haben wir diesen Satz mit dem Lügen nicht schon gestern oder vorgestern sagen hören?" „Sag ich doch." „Ich wollte sagen: warum sollte sich ein Sender oder der Zuschauer bei diesem Überangebot wiederholt dasselbe antun, und nicht einmal was anderes?" „Du zerkrisselst mir noch den Verstand!", tritt der Mann mit dem Fuß unterm Tisch auf und verfällt in unbefriedigtes Schweigen. Irgendwann erklärt sie: „Dann räume ich ab? Es wartet noch Kompott", und greift mit nicht unknorpeligen Fingern die Teller. „Heute wie gestern und morgen wie heute", rechnet der Hockengebliebene in der Zwischenzeit dies Motto nach, „das ist nicht nur bis zur Unbequemlichkeit bequem, sondern auch so wahrscheinlich, dass es tatsächlich in diesem Fall anders betrachtet schon wieder unwahrscheinlich ist. Wieder mit Weißbrot vom Vortag?" „Wie?", dreht sich die grau Duttgeschmückte mitten im Raum zu ihm um, doch ordnet sie im selben Moment der Frage ihren Sinn zu: „Das Kompott wie immer mit Weißbrot, aber ja."

„An dem Tag", heddert die Stimme daraufhin, „an dem wir beschließen, keine Rücksicht auf […] zu nehmen, sind wir die Herren der Welt."

„Hat er ‚Rentner‘ gesagt? Hat er gesagt: ‚An dem Tag, an dem wir beschließen, keine Rücksicht auf Rentner zu nehmen, sind wir die Herren der Welt‘?" „Ich glaube", nimmt nach dem Herbeibringen der Schälchen sie wieder Platz, „ich habe ‚Kinder‘ gehört." „Kinder? Kinder sind doch absurd." „Warum sollte er sich an Rentnern stören?" „Warum an Kindern?" „Oder war es eben doch der Fernsehapparat, der glaubte, dass er uns Menschen hasst? Jedenfalls iss lieber, Pjotr!" „Papperlapapp", löffelt ihr Mann donnernd die obstige Masse; „könnte es nicht sein, dass irgendwelche Hausmitbewohner ihm übel mitgespielt haben?" „Dir dräut, er schwört Rache wegen jemandem?" „Du kennst doch die Familie unter uns: Abrackern kann der Vater sich zwar, dass der Anblick 'ne wahre Freude ist; gleichwohl glotzt er immer so blöd." „Aber das ist doch kein Grund, ihn gleich niedermachen zu wollen. Und wenn wir daran Schuld haben?" „Was können wir denn dafür, wenn der wie ein Schafbock malocht?" „Wenn wir" − weist die Frau richtigstellend nach oben − „versehentlich der Grund für seine Bitternis sind?" „Doch nicht deswegen, weil ich ihn damals im Hausgang gestreift habe? Ich wollte mich sogar noch entschuldigen −"

„Aber ich habe beschlossen, so zu tun, als merkte ich es nicht. Mein Stolz geht nur mich etwas an."

Der Aufgewühlte klagt: „Dann aber hat er Unrecht, dass sein Stolz nur ihn etwas angeht. Dann schenken wir ihm zwei Flaschen Wein, obwohl … er überreagiert doch! Und weswegen überhaupt ‚wir‘?"

„Wer?“ „Na, er hat doch geprotzt: ‚An dem Tag, an dem *wir* beschließen‘ und so weiter.“ „Über dieses Wort habe ich auch schon
gerätselt“, zerbröckelt seine Partnerin das Brot und erntet von ihm
einen ungläubigen Blick.

„Würde eine einzige Bombe genügen, um dieses Haus in die Luft
zu sprengen?“

Hustend – „Olga“ – spritzt ein Rest Brei ihm zurück in das Schälchen: „Bring doch zum Stillen für mich den Korianderschnaps her.“
Nickend räumt sie das Geschirr ab, um es vorerst in der Spüle zu
kentern. Während er wie ein zerwehter Pappkarton am Tisch weilt,
knarzt sie die Schranktür auf und schüttet aus einer angebrochenen
Flasche in ein stumpf wiederspiegelndes Gläschen. Ohne sich selber
noch mal zu setzen, klackt sie es feste vor ihn hin. „Hosanna, das
Schnäpslein“, hebt er selbiges und fragt: „Das mit der Bombe und
so hast du doch auch gehört, oder?“, unmittelbar bevor er's den Rachen hinunterleert; „brennt wie der Deibel, ah!“ Kneifend äugt er
auf den Rücken seiner Frau, die wie im Zeitraffer schon mehr als
den halben Abwasch erledigt hat. „Gehört“, guckt sie zurück, „habe
ich wohl nichts anderes als wir zwei.“ „Sprich?“ „Vielleicht sollten
wir erst mal unser Mittagsschläfchen halten. Vielleicht löst dann sich
alles auf in Luft.“ „Vielleicht fliegt dann alles in die Luft?! Hast du
gesagt, dann –“ „– *löst* sich alles auf“, beschwichtigt die Haushalten-
de und heißt ihren Gatten: „Schlurp doch schon nach hinten. Ich
folge dir.“

Nachdem er mit den Händen sich vom Tisch hochgestemmt hat,
um aus dem Raum zu wanken, und sie ihm hinterher, flattert frei am
eisernen Bettpfosten ein Kleidungsstück vorüber. Dann sind ein
zwiefaches Plumpsen und Quietschen zu hören.

„Nichts ist verboten, was unserer Sache dienen kann.“

„Könnte nicht auch die Möglichkeit bestehen“, so leise der Alte,
„dass er eine Rede einübt, könnte das nicht sein?“ „Versuch doch zu

schnarchen.“ „Eben deswegen hat er möglicherweise auch von ‚uns‘ geredet, und von ‚wir‘?“ Doch die Antwort, die er fürs erste erhält, lautet:

„Der ganzen Menschheit werden wir es aufzwingen.“

„Unmöglich ist's nicht“, antwortet darauf seine Frau. „Gewiss“, zündet er aufs neue, „gewiss nicht, ja ‚aufzwingen‘ – wenn das nicht den Schluss gestattet, dass er einer radikalen Partei angehört!“ „Dann haben zumindest alle diese Ausbrüche nichts mit uns persönlich zu tun. Kannst du denn nicht schlafen?“

„Ja, ich hasse meine Mitmenschen!“

„Wie soll man bittesehr da schlafen können? ‚Dann hat das alles zumindest nichts mit uns persönlich zu tun‘“, äfft er seine Gefährtin nach, worauf sie geduldig vorschlägt: „Und wenn du dich mal zum Klopfen hochbequemst und ihn fragst, ob er nicht zu einer anderen Zeit seine Deklamationen halten könne?“ „Bist du wohl wahnsinnig? Bei dem Verrückten!“ Es quietscht und scharrt. Daraufhin lässt sie die Frage vernehmen: „Was unternimmst du denn?“ „Wonach hört es sich an? Wie du siehst, stehe ich wieder auf“, meckert er; „was machst denn du jetzt?“ „Wenn's so ist, stehe ich eben mit dir auf“, rüttelt es abermals doppelt, „und mache schon den Kaffee.“

Nachdem neuerlich ein oder mehrere Textilstücke am Bettpfosten vorbeigekreiselt sind, kehren die zwei in den Küchen- und Wohnraum zurück. Während sie beige-graue Tassen zum Aufbrühen herausstellt, lümmelt er sich im Sessel nieder und glimmt einen Stumpen an. Paffend quillen seine Äuglein argwöhnisch zu Schlitzen zusammen.

„Ich werde nicht aufhören zu sagen, dass der Terror nichts für zarte Gemüter ist.“

„Nun schlürf auch“, heischt seine Frau, die neben ihm sitzend den Kaffee hingestellt hat, und er reißt die Lider auseinander: Schwebend über der Tasse spitzen sich dabei seine Lippen. „Überleg doch:

‚Bombe', ‚unsere Sache', ‚der ganzen Menschheit aufzwingen', und schließlich: ‚Terror.' Zu was für einer Art von Mensch passen solche Worte?" „Zu einem Sozialrevolutionär, befürchtest du?" „Du sagst es: zu einem Sozialrevolutionär." „Aber Pjotr, der Kommunismus muss doch nicht mehr mit Gewalt eingeführt werden, sondern ist längst zusammengebrochen, und heutzutage wird frei gewählt." „Was heißt da frei gewählt, wenn neben irgendwelchen Parteinamen ein Kästchen durchgekreuzt wird? Außerdem hat der Sozial- oder Kommunismus nicht unbedingt mit Sozialem zu tun, und reveluzzen kann man immer und gegen alles. Sogar gegen die Freiheit. – Gottverdammich", hat der Unwirsche die heiße schwarze Brühe auf das Tischtuch und sich selber verschüttet, „Olga, nun schau dir die Sauerei an!" Unbeholfen zerrt er an seiner Hose, als sie geltend macht: „Los, verding dich schon in das Badezimmer. Ich kümmere mich hierum."

„Dann werden andere kommen, und ich grüße sie als meine Brüder."

Grimassierend, als wolle er lachen und müsse weinen, verschwindet er in der Tür. Mit einem Lappen beginnt die Bedächtige das Malheur sauberzumachen. Bevor sie kopfschüttelnd dabei seinen lodernden Stumpen ausdrückt, ertönt wiederholt:

„Aber fromm. Aber fromm."

Langsam kommt ihr Mann, der den Fleck auf seiner Hose scheinbar durch Verreiben noch vergrößert hat, zurück aus dem Badezimmer. „Hast du das", lässt er sich zerfahren zu der Asche in den Sessel sacken, „hast du das mitgekriegt?"

„Denn wir sind Mörder und sind es freiwillig."

Wie eine schmutzige Fahne wedelt in der Hand seiner Gattin der Lappen, den sie zurückbringt, während sie betroffen ein stimmloses Ja erwidert. Laut herrscht's hintendrein:

„Wer wirft die erste Bombe?"

„J-jetzt weiß ich", stellt er heraus, „ich kenne die Identität von ihm jetzt: Er ist islamistischer Terrorist." „Ich glaube es auch schon. Dann aber", wringt sie den Telefonhörer ihm in die Hand, „musst du die Polizei anrufen." „Ich? Weswegen ich?" „Hab ich die Hosen an?" „Dann wähle schon!", befiehlt er.

Wiederum gehorchend leckt er sich die spröden Lippen, nachdem seine Frau sich erneut gesetzt hat, und krächzt in den Hörer: „Guten Tag, ja, beziehungsweise schlechten Tag, da will jemand über uns alles in die Luft jagen … Weil er seit einer Ewigkeit, oder zumindest einer halben, das gesamte Haus zusammenbrüllt … Mit Parolen wie beispielsweise: ‚Wir werden die ganze Menschheit anlügen', oder: ‚Alle Rentner müssen zerbombt werden.' … Das möcht ich in der Tat extrem nennen", sucht er eine Bestätigung in den Gesichtsfalten seiner Frau und gibt die Adresse durch, „… dann rasen Sie gleich los? … Selbstverständlich, ja", legt er auf, dem fragenden Augenpaar wiedergebend: „Er hat gesagt, es tütet gleich jemand vorbei, um die Lage zu prüfen; wir sollen uns ruhig verhalten." „Warten wir also", nippt sie von ihrem Kaffee. Und alleine die Stubenuhr spricht noch.

Bis der Horchende gleichsam im Schreck, als wäre er am Eindösen gewesen, den Kopf hebt: „Hat es nun aufgehört? Hat er *nun* aufgehört zu reden?" Kurz darauf klingelt es. „Die Blaumänner!"

Mürbe wieselt er in die Diele, um den Türöffner für unten zu drücken. Seine Frau stellt sich in seinen Rücken. Endlich hämmert es gegen das Holz und er entriegelt das Schloss. Zwei Polizisten präsentieren ihre Erscheinung, um nach dem Begrüßen festzustellen: „Sie haben eine Ruhestörung gemeldet?" „Das darf man wohl behaupten", brüstet er sich mit tattriger Stimme; „nicht, Olga? Der Mieter über uns johlt sintflutgemahnend, dass er sich eines mörderischen Gemüts erfreue, dessen Schuld noch auf uns alle überlaufe." „Gut", sagt einer der Polizisten, seinem Kollegen einen Blick zuwerfend, „dann werden wir mal hochgehen und der Sache uns annehmen."

Während die beiden Rentner bei der offenen Wohnungstür stehenbleiben, hallen auf der Treppe feste Schritte, gefolgt von einem neuen Klopfen. „Ja?", lässt sich ein zarter Gruß vernehmen, und die Stimme des einen Beamten erwidert: „Bei uns ist eine Meldung gegen Sie eingegangen. Sie halten diskriminierende Reden?" „Ich übe das Bühnenstück DIE GERECHTEN von Albert Camus ein. Ich bin Theaterschauspieler."

„Da hörst du es, Pjotr. Ein noch größeres Theater machst aber wirklich nur du."

Eine kleine Frauenorgie

Beim Genfer See versammelte sich nach den Osterfastentagen 2015 in einem kleinen tiefgelegenen Saal eine männliche Zuhörerschaft vor einer blonden Frau mit Pagenhaarschnitt. Geschmückt in eine hellblaue Robe, so freimütig wie ein Vormittagshimmel, saß sie inmitten dunkelgefärbten Marmorwänden zehn Stühlen gegenüber, von denen allerdings nur neun besetzt waren. Das einzige Gemälde an einer davon bildete eine Flora Tristán ab, die irgendwie Marie-Antoinette zum Verwechseln ähnlich sah. Ohne festen Schluss legte die Vornesitzende ihre Beine übereinander und hob mit marzipaniger Stimme an zu reden:

„Guten Abend, Gentlemen. Die meisten von Ihnen kennen mich bereits oder wissen, dass ich Camille heiße und wie ich mich anfühle. Heute darf und will ich Ihnen aber von dem Ereignis erzählen, das sich vorgestern hier abgespielt hat. Genau in diesem Leerraum, den Sie zwischen Ihnen und mir sehen, befand sich ein üppig gedeckter Tisch. Wir waren vier Frauen, und neben ihrem Teller mit Glas hatte jede einen silbernen Dildo stehen. Außer vor der Tür weilte im übrigen auch in der Raumesecke ein Wachmann, der allerdings sein Eingreifen über die gesamte Zeitstrecke hinweg als unnötig erkennen musste; nur einmal lieferte ein Tumult zwischen uns ihm beinahe einen Grund dazu. Alle in unserer kleinen Runde zählten zwischen 30 und 40 Jahren, ein Alter, in dem eine Frau endlich aufhört, ihre Zeit mit Dingen zu verschwenden, die ihr nur womöglich oder angeblich Lust bereiten. Alle müssen wir als beneidenswert gelten, und alle haben wir in unserem Leben versagt, geirrt und gelitten. Damit Ihr eine genauere Vorstellung bekommt, will ich versuchen, meine Geschlechtsgenossinnen mit einigen farbigen Worten kurz zu porträtieren. – Neben mir saß in einer tiefausgeschnittenen schwarzen Tunika mit schwarzglimmendem und zu einem derben Knoten gebundenem Haar, das sie während dem Essen löste, Swetla, auf deren hellem schweren Busen ein Brillantenkollier ins Auge stach. Ganz in Rot verströmte eine Armeslänge vor ihr die brünette Vanessa einen weichen seidigen Duft, ebenjene, die wie die folgende Person ihr Trauma überwunden hat, da vor einigen Jahren bei einer Orgie in einer Straßburger Villa doch ein bettelarmer Kanake eingebrochen war und ein Blutbad angerichtet hatte. Daneben, also mir gegenüber endlich lauerte mit gleichsam aus Feuer gesprossenem Haar und einem rahmig weißen knappen Kleid, angebräunt aus einem Urlaub in der Südsee zurückgekehrt, Mariette, die werte Gattin unseres Herrn Ministers" – wies Camille mit halboffener Hand auf einen Mann in der Zuhörerschaft –, „die einem so gerne das Fleisch von den Knochen leckt." Gequält, uneindeutig und stolz lächelte er: „Man kennt sie, nicht?" „Ich selber trug ebendieses Tuch, das gerade noch rechtzeitig aus der Reinigung wiedergekommen ist", fingerte sie an einer Falte aus dem Handgelenk und erklärte: „Weil jede von uns die eine verführerischer als die andere fand, mochten wir uns alle nicht ausstehen. Wir alle waren von der eitlen Sehnsucht beherrscht, uns gegenseitig so sehr in den Schmutz zu ziehen, wie es dem Fühlen unsereiner bis in diese modernen Tage hinein eigentlich nicht zugestanden wird. Dass eine Frau mit schwerem Bauch sich grundsätzlich nicht gerne nackt rekelt, gehörte also mit zur Kalkulation unseres nächtlichen Programms. Bevor wir uns aber schamlos vollstopften und tranken, hielt ich die folgende bescheidene Tischrede:

,Meine reizenden Damen und Schlampen' – gleich an dieser Stelle drohte mir ein Widerspruch, doch ließ ich Meinesgleichen mit großem Selbstbewusstsein nicht zu Wort kommen –, ,wir haben uns hier von Angesicht zu Angesicht versammelt, um ein progressives Denken, das heißt eine progressive Sexualität zu zelebrieren, und zwar ohne jede Rücksicht auf etwaige Kleingeistereien, die in uns selber noch pöbeln. Denn die Liebe, das ist leider eine veraltete Idee, für die es keinen Platz mehr gibt. Was ist die Liebe? Sofern sie nicht sinnliches Begehren sein will, müssen wir sehr unklar und unbefriedigend sie eine Verschmelzung der Seelen nennen. Haben wir aber nicht alle schon einmal die Enttäuschung erlebt, dass sich der Mensch überhaupt nicht lieben lässt? Und selbst wenn dies nicht zutrifft, so bleibt doch die Tatsache, dass in dieser Welt, in der Augenblick und Augenblick einander scheuchen bis in den Tod, die Annahme einer konstanten echten Liebe ein Widerspruch ist. Erneuern oder wiederbeleben lässt dieselbe sich aber schwer. Ganz anders die Lust: Unermüdlich wechseln sich Bedürfnis und Befriedigung ab. Ja zweifellos, wie schnell ist der letzte Tag gekommen! Ist es da nicht klüger, in Saus und Braus zu leben, als sein Dasein mit Gutmütigkeiten und lästigen Pflichten zu verschwenden? Wer mit Reichtum begnadet ist, der soll nicht seine Perlen vor die Säue werfen; jeder empfindet für sich. Demgemäß will ich eure Geduld nicht ewig auf die Probe stellen und lese nur der Form halber nochmals kurz unsere Bestimmungen vor:

Paragraph 1) Jede Frau ist zu einer freien Sexualität und der Verantwortung aufgerufen, so viel Alkohol zu konsumieren, wie der Ausübung ihrer Pflicht nicht undienlich wird. An Luxusspeisen muss sie allerdings mindestens drei Portionen zu sich nehmen.

Paragraph 2) Jede hat das Recht, sich selber zu bevorzugen.

Paragraph 3) Schläge in das Gesicht, die Nieren, Eierstöcke und die Vagina sind tabu. Ebenso ist der Gebrauch von spitzen oder scharfen Gegenständen zum Zwecke der Befriedigung verboten.

Paragraph 4) Wer einen Orgasmus erlangt, muss – selbst wenn diejenige alle ihre Illusionen dahinschwinden sieht – am aktiven Erwerben der Lust weiter bis zum Ende der Nacht teilnehmen oder solange, wie sie keinen vollständigen K. o. erleidet. Das Vortäuschen dergleichen aber ist strafbar', und so weiter.

‚Die Wissenschaft hat Mann wie Frau endgültig den Platz eines dominanten Tieres zugewiesen. Also benehmen wir uns gefälligst tierisch und beschwören wir die Glückshormone!',[14] hob ich mein Glas und wir begannen zu schlemmen. Es gab Bataviasalat mit exklusiven saudischen Tomaten an Safran-Vinaigrette, gleichzeitig Roastbeef mit gefüllten Steinpilzen, Süßkartoffeln zu mariniertem Truthahn und Zanderfilet mit zerlassener Butter auf Mandelreis, aber auch eine Kirsch-Mandarinentorte, dazu Likörkaffee, ein bisschen Calvados und natürlich verschwenderische Mengen von Champagner. Irrigerweise wurden übrigens auch Suppenlöffel auf unseren Tisch gelegt. Wir häuften auf unsere Teller. Vanessa, die sich ein bisschen blockiert zeigte durch die Angst, sie könnte die angestopfte Oberschicht von ihren Rippen nicht termingerecht wieder herunterhungern, musste ständig von uns überwacht und zu ihrem Genuss gezwungen werden. Im übrigen waren unsere Kehlen für einen Dialog zu voll. Doch stoppten wir uns, bevor es uns den Atem abwürgte. Wir hingen unsere Kleidung sodann über die Stuhllehnen, warfen die Schuhe von den Füßen und setzten uns wieder, um die Unterschenkel so auf den Tisch zu legen, dass sie teilweise sich kreuzten, während jede entschieden zu ihrem Dildo griff. Mariette lutschte ihren erst an, was Vanessa ihr gleichtat, dafür schien Swetla schon ebenso feucht zu sein wie ich. Ein- und auspulpend versetzte ich mein Fötzchen in ein zauberhaftes Timbre. Der bloße Gedanke, ich könnte dabei dem Stau in meiner Blase einfach nachgeben, löste bereits eine fiebrige Erregung in mir aus. Und bevor ich mich noch entschieden hatte, ob ich mich als die leidenschaftliche kleine Pisserin zu erkennen geben sollte, die ich bin, sah ich es in Schwällen aus mir spritzen, was mir orgasmische Zuckungen bescherte: alles und alle waren geduscht. Ungläubige Blicke mit offenstehenden Mündern trafen mich wohl, aber Swetla (die leider am wenigsten abbekommen hatte) war entzückt. ‚Hast du noch mehr oder sind damit alle deine Vorräte ge-plündert? – Dann schenke doch jeder von uns aus deiner Quelle nach!' Denn die Pisse einer Frau, die wir schön finden oder gar ver-göttern, ist niemals nur Pisse. Und so füllte ich unsere Gläser noch-mals, indem ich mein weißgoldenes Öl exportierte. Ich selber schlürf-te selbstverständlich mit. Offen gestanden fühlte ich mich nachträg-lich aber von Mariette beleidigt, da sie nur ein paar Mal davon ge-nippt hat. Seien wir nicht zu genau! In der Mehrheit votierten wir anschließend dafür, auf Händen und Knien am Boden eine Kolonne zu bilden. Vornean war Mariette, hinten Swetla, und in der Mitte weilte mit Vanessa ich. So steckte ich denn mein Näslein in ihren Po und leckte ihren klebrigen roten Mohn aus. Auf das Gerechtigkeits-empfinden von Swetla hin änderten wir die Kompilation erst noch, bevor wir das nächste Vergnügen abarbeiteten. Dies bestand darin, dass wir mit einer Kardätsche eben ihren Intimbereich, der im Un-terschied zu meinem keinesfalls blank war, nachstriegelten. Gerade wollte ich irgendwohin durch den Raum spazieren, da umfasste mich ein Arm von hinten – mir schwante, dass Mariette es war –, und voller Brunst wurde mir ein idyllisches Püppchen in den Mund ge-zwungen. ‚Knutsche, vergewaltige sie!' Heißkalt fühlte ich ihr Herz in meinem Rücken schlagen. Außerdem befahl mir Mariette, mich vornüber zu beugen, und schob mir mit abgefeimter Langsamkeit zehn zu einem steifen Röllchen geschnürte 100-Euro-Scheine in den Arsch. Bei aller Geschäftigkeit vergaß ich dasselbe übrigens, bis mich spät am nächsten Morgen der Druck all der teils verdauten Nahrungs-mittel daran erinnert hat. Fleißig näherte sich Vanessa unterdessen mit dem silbernen Spielzeug bewaffnet unserer mit offenen Schenkeln dasitzenden osteuropäischen Madame. Voller Stolz bestaunte Swet-la, wie sich der Dildo schraubend in ihre Möse und ihre Möse schrau-bend in den Dildo schob. Bis sie in einem Höhepunkt aufkeuchend ihren Kopf nach hinten warf und kurz darauf die Gute an deren brü-nettem Genick zu sich zog, um verklärt ihre noch fettfunkelnden

Lippen zu küssen. Als hätte ihr dieses Flanschieren besonders gemundet, wollte Vanessa auch mit mir ihre Zunge zärtlich im Tango kreisen lassen. Plötzlich musste sie aber aufstoßen und dabei schwappte ihr ein bisschen Kotze mit hoch, wodurch mir wiederum so schlecht wurde, dass ich mich aus vollem Hals auf den Busen von Swetla erbrach. Indem ich mir die Fäden vom Kinn wischte, wollte ich heiser eine Entschuldigung murmeln. Doch hob sie mit gesenkten Wimpern schlicht ihre schlickerige Knospe an, um sie nicht undankbar zu ihrem Mund zu recken. Obgleich sich in der Folge wie automatisch meine Libido auf sie richtete, observierte ich mit einem Seitenblick, wie sich nunmehr Mariette dem Gefühlsleben von Vanessa annahm. Mit unwiderlegbarer Präzision wurde letztere auf einer Turnmatte gefingert. ‚Ja, ja, ja, mehr …‘, klappten Vanessas Beine im Krampf wie die Blätter einer Venusfalle zusammen, nur dass hier sie das Opfer war, ‚… nicht mehr, nein, nein, nein, aufhören!‘ ‚Camille! Swetla!‘, rief Mariette, ‚hier ist verdammt noch mal eure Hilfe gefragt‘, und wir stürmten herbei, um solidarisch die sich Wehrende fest- und aufzuzwängen. Mehr als zehn Minuten lang wurde ihr empfindlicher Knopf von der rothaarigen Gorgonin durchgerieben, bevor es endlich zu sehr auch an unseren eigenen Kräften bohrte. Völlig verglitscht und eingerollt ließen wir sie neben der Matte liegen. Mariette, deren Scharte nun ebenfalls wie eine offene Wunde gloste, platzierte ihren Hintern zwischen den Tellern und fletschte mich an, auf ihre Brüste zu schlagen, während Swetla sie mit dem kalten Stiel einer Gabel kitzeln sollte. ‚Fester‘, giftete sie, ‚züchtig und ziemt mich fester‘, obwohl ich mit der flachen Hand abwechselnd von oben peitschte, dass gleichsam rechts und links zwei Glühbirnen durchzubrennen drohten. Schwelgend in Bissigkeit und Hohn beugte ich mich nah an ihr Gesicht: ‚Dein Gewissen meint also, dass du eine schlechte Behandlung verdient hast? Los, Swetla‘ (selbige kauerte vor der Tischkante), ‚stichle und strafe sie durch totalen Genuss!‘ ‚Ja, straft meinen Genuss, straft endlich … endlich, ja-ahhh!‘, verseligte sich ihr zorni-

222

ges Antlitz in Befreiung von ihrem augenscheinlich leidigen Selbst. Doch sobald ihr Taumel abgeklungen war, kehrte es nur desto ärger zurück. Vielleicht konnte sie uns und sich selber in einem Gefühl des Angewidertseins es nicht verzeihen, dass man sie – wie der Marquis de Sade sich ausdrückt – ‚in diesem Zustand der Schwäche gesehen hat‘, jedenfalls demolierte sie wild Geschirr, fluchte und ging auf uns los. Dank Vanessa, die wieder unerwartet auf den Beinen stand, gelang es uns, Mariette mit ihren Händen nach hinten an der Säule hier zu fesseln, worüber hinaus wir einen schwarzen Tunikagürtel um ihre nett geschwollenen Brüste schnürten. Im Abseits stehend durfte unsere Mit-Exhibitionistin zuschauen. Vanessa perlten ihre abkühlenden, schwülen Säfte bis zur Wade hinab. Und als wären die Löffelchen eigens dafür hingelegt worden, schlug Swetla vor, ‚die Knusprige, die zu ihrer Schmach verlegen wirkt, abzusuden und zu vernaschen‘, indem wir ihre Körperbahnen mit ebendiesen abfuhren. Wie eine Tinktur steckten wir's gleichzeitig in den Mund. (Hinter allem ‚Mmh‘, wie es die Höflichkeit begehrt, war sie unter uns gesagt für meinen Geschmack doch versalzen.) Irgendwann später flötete Mariette von drübenher: ‚Ihr wollt doch nicht mehr lange euer Gemüt dadurch beengen, dass ihr die Sanktionen an mir nicht aufhebt?‘ Das geile Eisspeerglänzen in ihren Augen war zurückgekehrt, und infolgedessen auch ihr Wunsch, uns warm verwendet zu wissen, also banden wir sie los. Sofort hakte sie mir ihre Finger in die Muschi. Nichtsdestoweniger wand ich mich vor ihr auf die Knie, und während Vanessa sowohl als auch Swetla mir je eine lange weiße Kerze brachten, hob Mariette bereitwillig ein Bein ablegend auf meine Schulter. So weit, wie ihre Klitsche nach wie vor gedriftet stand, deichselte ich unter ihrem Wonnestöhnen mit Leichtigkeit die zwei unangezündeten in sie hinein …" Ihre unzensierte Schilderung dauerte noch 39 Minuten, bevor sie schloss: „Jede lag mit ausgelutschten Gliedmaßen woanders im gestern Früh riechenden Saal. Benebelt und müde hockte ich selber mit breitgestellten Beinen an der Wand.

Ich bekam mit Schmerzen zu spüren, dass mein durchgesifftes Geschlecht mir von unserer Mutter Natur nicht unbedingt zu diesem exzessiven Gebrauch geschenkt worden ist, und obwohl ein dauerhafter Schaden an meinem Lustmaschinchen mich in den Selbstmord treiben würde, konnte ich nicht widerstehen, meine Überreizung dafür zu nutzen, mich noch einmal in das Land der Seligen wegzublasen. Insgesamt hatte ich, Camille, also zwei Orgasmen erkämpft, einen als Erste und einen als Letzte. Vanessa und Mariette zerschmauchten beide jeweils in einem. Swetla wurde zwar in drei oder vier gestürzt, aber sehr kurze, auf welche hin sie nach meinem Urteil sich zweifelhaft schnell erholte. Mit zu dem geschlossenen Vertrag gehörte auch die Vereinbarung, dass sich keine von uns nach dem Ereignis waschen durfte, sondern süßlich beschmiert, bespeichelt und nicht ohne pissbestäubte Haarsträhnen sich zurück in ihre Luxusgarderobe schlängelte, um mit einem öffentlichen Verkehrsmittel ihrer Wahl in ihr Apartment zurückzufahren. Ich für meinen Teil habe selbstverständlich die U-Bahn genommen." Sahnig ließ die Erzählerin hierauf den Beifall der Männer an sich heruntergleiten. Beim Sich-Erheben sagte einer von ihnen zu allen und niemandem: „Bevor ich nach Hause komme, muss ich erst noch was zur Enthärtung unternehmen." Persönlich geleitete Camille die Männer zum Ausgang und drückte dem Minister die Hand: „Grüßen Sie von mir schön Mariette." „Ich werde es versuchen. Auf bald!"

Als sie in ihrer himmelblauen Robe die Tür geschlossen hatte, sagte sie im Dunkel schließlich und endlich zu sich: „Wenn auch Teile davon wahr sind, so muss es ja noch lange nicht das Ganze sein."

Die Widerkehr der Katalina

Gebiete Einhalt Deiner
vernichtenden Flucht! Du versuchst
den Hunger des Zweifels in Dir
am Dasein zu sättigen. Doch das Echo
hallt nur in der Leere.
nach Sören Kierkegaard

Ich* bin besessen. Die Geister meiner Pubertät verfolgen auch noch die erwachsene Frau überallhin, mir schlängelt die Disharmonie um die Gurgel. Meine Cousine, Isadora, hat mich zu einem Café in die Innenstadt abgeholt. Ich wohne im Außenring. Hier habe ich eine Buchte, groß genug eigentlich für zwei Kanickel, ergattern und mit günstigen Möbeln schmücken können. Die Küche befindet sich direkt neben dem Bad. Eine ganze Stunde lang habe ich hin- und herüberlegt, was ich am besten anziehen soll – wie unnötig!

Isadora trug eine blassblaue Dreiviertelhose zu Schnürstiefeletten mit einem taillierten Jäckchen über einem roten Langarmshirt plus luftigem Schal. Zwei silbergoldene Tropfen umsteckten ihr klares

---

* Die hier erscheinenden Tagebuchnotizen wurden von einem Paar gefunden, das 2001 in eine leerstehende Wohnung in Nürnberg zog. Offenbar beginnen sie irgendwann 1999 in Norddeutschland und setzen sich in Intervallen über einen Zeitraum von 9 oder 10 Monaten fort. Bei der mittlerweile gefundenen Verfasserin handelt es sich um eine nervenkranke Frau, die – ohne dass sie mit ihren Aufzeichnungen nochmals in Berührung kommen möchte – ihr Ja für eine Herausgabe mitgeteilt hat. Zum Schutz der Personen wurden gewisse Namen, aber auch Ortsbezeichnungen weggelassen oder abgeändert. Ansonsten erfolgt die Veröffentlichung im Faksimile. (Anmerkung des Herausgebers)

225

Gesicht. Darüber hinaus strahlt ein noch unspanischeres Blond als früher aus ihrem Haar. Ihre Stimme ist allerdings dieselbe, die ich in Erinnerung habe, und alle ihre Bewegungen verraten gerade so viel Unsicherheit, dass ich mich ordentlich mies neben ihr fühle. Von Beruf ist sie übrigens Fremdenführerin.[15]

Auf deutsch sagte sie zu mir: „Hi, Katalina! Gut siehst du aus!" Eine Million „Catalinas" gibt es, aber bei dem Buchstaben „K" rümpft das spanische Alphabet die Nase. In Wahrheit hätte mich meine Cousine nicht mal wiedererkannt. Sie fragte: „Wie geht es dir so?" Und während ich überlegte, was ich bestellen sollte, antwortete ich irgend etwas, was noch bequemer als unsere Stühle war. Die säuselnde Kellnerin war eine Ziege. Isadora kannte sie und bestellte einen Cappuccino. Hätte ich nur einen Tee getrunken, so hätte das gewiss einen schlechten Eindruck gemacht, und ein Sahnegetränk, das traute ich mir nicht zu. Wiederum hatte ich mir vorgenommen, keinesfalls dasselbe zu nehmen wie Isadora. Also haspelte ich: „Einen Kakao mit Magermilch und Chilipulver." * Ihre Mutter, behauptete meine Cousine, freue sich außerordentlich, dass ich hierhergezogen sei, und möchte mich gerne wiedersehen. Wie ich wisse, halte auch sie selber sich von ihrer spanischen Familie fern, bedaure aber über die Maßen den Tod meines Onkels, der mir in meinem Leben so sehr geholfen hätte. (Isadora hat ihn ja gar nie kennengelernt, meine ich?) Das Café war alles andere als leer und ich habe mich an meiner Tasse festgehalten. Wissen die etwa, wie …? Ich will es überhaupt nicht wissen, nein. Stattdessen fragte ich: „Und was macht dein kleiner Bruder so?" Er mache für seinen Diplomirgendetwas einen halbjährigen Auslandsaufenthalt. „Die Strandpromenade hier in der Stadt", sagte sie übergangslos, „ist bereits in den Märzwochen sehr schön, am Neuen Bahnhof hat ein supergroßes Einkaufszentrum er-

---

* Der im Original vor dem nächsten stehende Satz – hier eben nicht abgedruckt – wurde von der Verfasserin unleserlich durchgestrichen.

öffnet und an der Volkshochschule werden zurzeit Kunstkurse für Anfänger, aber auch für Fortgeschrittene angeboten. Wo das Arbeitsamt ist, das weißt du ja bereits." Ich habe irgendeine patzige Bemerkung gemacht und daraufhin ist sie zusammengezuckt.[*] Zwei, drei Augenblicke später rührte sie ganz selbstbewusst in ihrer Tasse. Sie lächelte: „Im Club XY, an dem wir vorbeigekommen sind, lassen sich recht nette Männer kennenlernen." Ich fragte sie trinkend, ob sie eigentlich einen Freund habe, und sie antwortete: „Ich probiere gerade aus. Hättest du übrigens Lust, am Wochenende ins Kino zu gehen? Zwei Freundinnen von mir würden mitkommen." Ich sagte ja, obwohl mich schon die Art und Weise anwiderte, wie die Probiererin ihren Löffel in ihren Mund nahm und ganz säuberlich ableckte. Zu meinem großen Erstaunen konnte auch ich selber in meiner Tasse nur noch einen braunen Rest erkennen. Kurz nachdem wir bezahlt hatten, sagte ich danke zu meiner Cousine und „dass ich alleine mit der Straßenbahn nach Hause fahre".

Ich war frustriert, ohne zu wissen, warum. Hundertmal habe ich in der Straßenbahn unter den Leuten zu mir gesagt, dass es nutzlos wäre, wenn ich mich mit Lebensmitteln übervollfresse, und hundertmal habe ich wie ein Grundbass diese wollüstige Wut in mir gehört, dass ich es zuhause eben doch tun würde! Ich stürmte zum Kühlschrank, riss die Schubladen auf ... spürte, wie sich das Durcheinander in mir anmengte, berauschte mich an der Gewissheit, dass der Brechreiz in mir aufstieg, und stürzte zur Kloschüssel, um mir einmal mehr die Seele aus dem Leib zu kotzen. Danach habe ich mich weniger besser als vielmehr als Versager gefühlt.

Unwillig rückte ich meine Kleidung, mein Haar zurecht, putzte die Zähne und habe nochmals mit einem Abdeckstift nachgebes-

---

[*] Dieser Satz steht über den folgenden zwei geschriebenen, die durchgestrichen wurden: ‚Was sollte die Bemerkung? Will die etwa sticheln, wie viel wertvoller sie sei?'

sert. Schließlich bin ich auch schon ohne Pickel hässlich genug? Ich habe nämlich später eine Kontaktanzeige (mit einem Foto) aufgegeben. Ich schrieb:

Sie, 29 J., 1.65 m, 55 kg [ich habe mich 2 bis 3 kg leichter gemacht] mit südlicher Würze, liebebedürftig wie auch versaut, sucht interessanten Mann für gemeinsame Stunden. Geld und Beruf spielen keine Rolle.[*]

Vielleicht wird ja doch noch alles gut.

Ich bin vor zwei Tagen mit den Schlunzen im Kino gewesen. Und davor hatte ich auch noch das Pech, meiner Tante zu begegnen: Ich war in der Ludwig-Feuerbach-Straße joggen – sicher dachte sie, die vulgäre Kuh da kenne ich doch –, als es schon zu spät war, sich in die Schatten davonzustehlen. Sie winkte mir zur:

„Katalina", und da bin ich ihr eben mit einem scheinheiligen Lächeln entgegengegangen. Isadora hat wahrhaftig recht: Ihre Mutter hat nicht den geringsten Geschmack; an ihrer Schulter hat sie eine viel zu große Handtasche wie aus Krokodilleder baumeln gehabt. Mit beinahe denselben unglaubwürdigen Freundlichkeiten wie ihre Tochter hat sie das Gespräch begonnen. Und gleich im nächsten Atemzug schwallte sie, dass sie just beim Juwelier gewesen sei, um für ihren Mann eine Quarzuhr reparieren zu lassen. Ihr Mann, wie ich mich erinnere, ist oder war Fluglehrer für Hubschrauber. Sie selbst ist Arzthelferin. Ohne dass ich ihr in die Augen sehen konnte, fragte sie mich, wie es mir in der Stadt gefalle, und ich habe „gut" gesagt (das war nur eine halbe Lüge, da ich mich keineswegs eingelebt habe). Plötzlich fand ich mich aber in einem wirklich beschissenen Gespräch wieder, denn sie meinte, sie hätte erst kürzlich in der Praxis

---

[*] Es folgt die Adresse.

ein Mädchen kennengelernt, dessen Vater graus* und wollte mir irgendwelche Nahrungsergänzungen aufschwatzen. Sie selber nehme sie sogar ein. Womöglich hat sie aber gemerkt, dass meine Beine schlabberten, denn ohne weiter in mich zu dringen, sagte sie: „Du bist ja gerade dabei, das Beste für deine Gesundheit zu tun." Also habe ich ihr noch einen schönen Tag gewünscht (wie lächerlich!), um so schnell wie möglich weitere hundert Kalorien und hunderttausend Sorgen abzuhetzen. Bloß deshalb, weil ich es alleine nicht ausgehalten hätte, habe ich es darauffolgend ausgehalten, mich mit den anderen vorm Filmpalast zu treffen.

Die erste Freundin heißt Vassilia. Wie sie mir zwar nicht selber sagte, dafür jedoch die anderen zwei, ist sie Kosmetikerin von Beruf, genauer gesagt: sogar Leiterin von einem Kosmetikstudio. Ich kann das Alter von Menschen nicht gut schätzen, würde aber sagen, dass sie nicht älter als vier-, fünf- oder sechsundzwanzig Jahre ist. Sie ist nicht ganz so groß wie meine Cousine, aber größer als ich, brünett und sieht irgendwie so aus, als hätte sie russische Vorfahren. Mir fiel gleich ihre Jeans auf, denn im Verhältnis zu Beine und Po war sie auf eine fast reizende Weise flachbrüstig. Seit sie in einer längeren Partnerschaft lebt, sei sie ein bisschen merkwürdig geworden, hat mir meine Cousine ganz unerwartet anvertraut.

Die zweite Freundin stellte sich mir als Anne vor. Sie arbeitet wohl in der Logistik der Deutschen Post. (Wahnhaft kam mir meine hinausgesendete Kontaktanzeige in den Sinn.) Sie hat einen geschorenen Emanzenschnitt, ist aber kleiner als ich und ziemlich schlank. Umso neidischer tarierten meine Augen ihren Busen in ihrem blauen Kleid. Gut möglich, dass sie schon Mitte dreißig ist. Ich fühlte mich in ihrer Gegenwart noch unruhiger als in der von Vassilia. Wie ich erfahren habe, ist sie ungebunden und hatte eine Fehlgeburt.

---

* An dieser Stelle wurde ein ganze Seite aus dem Tagebuch herausgerissen.

Alle drei hatten übrigens Ballerinas an, und das alleine genügte schon, damit ich mich grottenschlecht fühlte. Nachdem ich mir bereits im Café meine Cousine unter irgendeinem Mann liegend vorgestellt hatte, musste ich dasselbe nun bei ihren Freundinnen tun. * Im selben Moment fragten sie mich, was ich denn beruflich mache, und da habe ich gesagt: „Ich bin Kauffrau, habe aber noch keine Stelle in der Stadt gefunden." Kurz darauf sind wir hineingegangen.

Wir haben 10 DINGE, DIE ICH AN DIR HASSE geschaut. Plötzlich befiel mich eine unerträgliche Gier nach Zucker und Fett. Um mich weniger schämen zu müssen, habe ich mich dadurch verarscht, den anderen zeigen zu wollen, dass Essen die problemloseste Sache der Welt für mich sei, und habe mir eine große Tüte Chips, Gummibärchen sowie eine Sprite gekauft, während sich die anderen bloß eine kleine Tüte Popcorn inklusive Eistee holten. Im halbvollen Saal habe ich mich anschließend an den äußeren Rand neben meine Cousine gesetzt. Ich hörte Anne oder Vassilia lachen und habe mich gefragt, ob nicht ich den Grund dafür abgab. Wie hätten die nämlich eine Rolle auch nur spaßig und nicht dröge finden können, die für mich selber bereits zu schön war? Schon nach 30 Minuten hatte ich alles in mich hineingefressen: Ruhig und gelassen entschuldigte ich mich auf die Toilette. Ich bin über den Korridor gerannt und förmlich ins Damenklo gefallen, das zu meinem guten Glück leer war. Dort habe ich mir den Finger in den Hals gesteckt, dass es mich würgte, in einer Welle schwappte sogleich durch meinen sich krümmenden Körper das Essen nach oben und spritzte als säuerliche Kotze aus meinem Mund heraus. Ich spülte ihn kurz mit Wasser durch, vermied es aber, geradeaus in den Spiegel zu schauen, und habe einen Wrigley's Spermint gekaut. Dann bin ich zurück in den Saal gegangen und habe wieder Normalität gespielt. Wie war es aber

---

* Der folgende unvollständige Satz wurde mehrfach durchgestrichen: ‚Für eine Sekunde, da habe ich mir auch alle drei Weiber mit ihren feuchten F‘

nur möglich, dass ich die ganze Mitte des Films versäumt habe? Aus den Augenwinkeln habe ich verwirrt die anderen angeschaut: Merken die etwa nichts? Oder tun die einfach nur so? Und hat Isadora eigentlich nicht mit ihrer Mutter gesprochen, nachdem sie mit mir gesprochen hat? Obwohl es sicherlich das Hilfreichste war, dass die dreien jetzt ruhig blieben, fühlte ich schon wieder einen so unmäßigen Zorn in mir, dass ich am liebsten eine riesige Packu* Zu guter Letzt haben sie mich vorm Kino stehend gefragt, ob ich in zwei Wochen nicht mit an die Strandparty kommen möchte, und da habe ich eben geantwortet: „Ja, warum nicht? Es hat mir gefallen heute." Dann ging ich nach Hause und heulte mich in den Schlaf.

Ich wog heute Morgen vorm Schlafengehen, nackt, lediglich 53 kg. Die Strandparty sehe ich nur noch wie eine Spiegelung in gebrochenem trübem Glas. Ich habe versucht, mich mit Vassilia und Isadora in dieser Menge von Menschen treiben zu lassen, die in der langsam hinabrutschenden Sonne mit Getränken dastanden. Einige wenige tanzten. Lieder wie GOD IS A DJ dröhnten von einem Truck herab. Eine kleine Gruppe sitzender Leute winkte uns zu, erhob sich und kam zu uns herüber. Darunter befand sich auch Anne. Ihre Haare waren nach hinten geföht, da sie zuvor Wasserski gefahren war. Isadora hat sich unverzüglich mit einem Mann in Shorts und Flip Flops über Beachvolleyball unterhalten. Nicht einer der Menschen hier brauchte doch zwei Blicke, um zu erkennen, dass die beiden sich auch ohne das Geplänkel leiden wollten. Ich selber bin in die Nähe eines Mannes getrudelt, den die anderen Benni hießen, und nun frage ich mich, ob das alles nicht ein abgekartetes Spiel war, um mir einen blauäugigen Ritter zu bescheren? Möglicherweise war er einen Kopf größer als ich, möglicherweise aber auch ein bisschen weniger. Ich

---

* An dieser Stelle bricht der Satz unvermittelt ab.

trage schon lange keine hohen Hacken mehr. Jedenfalls, er wirkte sogar neben der aktuellen Katalina auffallend schlank, und seine eher langen Haare hatten eine Farbe, die mich fast an Waldhonig erinnerte. Er „interviewte" mich mit den herkömmlichen Fragen: Woher kommst du? Wer bist du? Wo gehst du hin? Und ich kann nicht einmal behaupten, dass er mir auf irgendeine spezielle Weise unangenehm war. Wie er mir später an diesem Abend erzählt hat, betreibt er in seiner Freizeit Taekwondo. Das spricht mich an. Seltsam fand ich nur, dass er irgendwie als Jurist bei einer Krankenversicherung beschäftigt sei, und noch seltsamer fand ich seine Antwort, als ich das alles mit sinkender Hemmschwelle auch gesagt habe; er sagte: „Was soll man machen." Dann hat er mich gefragt, ob er mir noch einen ausgeben dürfe. Ich habe ihn aber leider nicht verstanden. Die Musik war einfach zu laut. Er war der Meinung, dass sie zu allem hin miserabel sei, und ich habe wahrscheinlich lächelnd zugestimmt. Dann ist er kurz weggegangen und mit zwei Gläsern in den Händen wiedergekommen, einem großen und einem viel weniger großen, das für meine Person bestimmt war. Ich habe einen kleinen Schluck genommen und fast entsetzt gefragt, ob er einen halben Liter Bacardy-Orange trinke? Da hat er etwas schüchtern den Kopf geschüttelt und mir erklärt, dass er einfach nur Orangensaft habe: Er sei Abstinenzler. Aus Unsicherheit habe ich nach dem einen Glas ein nächstes in mich hinuntergeschüttet. Vassilia, die es nicht unähnlich handhabe, hat mit einem „Ja klar" den Shortsträger von ihrer Wodka-Cola probieren lassen. Sobald er aber sein Balzverhalten drüben wieder aufgenommen hat, ist der noch verbleibende Inhalt in den Sand hineingeflossen und mit ziemlich gezierten Schritten hat sie gleich darauf sich eine neue geholt. Wie in einem falsch abgespulten Film nahm sie auf einem Mäuerchen Platz. „Wenn ich richtig besäuselt bin, verliere ich wie durch ein Wunder jeglichen Ekel", hat sie vor sich hingesüffelt. Aus diesem Grund schleppe ihr Freund sie öfters in eine

Bar. Zuhause müsse sie sich dann ausgezogen auf das Fensterbrett setzen. Albern kicherte sie, dass er beispielsweise von ihr verlange: „Mach die Beine jetzt so und so", und schlürfe sie mit seiner Zunge aus. Irgendwie fühle sie da sich erhaben, wenn er so vor ihr kniee. In der Zwischenzeit stehe er auf, sage zu ihr „Mach doch mal ‚ah'!" und spucke ihr ganz köstlich in den Mund, lachte sie auf ihr Knie gebeugt. Ich hörte ihr halb neugierig, halb mit Verachtung zu, umso mehr, als sie keine Antwort zu erwarten schien. Gedankenverloren nippte sie an ihrem Glas. „Was ist Unrechtes daran, wenn es uns eine Art von Spaß macht?" Andererseits fühle sie sich ehrlich gesprochen gedemütigt. Irgendwie komme sie sich dabei so vor, als würde er sie überhaupt nicht lieben, als sei sie überhaupt nur ein Stück Fleisch für ihn, begann sie zu heulen. Später am Abend ist Anne, die ich weiß nicht wo war, mit so 'ner aufgetakelten Göre näher gekommen und Vassilia hat sich abrupt am Riemen gerissen. Benni hat sich mit dem Postblondinchen über irgend etwas unterhalten, dessen Inhalt an mir vorbeigesaust ist, da ich von einer unverschämten witzlosen Eifersucht ergriffen wurde.

Ich habe nämlich drei Antwortschreiben auf meine Kontaktanzeige bekommen. Wenn sie die jetzt in ihren manikürten Griffeln hatte? Wenn ich jetzt eben im Verdacht stehe, peinlich, nichtsnutzig und liederlich zu sein? Obwohl wirklich das logistische Büro doch nichts mit der Briefausgabe zu tun haben dürfte? Einer dieser Männer hat mir tatsächlich auch ein Foto von sich mitgeschickt, ich konnte aus seinen ernsten Gesichtszügen aber so wenig schlau werden, als hätte er Strippoker mit mir spielen wollen. Ein anderer schrieb mir Zeug wie: „Bist du rasiert?", was mich regelrecht angekotzt hat. Den dritten habe ich angerufen, schnell den Hörer wieder aufgelegt, mir fest in die Fingerknöchel hineingebissen und noch mal angerufen. Er nahm ab. Seine Stimme klang ein bisschen rau, aber gelassen. Wir haben uns beim alten Grafittihaus, Samstagnachmittag, 15 Uhr, verabredet. (Das war ebenfalls gestern.) Ich habe mich ordentlich zurechtgemacht, ohne mich in meiner Haut aber auch nur ein Fünkchen besser zu fühlen, ganz im Gegenteil. Sowie ich aus der Straßenbahn ausgestiegen und die restliche Strecke zu Fuß gegangen bin, musste ich mindestens zwanzigmal den Deoroller aus meiner Handtasche holen, dermaßen kochte der Zweifel in mir. Unter vier, fünf, sechs anblühenden Bäumen sah ich einen grauweißen Opel stehen. Ein nachlässig mit einem Hemd bekleideter Mann ist ausgestiegen. Instinktiv haben meine Füße genau dort haltgemacht, wo ich war, oder ich habe vielleicht bloß geschlenkert. Er grüßte mich dahingegen, als wären wir alte Bekannte: „Hallo, Katalina", sagte er, und später: „Möchtest du dich vielleicht zu mir ins Auto setzen?" Und ich dachte: Riskier's! Drinnen hat er was auch immer von einer Plastikfirma erzählt und davon, dass tausend dieser Frauen, die er in Wahrheit nicht mal geschenkt haben möchte, sich im Kerzenschein nach oben geschlafen hätten. Schon verliert sich meine Hand in seiner aufgemachten Hose. Ich genieße das belebende Gefühl, als würde dieses Fleisch, indem es unter meinen wiegenden Bewegungen wächst, endlich, endlich mir gehören, und beuge mich hinüber, um das Dingens wie eine Zuckerstange in meiner Mundhöhle einzuschließen. Zu meinem Erstaunen öffnen sich meine Beine, während er mit seinen Fingern quer in meine Bluse greift. Ich verliere mich in einer ungeheuerlichen Emulsion, als das Gewicht meiner Brüste geschaukelt wird und gleichzeitig meine nasse Zunge mit seiner geschwollenen Eichel verschmilzt; in Zeitlupe fahre ich auf und ab. Unverhältnismäßig stark gefällt mir auch, ihn stöhnen und keuchen zu hören, wie „schön" ich doch sei und so weiter. Aus fiesem Misstrauen heraus, er könnte meine Narbe erspüren oder etwa mehr wollen, melke ich jedoch schneller. Obgleich oder gerade weil seine Hand auf meinem Kopf mich von der einen Sekunde auf die andere mehr verärgert, sauge ich dermaßen gründlich die Männlichkeit aus seinem harten Freund, dass nicht ein einziges Tröpfchen auf seine Hose kommt. Wie Schmelz überzieht das Sperma meine Zähne, während roter Lippenstift auf seinem sich wieder zusammenziehenden dicken Wurm hinterbleibt. Tatsächlich hat er zu allem hin „danke" gesagt. Diese gesamte romantisch-erotische Psychologie einer Frau Anaïs Nin war von Anfang an nichts anderes als einen Scheißdreck wert: Wir sind alle verdorben-verschüchterte Kinder geblieben!

Aus diesem Grund, weil ich seit 11 Uhr nichts mehr gegessen hatte, um in meinen Augen möglichst sexy zu sein, hatte ich bereits um Mitternacht (oder sogar noch früher) einen Filmriss. Als ich in der Morgenröte wieder zu mir gekommen bin, waren zwar einige Leute noch anwesend; Anne, Isadora und Vassilia waren jedoch weg. Einzig und alleine Benni war noch da. Mit perligem Sand in meinem Gesicht ließ ich mich von ihm nach Hause begleiten, ratlos, weswegen er das nur tut. Vor der Tür hat er mir auch noch seine Telefonnummer gegeben, und ich habe ein schnelles „Danke, ade" geäußert.

Nichts von alledem würde aber geschehen, wenn nicht mein Onkel gewesen, wenn ich jetzt mausetot wäre! War es mein Unterbewusstsein, das mich einst mit 16 Jahren auf der Flucht von zu Hause bis hin nach Gibraltar trieb, diesen Zipfel da unten, an dem ich schön regelmäßig mit meinen Eltern die Ferien zu verbringen hatte? Mein Onkel, der eine kleine Kunsthandlung in dem Ort besaß, war der einzige der Familie, der nicht in Deutschland geblieben ist. Zu dieser Zeit, als er mich unter der Bedingung aufnahm, eine Ausbildung bei ihm zu machen, habe ich die Hochlandschaft der Geborgenheit geahnt. Mein Vater wollte kommen, um mich zu holen, und mein Onkel jagte ihn davon, und mein Vater wusste, warum er selber besser keine Anzeige erstattete. Der nicht mehr existierende Joan Miró nahm mich währenddessen gefangen, und meine Essstörungen vergilbten. Bis meine eingebildete Freiheit mich zu den Männern getrieben hat. In Donner und Blitz peitschte mein Onkel mich zwar möglichst sanft durch die Ausbildung … aber um welchen Preis? In der Psychiatrie bin ich gelandet. Ich kam aus dem Loch wieder heraus. Er stellte mich daraufhin fest ein. Ich lernte schließlich einen jungen Künstler kennen. Ich landete aufs neue in der Psychiatrie. Und kurzweg an einem schönen Wochenende ist meine Titte in einem Messer explodiert. Aus irgendeinem Grund befand ich mich dann in Barcelona. Und als ich meinen Onkel wiedersehen wollte, da war er an Prostatakrebs gestorben. Schuld an alledem trage einzig und alleine ich!

Ich habe mir vor zwei oder drei Stunden eine Thunfischpizza mit Peperoni und Käse gemacht, sie aber nach den ersten Bissen ohne jeglichen Genuss hinuntergeschlungen und gleich wieder nach oben traktiert. Ursprünglich bin ich mit Isadora zum Shopping verabredet gewesen. Nach diesem Unfall, da war mir aber jede Lust vergangen. Obwohl ich wusste, dass ich bedingungslos weiterfressen würde, wenn ich alleine bliebe, tippte ich in dieses gallefarbene Nokia-Handy ein: Hallo … ich habe Kopfschmerzen, tut mir leid usw. blah blah blah. Jetzt fühlte ich mich elendig genug, um die ganzen Schubladen aufzureißen und völlig wahllos Balisto, Mars, Toblerone, ganz egal, Giotto, Milka, alles Verneinenswerte in mich reinzustopfen. Mein Bauch dehnte sich quälend aus, ich glaube, ich erlitt einen Zuckerschock, ich spuckte alles quer über den Toilettenrand, spülte nicht einmal und taumelte wie eine andere Person zurück. Kauernd packte ich letzten Endes in der prall hereinscheinenden Sonne mit vollgeschmiertem Gesicht unzählige Amicelli aus, begriff einfach nicht, was um alles in der Welt dieser Jemand da tat, der diesen furchtbar cremig-säuerlichen Geschmack an seinem Gaumen kleben hatte, und schüttelte mich ein weiteres Mal gerade wie einen Mülleimer, aus dem man die Reste zu kratzen versucht. Mit so verrußter Magengrube spürte ich nicht mal mehr die Kraft, die Schweinerei sauber-zumachen; ich dachte nur noch an diese blitzefarbige Leichtlebigkeit der anderen, die ich so ungeheuerlich verabscheue! Und habe später die ganze Wohnung geschrubbt wie noch nie.

Jetzt frage ich mich: War das alles eine Folge von Montag? Monat für Monat gehe ich zum Arbeitsamt, lasse mir die Stellen heraussu-chen, die für jemanden wie mich in Frage kommen, und krickle Be-werbungen. Wie habe ich mir da nur ein Vorstellungsgespräch ein-brocken können! Eine Firma, die Toner produziert … Ich bin ge-waschen und gebürstet, aber in normalen Klamotten hingegangen. Schrecklich aufgeregt habe ich die Doppeltüre eines Betonklotzes aufgedrückt. Schnösel gingen ein und aus. Zu einer geschäftig rum-sitzenden Frau mit geradezu ausgezupften Augenbrauen sagte ich, dass ich zu einem Vorstellungsgespräch eingeladen sei, und sie hat mich einen Korridor entlang gewiesen. Wozu machte und mache ich mir eigentlich Sorgen, wenn mich sowieso niemand leiden kann? Es war ein Kinderspiel, einen definitiv schlechteren Eindruck als jener lächelnde Bursche zu hinterlassen, der aus dem Büro kam, vor dem ich gerade eine Viertelstunde auf einem Plastikstuhl zu warten hatte. Ein vielleicht fünfunddreißigjähriger Mann mit Krawatte und am Kinn entlangrasiertem Bart hat mich hereingebeten. Im Inneren reich-te mir eine zweite Person, eine reifere Frau im Hosenanzug, deren Haare wie mit Korken von Rotweinflaschen gedreht aussahen, ihre Hand. Gleichstimmig hießen sie mich, ihnen gegenüber am Schreib-tisch Platz zu nehmen, auf dem ein flimmernder Computer stand. Während die Frau übermäßig quer die Beine übereinandergeschlagen hatte, spannten sie die Pfeile auf den Bogen des Gesprächs. „In Ihrer Bewerbung haben Sie geschrieben, dass Sie Ihre Ausbildung in Spa-nien gemacht hätten. Ist Ihre Familie von dort?" „Ja, aber leider wurde ich selber in Deutschland geboren." „Können Sie fließend Spanisch sprechen?" „Auf jeden Fall fließender als Englisch." „Gemäß Ihrem Empfehlungsschreiben haben Sie insbesondere sich in der Korrespondenz bewährt?" „Den direkten Kontakt zu Menschen mag ich eben nicht." „Aber Farben und Gestaltung mögen Sie?" „Wenn sie nicht mit giftigen Gasen verbunden sind …" „Danke, Sie hören in den nächsten Tagen auf dem Postweg von uns." Oder so. Erstaunt über meine eigene Kühnheit habe ich das Gebäude verlassen. Habe ich aber dadurch, dass ich verloren habe, auch wirklich gewonnen? Daheim legte ich ohne jede Rücksichtnahme auf die Nachbarn Musik ein und sang laut mit:

> I wanna have control,
> I want a perfect body,
> I want a perfect soul.
> But I'm a creep …!

Nach diesem Rauskrakeelen kam erst mal die Frage in mir auf: Sollte ich Benjamin anrufen? Sollte oder sollte ich nicht? Dass ich den Mann, den ich im Auto befriedigt habe, noch einmal treffen würde, da hatte ich schon währenddessen jede Hoffnung in den Wind geschlagen. Also ging ich zwanzigmal auf und ab, habe schließlich den Hörer gegriffen und angerufen. „Hallo, hier ist Katalina, du weißt doch …" Aber er sagte sofort: „Hallo, Katalina! Ich habe schon beinahe geglaubt, du würdest dich gar nicht mehr melden." „Warum sollte ich mich denn nicht mehr melden, wo du schließlich so nett warst, mich nach meinem" – schnell suchte ich nach einem kaschierenden Wort – „Nickerchen nach Hause zu bringen?" Wir unterhielten uns anschließend über Isadora, Vassilia und Anne, die nie irgend etwas anderes als Freundinnen für ihn waren, über die geplante Fortsetzung von DAS SCHWEIGEN DER LÄMMER, aber auch über die vielen Halbbrüder und Halbschwestern, die er hat, sowie über seinen Vater. „Alles, was ich von ihm weiß, ist einzig das, dass er an Leberzirrhose gestorben ist, und zwar noch bevor ich geboren war. Und so versuche ich permanent eine Vergangenheit zu vergessen, die ich nicht einmal erlebt habe." Ich verabredete mich spontan zum Essen mit ihm.

Von der Kotzerei ist mein Gesicht allerdings so aufgequollen, als wäre es ein Pfannkuchen. Ich wiege über 57 kg und werde jetzt noch joggen.

Ich wollte vorgestern meine fransig abgeschnittene Jeans ausprobieren, die ich über meine Schenkel und den Arsch zwar noch gekriegt habe, aber der zum Reißen gespannte Knopf warnte mich deutlich, wie schlachtreif ich geworden sei: Drei- oder vier- oder fünfmal stand ich auf der Waage vorvorgestern, und zwischenzeitlich zeigte sie volle 60 kg an. Kotzen, ich dachte nur noch, schöpfe schnell die Kotze mitsamt der ganzen Kacke aus dem Boot! Am Tag darauf wollte ich nämlich ein zweites Mal mit Benjamin ausgehen – zu einem Motorcrosswettbewerb, an dem Vassilia teilnahm.[*] Gerade das sollte aber mal ein Grund gewesen sein, das Hirn einzuschalten und *nicht* zu kotzen! Ich stand bereits mit zwei in den Mund gesteckten Fingern im Badezimmer, wusste nicht mehr, ob ich Mann oder Weib war, als mir mein Gefühl ganz deutlich sagte, mich ablenken zu müssen. Also – bastelte ich: Hastig habe ich irgendwelchen Verpackungsmüll mit ranzigem Kürbiskernöl zu einem Gesicht zusammengeklebt, habe nett mit Erdbeerkonfitüre ein Paar Lippen draufgesetzt, mit Zwiebelstücken eine Nase und mit der altbewährten Butter dann die Backen. Im Weiß der Toilettenschüssel habe ich schließlich noch mit Tomatenketchup die Augen draufgekleckst und es – schwupp! – im Nirgendwo verschwinden lassen. Nichtsdestoweniger habe ich mit quälenden Sorgen, abgelehnt zu werden, dem Ereignis entgegengesehen.

Benjamin hat geklingelt und unten vorm Haus, wohin ich lief, auf mich gewartet. Ich habe ihn gefragt: „Kann ich denn so gehen?", und

---

[*] Der folgende Ausrufesatz wurde durchgekreuzt: ‚Wie albern und idiotisch!'

zeigte von meinem ärmellosen Shirt über meine langen Hosen auf meine Sandaletten. Er hat mir geantwortet: „Warum denn nicht? Du siehst doch fabelhaft aus, und deine Haare, die leuchten wie frischgegossener Ton." Verspotten wollte er mich wohl nicht – trotzdem, wie hätte ich ihm das glauben sollen? Auf dem Weg zu dieser holprig-kurvigen Bahn habe ich ihn gefragt: „Wie kommt Vassilia eigentlich auf eine Idee wie diese, Motorcross zu fahren?" „Durch meinen Kumpel, ihren Freund." „Aha", habe ich ein bisschen blöd zurückgegeben. Die Anlage war von Menschen regelrecht geflutet. Benjamin sagte mehrmals zu mir: „Da ist wieder Vassilia – siehst du sie?" Unmöglich, habe ich bei mir gedacht, dass auf diesem Motorrad, das so durch die Runden springt, jene kleine Kosmetikerin hockt, die noch am Strand besoffen darüber geheult hat, wie sie mit ihren lustig auseinandergespreizten Beinen auf dem Fensterbrett sitzend so locker sich präsentieren muss oder will. Selbstverständlich habe ich es aber geglaubt. Mehr noch, als ich neben ihm dort stand, hätte ich mich ums Haar zufrieden und irgendwie aufgehoben gefühlt. Insgeheim, da weiß ich aber genau: In dem Moment, in dem ich anfangen würde, mich zu freuen, wäre ich ein Teil dieser Welt … wovon abgesehen ich ja nicht das geringste Recht dazu habe! Sobald ich mich freue, bekomme ich es nämlich mit der doppelten und dreifachen Menge an Schmerzen zurückgezahlt. Nein, deshalb ist es besser, immer nur unglücklich zu sein. Das Rennen war unversehens entschieden, diejenige, die Vassilia war, kam zu uns herüber, oder wir sind vielleicht gleichzeitig zu ihr hinübergegangen, das Braun wallte unter ihrem spitzen Helm hervor, und Benjamin sagte: „Toll, wie du das Ding geritten hast!"[*]

Zurückgehend zum Auto fragte ich ihn, ob er nicht Lust habe, noch zu mir nach Hause zu kommen, und ich brauchte ihn nur ein-

---

[*] Der nächste Satz wurde gestrichen: ‚Da ist mit einem Schlag der Hass in mir wieder aufgeglüht.'

mal zu bitten. Ich weiß nicht, ob meine Wohnung ihm wirklich gefiel, aber er äußerte den Satz: „Wenn ich aus meinem Fenster blicke, habe ich überall nur Wände vor mir." Tja, ich bin eine abgrundtief schlechte Verführerin: Ich fasse ihm einfach von hinten an die Eier. Er ist scheinbar nicht einmal sonderlich überrascht, denn er lässt mich massieren, bis seine Hose sich auszubeulen beginnt. Dann dreht er sich um. Ich beuge mich auf die Knie und ziehe mit einer einzigen Bewegung seine Hose wie auch die Unterwäsche herab: Ein bereits ziemlich langes, aber eher schlankes Gerät springt mir waagrecht entgegen. Ich sauge es an der Eichel unter leichten Drehbewegungen völlig steif. Mit unerwarteter Gier sucht er den Saum meines T-Shirts – ich nehme die Hände, die ich bisher auf meinen Knien liegen hatte, in die Höh – und zieht es mir über den Kopf. Eingeknickt in der Körpermitte begutachtet er mit den Händen meine Brüste, ihre Flächen reizen meine Nippel. (Einen BH hatte ich deshalb keinen an, weil mir keiner mehr passte; erst ab heute verschmilzt wieder spürbar Fett in meinen Beuteln.) Kräftig greife ich mit den Händen an seine Hinterbacken und -schenkel, ziehe ihn nach vorn, drücke mir den Schwanz in die Kehle, bis mir Tränen in die Augen schießen. Keuchend bittet er mich, ob wir nicht rüber zum Bett gehen können. Ich gebe seinem Wunsch nach: Beim Ausziehen spucke ich mir ganz unauffällig auf die Finger, um mich besser feucht zu machen; aber ich fürchte, er hat es gesehen. Als wäre es überhaupt nicht meine, sondern die Fotze von Vassilia oder ich weiß nicht wem, beobachte ich, wie er nach und nach sich eine Schneise bricht. Bis sein invasierender Schwanz dunkel und verborgen meinen Bauch umgräbt … Erst wie sein Körper zuckt, wie aller Vorsicht zum Trotz das Sperma aus mir heraus auf das Laken sickert, ist der Faden meines Denkens wieder ganz. Ich bin aufgestanden, um hinter der Badezimmertür zu verschwinden, und habe im Wohnraum die einsamen Kleidungsstücke gesehen. Schließlich kam mir in den Sinn, dass ich Benjamin wenigstens einen Apfelsaft anbieten könnte oder so.

Bei unserer ersten Verabredung besuchten wir ein arabisches Restaurant. Dort habe ich ein „Manakish" bestellt, unwissend, dass darin Oliven enthalten sind. Obgleich ich allesamt an den Tellerrand gekugelt habe, fühlte ich sofort und endlos gegen meinen Willen den Brechreiz in mir aufsteigen. Diese Scheißdinger erinnern mich an den Schweißgeruch meines Vaters, wenn er auf mir lag: Von meinem 12. bis 15. Lebensjahr hat er mich (das müsst ihr nämlich wissen, aber wissen, das darf es eben niemand) beschmutzt und geschändet! Die Katalina, die ich davor einmal war, gibt es nicht mehr; mein altes Ich liegt im Sumpf begraben. Heute, so wurde mir gesagt, leide er unter Rückenschmerzen wegen seinem Beruf als Steinmetz. Ich hoffe, die Frucht seiner Arbeiten, das Werk seiner Hände wird ihn erschlagen und dann kommt er in dem dreckigen Loch * Oder ist dies alles, was geschieht und geschah, nichts als eine Strafe dafür, dass ich als Tochter irgendwie versagt habe? Wozu noch mehr über das alles schreiben? Offensichtlich finde ich mich im Dickicht meines Lebens nicht mehr zurecht. Mir ist, als müsste ich die Hauptrolle in einem Albtraum spielen.

∞

Ich bin eine Beziehung mit Benjamin eingegangen. Er wohnt jetzt bei mir, und auf einmal sehe ich schlanker aus. Warum, das bleibt mir allerdings ein Rätsel. Er hätte es doch gar nicht nötig gehabt, seine Wohnung in der Innenstadt für so jemanden wie mich aufzugeben. Nicht nur, dass er für uns die gesamte Miete bezahlt, er hat auch einen Fernseher und ein neues Bett angeschafft, da er von synthetischen Materialien aufgrund einer Kreuzallergie wohl Hautausschlag bekommt.**

---

* Der Satz bricht unvermittelt ab.
** Offenbar irrt die Verfasserin sich: Gerade zu Kunstfasern wird Allergikern geraten, da sie meist empfindlich auf Naturerzeugnisse reagieren.

Die Firma, bei der ich zu einem Vorstellungsgespräch eingeladen war, hat mir selbstverständlich eine Absage erteilt. Damit jedoch Benjamin (oder Anne oder sonst irgendwer) den Brief nicht zu sehen bekommt, habe ich ihn auf der Stelle zerrissen. Das war ein dummer, blöder Fehler, da ich mich später vielleicht noch rechtfertigen muss.

An Wochentagen steht Benjamin für gewöhnlich um 6:30 Uhr auf. Aber ich bleibe einfach noch 'ne Weile liegen. Erst gegen so 17 Uhr kommt er dann wieder nach Hause. Ich habe keine Ahnung, was er bei der Krankenversicherung macht, und ich will ihn auch nicht danach fragen. Bis um 18 Uhr bin ich nämlich ein regelrechter * zu ihm, weil ich mich so nichtsnutzig fühle! Dabei ist er auch noch so gutmütig … Er kocht für uns beide Hühnchen mit Reis, Süßkartoffeln oder Nudeln und Gemüse beispielsweise. Das heikle Problem ist und bleibt eben: meine Bulimie zu verheimlichen. Und umso heikler sieht es für mich aus, als er selber zunehmen möchte. Vor seinem Einzug habe ich meine Waage weggeworfen, und was macht er nun? Jeden Tag stellt er sich zweimal auf seine, die er mitgebracht hat. (Wie ein überdimensionaler Bazillus blickt sie kauernd neben der Kloschüssel mich an.) Warum ist er eigentlich nicht froh darüber, so schlank zu sein? Zweimal in der Woche geht er mit seinem Kumpel, Kai, zu dieser Taekwondosache, das ist scheinbar der Grund, wenigstens teilweise.

Am Donnerstag vor einer Woche war selbiger hier und wir haben zu dritt das BLAIR WITCH PROJECT angeschaut. (Ein außergewöhnlich dämlicher Film – ich verstehe nicht, was die beiden daran fanden.) Kai ist nicht gerade klein, jedenfalls ist er größer als Benjamin, und ohne allen Zweifel ist er ziemlich breitschultrig. In seiner Uniform als Sicherheitsbeamter dürfte er keine schlechte Figur abgeben.

---

* Das Wort ‚Kotzbrocken‘ wurde ersatzlos durchgestrichen.

Ich glaube, er ist sehr ehrgeizig. Bevor er sich auf die Couch gesetzt hat, ließ er seinen Blick über mich wandern und sagte zu mir: „Ich kann mir deine Gestalt gut vor dem Hintergrund der andalusischen Gebirgstäler vorstellen." Er ist bis spätabends geblieben und trank „einen Klaren". Leider brannte das Zeug viel zu sehr in meiner Kehle, um ihm dabei wirklich Gesellschaft leisten zu können. Bevor er vom Sofa aufgestanden ist, hörte ich ihn noch sagen: „Geil ist sie schon" – nur war ich einfach zu müde, um noch mitzukriegen, wen er damit gemeint hat –, „aber darf das Glück eines Mannes von so etwas abhängen?" Dann habe ich selber ihm die Tür aufgehalten und „auf Wiedersehen" gesagt.

Wenige Tage später hat er sich wie aus heiterem Himmel von Vassilia getrennt. Ich habe Benjamin nach dem Grund gefragt, und er hat mir die sehr unbefriedigende Antwort gegeben, dass sie eben irgendwie am Alltag gescheitert seien. Wenn ich daran denke, wie sie morgens alleine von zu Hause in ihr Kosmetikstudio geht, wie sie jeden Abend einsam aus dem Fenster schaut, den Bauch gegen das hölzerne Brett gedrückt, dann tut sie mir aufrichtig leid.

Wir dagegen, Benjamin und ich, fickten uns gestern – halten wir den unsauberen Klartext in Ehren – unter der Dusche. Er scheint gerade in solcher Hinsicht jederzeit darauf zu warten, dass ich seine Gedanken lese. Ich! Jede „Sitzung" beginnt mit einer Fellatio. Wenn das Rohr erst einmal in meiner Rinne lag, will ich es nicht mehr in den Mund nehmen. Ich keuche mit dem Gesicht seitwärts gegen die Fliesen gepresst: „Härter, stoße härter in mich, in sie hinein! Sie hat es nicht besser verdient!", und das ganze blind machende heiße Wasser rinnt vom Scheitel bis zur Zehe an mir herab. Für einen Augenblick, ja, da überstrahlt die Lust schlicht und ergreifend alles. Aber schon heute sieht der Duschkopf für mich wieder wie eine Pickelfresse aus. Benjamin hat mich übrigens gefragt, was denn mit meiner Brust geschehen sei, und ich habe versetzt: „Warum? Gefällt sie dir etwa nicht?" „Doch, eben sehr. Ich liebe dich." Wie verflucht noch mal hätte ich ihm *das* glauben, geschweige denn erwidern können? Hoffentlich findet er bloß nie diese Blätter!

Ich wiege 57 kg. Erst habe ich mir andauernd vor dem Spiegel in die Hüften gekniffen: Ist da mehr oder ist da weniger? Oder ist da ein wenig mehr? Ich brauchte eben eine verdammte Zahl und bin einfach auf die Waage von Benjamin gestanden. Nach dem Mittagessen habe ich gesagt, ich müsste auf die Toilette gehen, und weil weder der Fernseher noch sonst irgendetwas angeschaltet war, habe ich lautstark den Wasserhahn aufgedreht. Um 15 Uhr sind wir jedenfalls zu Benjamins Mutter gefahren. Ausgemacht haben sie halbvier, aber sie wohnt am anderen Ende der Stadt, es gehört wohl eher schon nicht mehr dazu, und das bedeutete: weitere 30 Minuten der * Benjamin meinte: „Sie wird dich mögen. Solche Vorurteile hat sie nicht. Sie ist nett." Aber was heißt das schon?

Wir haben das Auto abgestellt, gingen vier Treppen hinauf und sie hat uns geöffnet. Eine beinahe magere Frau mit schwarzer Dauerwelle bot sich mir, leger, aber nicht geschmacklos gekleidet. Gelinde gesagt: Unliebliche Stimme. Sie hat Kehlkopfkrebs vom Kettenrauchen bekommen, inzwischen mehr oder weniger überstanden. Eine gestreifte Katze sprang uns entgegen, die sie streichelnd auf den Arm genommen hat. „Hallo, Katalina. Hallo, Benni. Kommt doch rein. Ich habe Obstsalat gemacht. Möchtest du, Katalina, auch einen Espresso, oder was kann ich dir anbieten?" „Einen Espresso, danke." In der Wohnung steckten noch der Rauch und die 80er-Jahre fest, wie in ihr selber, andererseits aber auch nicht. Sie arbeitete haargenau 21 Jahre lang bei einer Sex-Hotline! „Und musstest du aufhören, weil du Krebs bekommen hast?" „Ja. Schon davor musste ich mir

---

Zwang antun, um mein Sprechen in Richtung Ideal hin zu verstellen." „Hast du den Männern denn echt … Geschichten erzählt?" „Ja. Geschichten." Bei nicht wenigem davon sei es ihr nicht einmal im Traum eingefallen, sie könne dergleichen auch praktizieren. „Ich mag ja nicht einmal besonders Strapse", lachte sie und fügte hinzu: „Obwohl es für Benni sicherlich nicht leicht war, dass er zwanzig verschiedene Ersatzväter hatte, sprich: gar keinen." „So viele waren es doch gar nicht." Die Katze miaute. Wir tranken Espresso und aßen mit Löffeln aus niedlichen Schälchen. „Hast du noch Kontakt zu deinen Eltern, Katalina?" Und damit war alles hin. „Nein. Schon lange nicht mehr. Eigentlich nicht so." Hat sie es denn sofort gemerkt? „In zwei Wochen beginnt doch eine Kunstausstellung? Als ich es gelesen habe, da habe ich gleich an euch gedacht." Benjamin bestätigte mit einem Blick zu mir, dass wir diese auch besuchen wollen. Scheinbar hat er alles Mögliche von mir erzählt. Seine Mutter fragte: „Sicherlich kannst du selber auch gut malen, Katalina?" „Ich kann leider gar nichts gut." „Das glaube ich nicht. Menschlichsein, das ist doch schon etwas, was du kannst." Ich war dermaßen peinlich berührt, dass ich mich bloß noch darauf konzentrieren konnte, ordentlich zu essen. Später hat sie uns den übriggebliebenen Obstsalat eingepackt. Ich verabschiedete mich etwas unbeholfen von ihr, indem ich ihr immer besser werdende Gesundheit wünschte.

Im Auto hat Benjamin zu mir gesagt, dass ich ihn auf eine gewisse Weise an die wilde Hauskatze seiner Mutter erinnere. Sie hätte zwar lieber irgendeinen Hund gehabt; er leide aber zu allem hin unter einer Hundehaarallergie. (Im Spätsommer sei sie am schlimmsten, warum, das wisse er nicht.) Ich habe zu ihm gesagt, dass seine Mutter mit einer Katze um seinetwillen bestimmt zufrieden wäre, und habe gleich die Feststellung hinzugefügt, dass ich ihre sexuelle Lebensführung bewundere. Schon eine Sekunde später musste ich diese Aussage aber bereuen. Zum einen hat er mich nämlich gefragt, warum ich nicht verhüte oder verhüten müsse. Zum anderen sprach er mich schon wieder auf meine Familie an. Diese zweite Frage blockte ich sofort wütend ab. Auf die erste habe ich erwidert, dass ich nicht verhüte, weil ich meine Blutungen nicht bekäme, weil ich – ob ihm das etwa entgangen sei? – nicht feucht werde, „weil mein Unterleib Schrott ist“. Wenn ich nicht wolle, dann bräuchten wir keinesfalls darüber reden, sagte er.

Zuhause habe ich wortlos die Schüssel Obstsalat auf den Küchentisch gestellt. Mit meiner Zunge öffne ich dann Benjamins Lippen und lege alle Kleidung ab. Entschlossen rutsche ich auf die Knie, um zu blasen. Als ich wieder nach oben komme, drückt die Ecke des Tisches von hinten an meine luftgekühlte Fotze. Ich greife die Schüssel, öffne sie und klatsche das bunte Rot auf das Tal meiner Brüste. Klumpig schwappt es hinunter und überfüllt meinen Bauchnabel wie einen aus ALICE IM WUNDERLAND entsprungenen Teich. Ohne auf Benjamin achtzugeben, lege ich mich auf die Tischplatte. Soft in mich eintunkend, umfasst er mit seinen Händen mal Knöchel, mal Knie. Durch aufeinandergepresste Zähne erkläre ich: „Siehst du, wie feucht ich vor Erregung geworden bin?“ Selbstentfremdet vermatsche ich die Früchte überallhin. Ich fletsche und rufe: „Wie fühlt sich das an – gut? Ich will die geschlagene Sahne – jetzt!“, richte mich auf die Ellenbogen auf, packe den soeben noch in meiner Spalte rührenden Ständer und wichse ihn endlich mit so viel Gewalt, dass unter Benjamins Stöhnen fünf oder sechs Wellen meinen gierigen Pfirsich- und Kirschbauch bespritzen. Ruhig daliegend habe ich mit meinen Händen mir den Nachschlag noch in den Mund schaufeln sehen, als ich Bennis ziemlich ernüchterten – und mitleidigen? – Blicken begegnet bin. Später hat er lauter mitgebrachte Akten durchgeschaut. Er arbeitet zurzeit etwas lange.

Ich kann noch heute Morgen geradezu riechen, wie schäbig ich bin. Gestern Vormittag bin ich nervös erregt am Fenster gestanden und

247

habe gewartet, bis Kai mit seiner Maschine vorfährt. Es hat geklingelt und ich habe die Tür aufgemacht: „Komm rein." Er trug ein schwarzes T-Shirt. Ich habe auf einen Stuhl im Wohnzimmer gezeigt und gesagt: „Setz dich." Abermals gehe ich auf die Knie, öffne seine Hose, nehme den noch schlaffen Schwanz in die Hand und massiere das Blut hinein. Mit dem fetten Kolben stopfe ich mir daraufhin den Mund. „Ah", macht er, als ich mit meinen Zähnen um seinen Eichelkranz nage. Dann geile ich ihn exakt mit meinem Speichel voll. Er packt mich an den Schultern, steht auf, schiebt mich dabei mit seinem Haken in meinem Rachen förmlich auf die Füße und verlangt: „Zieh dich aus!" Ich gehorche sofort. Er will, dass ich meine Schuhe anlasse. (Ich habe mir letzte Woche ein Paar neue gekauft. Sie schillern ins Violettblaue und haben einen schmal zulaufenden, jedoch niedrigen Absatz. Ich wusste nicht, ob ich auch wirklich den Mut hätte, sie anzuziehen, und nun gefielen sie so gut, dass …) Aber ich ziehe sie aus. „Dreh dich um und stell einen Fuß auf den Stuhl da. Das andere Bein am Boden lassen. Beuge dich jetzt vor und halt dich an der Lehne fest." Ich fühle mich gut, tatsächlich sexy, wiege gerade 55 kg (vielleicht ein bisschen flachbrüstig, nun ja) und in meinem Schlitz, da gärt die Lust. Es herrscht eine trockene Hitze, und als hätte die Sonne alle Feuchtigkeit aus mir herausgelutscht, muss mich Kai erst mal mit schwach riechendem Olivenöl schmieren. Er greift mit seinen Fingern zu tief hinein, meine Empfindungen zerfleischen sich. Keine dreizehn-, vierzehn-, fünfzehnmal pumpt der Bolzen in meinem Loch, als aus dem Treppenaufgang Geräusche zu uns dringen. Er stockt. Ein tierisches Vergnügen befällt mich bei dem Gedanken, dass der Sicherheitsbeamte die Befürchtung hegt, eine der sich unterhaltenden Stimmen könnte plötzlich als Benjamin (obwohl es ja noch immer Vormittag ist) oder als sonst irgendjemand hereinkommen. Sowie sie wieder verschwunden sind, fasst er mit einem seiner Arme um mich, er stößt schneller. Schwitzend bleiben meine inneren Wände jedoch kalt. „Dreh dich um", zieht er aus mir heraus, „und hocke dich hin!" „Warum?", frage ich schon auf dem Stuhl sitzend. Sein wie in Butter gewalkter Schwanz steht ungeduldig vor mir. „Na, ich will in deinem Mund abspritzen." Womöglich bangte er, ich könnte schwanger werden? „Gut", sage ich, „aber ich wichse dich hübsch auf meine Zunge ab." Er furcht die Brauen und lächelt dann: „Das gefällt mir. Schlucke es aber nicht herunter, sondern lasse es dann auf deine Schenkel tropfen." Nicht ohne Überwindung umgreife ich sein schmutzig gewordenes Instrument und sperre in unsicherer Entfernung den Mund auf. Er kündigt genugtuerisch an: „Es kommt! Ich komm …!", ein Tröpfchen schäumt, seine Atmung verstummt. Und die Springflut brüllt los. Derb lasse ich es über meine Lippen das Kinn hinunterquillen. Da er aber halbwegs zwischen meinen Beinen steht, tropft es gleichfalls auf die Stuhlkante und von da auf den Boden. Ich versuche den Makel mit Wischtüchern wegzuputzen, als er bereits in Kleidung wieder vor mir steht. Hinter der halboffenen Tür nehme ich einen Schluck Mineralwasser, indessen er zu mir sagt: „Und kein Wort darüber zu irgendjemandem. Du hast noch Spritzer auf der Wange." Das wusste ich wohl, und weil ich mir auf einmal doch Zeit ließ – gerade als wolle ich bei allen Täuschungsmanövern als das erkannt werden, was ich bin –, fühlte sich nach seinem Verschwinden jene Gesichtshälfte wie mit Sekundenkleber ruhiggestellt an … Ein wirklich schöner Freund! Und ich selber schürte gerade noch eine tödliche Eifersucht, weil ich meinte, dass Anne sich an Benjamin rangeschmissen hat. Oder weil sich Anne an Benjamin rangeschmissen hat, deswegen betrog ich ihn.

Wie auch immer, vorgestern haben wir, das heißt Benjamin und Anne und Kai und ich, aber auch meine Cousine Isadora, die Kunstausstellung besucht. Letztere, „trendy" wie immer und nie, verhielt sich sehr merkwürdig mir gegenüber. Warum sagt sie es mir nicht, wenn sie mich nicht leiden kann! In der städtischen Halle wurden Reproduktionen zur Renaissance aufgestellt. Mittelpunkt des Ganzen waren Miniaturen von Bramante. Hieß er Bramante? Ständig sagte Anne dicht bei Benjamin wie zu einem Kind: Schau mal da und da. Am liebsten hätte ich der dummen Gans ihre blonden Federn gerupft! Ganz vorne am Eingangstor der Ausstellung stand: „Der aus alten Bindungen befreite Mensch blinzelt, schaut in den Spiegel und schwingt sich auf zu ungeahnten Räumen." Ich erinnere mich sehr genau daran, weil mich das erschüttert hat. Weil ein zerfledderter Mensch nur tausend dunkle Fragen hinter sich herzieht, die sich uferlos vermehren. Ist es nicht genau so? Kai und ich folgten den anderen flüsternd nach. Am Ausgangstor konnten keine Zweifel mehr bestehe.

Ich gebe mir nicht einmal mehr die Mühe, meine Essstörungen zu verheimlichen. Bis vor zwei Wochen aß ich je nach Sättigungskalkulation ab und zu nicht mit. Heute fülle ich mir auf, obwohl ich keinen Hunger habe, und verlasse mit den Worten den Tisch: „Mir ist schlecht. Ich muss mich übergeben", oder ich behaupte im Gegenteil mit knurrendem Magen: „Bei einer solchen Menge an gekochtem Essen werde ich sonst fett." Ich weiß, dass alles das sehr ungerecht ist, dass ich ihn verletze. Dass er es jedoch mit den Worten hinnimmt: „Ist gut, Katalina", das erstickt jedes Mitleid in mir. Ich kann nichts dagegen tun. Weiß nicht, was ich will, weiß erst recht nicht, was ich nicht will. Welcher Mann würde ganz davon abgesehen bei diesen nicht wegzukriegenden Ekzemen ewig bei mir bleiben? Scheißartikel!

Ich bin heute im Kosmetikstudio bei Vassilia gewesen. Und, o Gott, die Blätter lagen anders als vorher im Fach. Hat Benjamin etwa gelesen, was ich geschrieben habe? Oder lagen sie überhaupt nicht anders drin? Wo könnt' ich sie denn sonst hinstecken? Egal! Egal! Der Kosmetiktermin stand bereits seit drei Wochen fest, ich glaube, ich habe ihn ausgemacht, nachdem ich von dieser Kunstausstellung wiedergekommen war, oder unmittelbar zuvor. Erst wollte ich nicht hingehen, niemals, aber dann gab ich mir einen Ruck. Vassilia war sehr nett. Sie hat ihre Haare (statt sie wie üblich nach einer Trennung abzuschneiden) länger wachsen lassen und trug ein T-Shirt mit silbrig-goldenem Schnickschnack vorne drauf. Irgendein anderes Mädchen plus die stellvertretende Filialtrutsche waren außer ihr ebenfalls da. Ich musste mich auf eine der Liegen begeben. Dann bedampfte sie meine Haut. Vassilia meinte: „Es könnte auch an Weizenmehlprodukten oder tierischen Fetten liegen, dass Ekzeme und Furunkel dieser Art entstehen", während sie zu drücken begann.

Noch um 10 Uhr habe ich eine ordentliche Menge Kochschinken, Joghurette, vom Vortag übriggebliebene Nudeln und Ananas gefressen. Ich kniete mich vor die Kloschüssel hin, schürfte mir zum tausendsten Male den Handrücken auf und da, hinter meinem Brustbein, explodierte das Halbzerkaute hoch. Diesmal blieb ein sehr, sehr starkes Brennen in meiner Speiseröhre zurück. Gleich danach habe ich mich auf die Waage gestellt: 59 kg, trotz alledem. Ich musste joggen. Draußen wird es kälter, und weil ich wieder einmal faul gewesen war, schnappte ich böse nach Luft. Seit wie vielen Tagen nervt mich Benjamin jetzt eigentlich ununterbrochen damit, dass ich mich in Therapie begeben soll? (Da war ich schon, Arschloch!) Letztendlich entgeht ihm ja nicht, dass im Kühlschrank einfach so 250 g Schinken oder ein ganzes Glas Nutella fehlt. Oder hat er etwa Einblicke in die Akten erhalten? Waren es *meine* Akten, die er angesehen, weil angefordert hat? Aber das darf er doch nicht, auch wenn er bei der Krankenversicherung arbeitet, oder? Oder aber wenn er dergleichen als Ausnahmefall nun doch darf? Wenn[*]

Dann riet mir Vassilia, während sie das Gesichtswasser auftrug, zu irgendeiner bestimmten Creme, deren Namen ich schon wieder

---

[*] Der Absatz bricht unvermittelt ab.

vergessen hab. „Das andere ist doch rausgeschmissenes Geld." An- und abschließend brachte sie auf mein Gesicht eine Maske auf, ganz rosarot und weiß, und schminkte mich zu allem hin. Aufgehübscht von der Frau, deren Ex-Freund mich gefickt hat! Und ich Lügnerin versteckte mich auch noch hinter jenen Worten: „Das mit Kai und mit dir tut mir schrecklich leid" … einfach widerlich.

Zuhause vergewaltigte ich mich dafür gleich wieder mit Nahrungsmitteln, kotzte und ging ein weiteres Mal joggen. Dabei hoffte ich laufend auch noch im vollen Ernst, ob sich nicht einige der Männer zu mir umblicken würden. 58 kg. Der Malstrom zieht mich hinab.

Ich werde nie und nimmer finden, was ich auf dieser Scheißwelt suche. Egal, was die Zahlen sagen: ob 49 oder, wie jetzt im Moment, 56 kg. Überhaupt verdient der es nicht besser!

Er kam in die Toilette, als ich gerade in den schaumigen Bergen der Badewanne lag, entschuldigte sich und wollte schnell wieder hinausgehen. Ich habe ihn gefragt, warum er sich denn so kindisch anstelle, und als er weiterdruckst, erkläre ich ihm, dass er mich sogar anpissen könnte, ohne dass ich das Wasser danach im geringsten als schmutziger empfände. Ich stehe kurz entschlossen auf, stütze mich mit der einen Hand auf den Rand der Badewanne, öffne seine Hose und bette seinen Lappen in meinem Mund. Wie ein Luftballon streckt er sich aus. Ich hebe ein Bein, greife an seine Eier und kitzle an meiner Fotze seinen aufgeblähten Kopf. Dabei rutsche ich mit einem blöden Gekreische aus und … er trägt mich halbnass – „so wird das nichts" – zum Bett hinüber. * legt sich dann seitlich hinter mich, um sich von dieser Richtung her mit seinem Schwengel einzuchecken. Gleichzeitig wandert seine Hand von meiner Titte auf meinen Bauch hinunter, von wo ich sie wie ein befremdliches Tier fortzerre. In trä-

---

* Der erste Teil des kommenden Satzes wurde durchgestrichen: ‚Irgendwie fühle ich mich gerührt und er'

ger Zerrissenheit halte ich mich unablässig am hölzernen Rand fest, bis er seinen Kleister in mich hämmert. Er steht auf, doch dümpelt sein Hahn noch auf mich herab, weil ich ihn nicht gleich gehen lasse. Endlich hat er sich auf die Toilette entfernen können. Fünf Minuten später folge ich ihm jedoch nach und versuche ihn noch einmal anzumachen, sage, dass ich erst jetzt so richtig geschmiert sei und meine Fotze einen unersättlichen Appetit habe. Dabei halte ich eine Brust an seinen Mund, damit er sabbere. Es folgen Ficken und unkontrolliertes Spritzen die Zweite. Ich schlecke alles brav vom rahmbesudelten Spiegel und der Toilette auf. Beim dritten Mal habe ich allerdings Mühe, ihn wieder richtig steif zu kriegen. Wie eine Rasende mache ich ihn fertig: Vor ihm kniend quäle ich ihn so lange, bis er auf dem Klodeckel hockend seine allerletzten Tröpfchen Saft ächzend in meinem Schlund verliert. Dort sinkt er wie ein entmanntes Kasperle nach der Vorstellung in sich zusammen, schläft. (Wie viele Kalorien ich wohl geschluckt und wie viele ich so unterm Strich verbraucht habe?) Mit salbig gewordenem Busen steige ich zurück in die Wanne. In mir bin ich danach nichts als einer schwärenden Aushöhlung begegnet.

Heute Abend kam er, Benjamin, vom Taekwondo wieder nach Hause und sagte, dass er auf dem Weg hierher Isadora getroffen habe. Selbige sei von irgendwoher zurück und lasse mich schön grüßen. Gereizt habe ich erwidert, dass Isadora überallhin fährt, sich hier und da um tausend Fremde kümmert, aber an ihrer Cousine sei sie in Wahrheit kein bisschen interessiert, „ebenso wenig wie du". Dann habe ich ihm eine ganze Salve an den Kopf geschleudert. Den lieben langen Tag – so ungefähr habe ich mich zu ihm reden hören – kümmerst du dich um das Recht oder die Pflichten von irgendwelchen Kranken, während du mich alleine hier versauern lässt. Hast du mir auch nur einmal geholfen, *mir* meine Mahlzeiten einzuteilen? Hast du auch nur einmal zu mir gesagt: „Komm, ich gehe und kaufe ein Feuchtmittel für dich?" Lass dir doch von der staubigen

Quasselschnauze deiner Mutter einen blasen! Und da hat er plötzlich geschrien: „Hör doch endlich auf! Andeutungen, nichts als Andeutungen und Beschuldigungen. Wann kommt aber endlich einmal zur Sprache, worum es wirklich geht?" Jetzt war mein Toben perfekt und auf der Spitze angelangt; ich johlte aus Leibeskräften zurück: „Und damit du es weißt: Von Kai habe ich mir auch eine Ladung in den Mund schießen lassen! Hier im Wohnzimmer haben wir es getrieben. Glaube es oder glaube es nicht, es ist eine feststehende Tatsache, Schluss!" Er fing an zu weinen und wählte die Telefonnummer von Anne, die in nullkommanichts vor der Tür hier stand. Vorher hat er noch zu mir gesagt: „Es tut mir so leid, was mit dir ..." Ich versteckte mich aber in einer dunklen Ecke und heulte jämmerlich drauflos. Sicher steckt just in diesem Moment seine Zunge im Loch der heuchlerischen Schnepfe (die meine Post nach ihrem Spannen mit folgerechter Trickserei wieder verkleben ließ ...). Ich hasse, hasse, hasse diese Stadt! Bloß weg.

Ich werde alles besser machen. Diesen Abend, so gegen halbsechs, ist meine Cousine, Marissa, zu mir gekommen und wir sind ins Kino gegangen. (Dass ich noch eine andere Cousine hätte, ist gestrichen und vorbei.) Ich wohne in der Altstadt. Hier ist es zwar teuer und eng, doch hat Marissa für mich eine spottbillige Küche einbauen lassen. Das Schlafzimmer grenzt unmittelbar an das Bad, und das Badezimmerfenster blickt sogar auf hügeliges Grün hinaus.

Meine Cousine, Marissa, ist 5 Jahre jünger als ich und studiert Pädagogik. Ihr Erzeuger ist einer der Brüder des meinigen. Als geschiedener Mann lebt er schon lange wieder in Spanien. Ich fragte Marissa, ob er sich wie ehedem für den Weinanbau interessiere, und sie hat geantwortet: „O ja sicher, in der Phantasie ist er der beste Winzer, den es gibt. In der Realität verbringt er seine Abende jedoch als Busfahrer in einem schlecht besuchten Lokal, wo er Fußball schaut und wer weiß welche Dinge noch so treibt." Ihre Mutter hat ihn als Architektin für Busbahnhöfe kennengelernt. Sie interessiert sich nicht bloß für Münz- und Briefmarkensammlungen, sondern peinlicherweise auch für Computerspiele. Ich kann mich schlecht an sie erinnern, glaube aber, dass sie intolerant und bieder ist, weswegen ich ihr nicht unbedingt begegnen muss. Als Marissa mich auf meine Familie und die vergangenen Monate angesprochen hat, sagte ich ein bisschen täppisch oder gar unehrlich: „Die Vergangenheit ist nicht die Gegenwart", und fügte darüber hinaus ungefragt hinzu, dass ich hier schon auf dem Arbeitsamt gewesen sei. Meine Cousine wirkt nämlich von Grund auf wie ein deutsches Produkt. Sie ist sehr viel hellhäutiger als ich, und verglichen mit ihrem dunklen Aufzug – auch ihre Haare sind pechschwarz – gab ich selber gar keine schlechte Figur ab. Überhaupt hat sie 10 kg zu viel auf den Rippen. Ich selber muss jedoch auch 3 kg abnehmen, mindestens. Jedenfalls hat sie einen Freund. Sogar verlobt sei sie mit ihm.

Im Kino kaufte sie sich eine kleine Tüte Popcorn, eine Packung M&Ms und eine Cola. Ich kaufte mir dagegen nur eine kleine Tüte Popcorn sowie eine Cola Light. Im englischen Original war gerade GREEN MILE zu sehen. Obwohl ich nicht einmal die Hälfte verstand von dem, was ich hörte, empfand ich das eine doch deutlich: wie wenig eigentlich zum menschlichen Glück dazugehört! Beispielsweise seine Blase entleeren zu können * Nach dem Kino erklärte Marissa mir, dass sie nebenbei an der Kasse im Hallenbad jobbe, am Freitag aber selber mit ihren Freundinnen schwimmen gehe. Ob ich nicht Lust hätte, mitzukommen? Ja klar, sagte ich. Dabei drohe ich vermutlich schon nach zwei Bahnen abzusaufen.

Vielleicht war gerade das der Grund, weshalb ich mit einer unbestimmten Wut im Bauch nach Hause ging. Verfangen in meine Gedanken sah ich mich schon alle meine Schubladen leerfressen. Ablenken, ablenken, das durfte auf gar keinen Fall wieder geschehen! Ich nahm zuhause ein altes Ofenrohr, das bei meinem Einzug in die leere Wohnung liegengeblieben ist, überbrühte den Aufdruck einer Flasche Sangrita und befestigte denselben an dem rauen Blech, klebte darüber aber den deutschen Buben vom Zwieback und haute das ganze Ding schließlich in eine sattgrüne Melone hinein, dass schreiend das rote Fleisch hinausgespritzt ist. Ich werde bei solchen Handlungen aus mir selber nicht mehr richtig schlau. Aber es half. Gerade

---

* Der zweite Teil des Satzes wurde durchgestrichen: ‚und statt sterben zu müssen die ganze Nacht zu bumsen.‘

vorhin habe ich auch noch eine Kontaktanzeige aufgegeben. Peinlich oder nicht, ich schrieb:

Sie, 29 J., 1.65 m, 55 kg [ich habe die vorhin genannten drei Kilogramm gleich abgezogen] mit zum Teil spanischem Feuer, sucht Mann für gemeinsame Stunden. [Und dann schrieb ich:] Wenn du mich nur so liebst, wie ich meine Freiheit liebe, dann besorge ich's dir überall. Groß, klein, dick, dünn oder Geld spielen keine Rolle.*

Wir haben eine mondlose Nacht und ich gehe nun zu Bett. (Morgen früh lege ich der Kontaktanzeige noch ein älteres Foto bei.) Diesmal wird sicher alles gut.

Ich bin heute Nachmittag mit den Weibern schwimmen gegangen. Gestern war ich joggen. Schon als ich vor dem Hallenbad aus dem Bus ausgestiegen bin, wo die dreien standen, fühlte ich mich irgendwie … erniedrigt. Aber ich will wenigstens ein Mal alles schön der Reihe nach erzählen, so wie ich es in der Schule gelernt habe. Also:

Die eine heißt Lisa. Sie ist eine Studienkollegin von Marissa. Schätzungsweise ist sie allerdings noch jünger als diese. Wie ich ihr zugestehe, ist sie auf eine außergewöhnliche Art und Weise hübsch. Sie hat braunfarbene Augen, wobei das eine etwas heller wirkt, wie ein Mandala gewoben aus blaugoldenen Fäden. Gleichzeitig hat sie ein klares ovales Gesicht mit geschwungenen Lippen. Ihr Haar, eher kurz, ist beinahe schwarz. (Ich rätselte längere Zeit, ob es vielleicht tatsächlich ihre Naturhaarfarbe ist.) Beim Hallo-sagen hatte sie einen mindestens ebenso dunklen Hut mit weinroter Schleife auf. Danach hat sie einen Bikini mit einer eher gedeckten Farbe angezogen: Auf ihrer Haut konnte ich ein paar Tätowierungen sehen, die ich jedoch nicht näher inspiziert habe. Stattdessen wendete ich meinen Blick

---

* Es folgt die Adresse.

ihrem Körper an sich zu. Mit selbigem ist sie zwei oder drei Fingerbreit größer als ich. Ihre Beine sind weder kräftig noch schlank, weder lang noch irgendwie kurz, aber geformt. (Wie kriegt sie die bloß so ebenmäßig gewachst?) Ebenso neidlos beschaute ich ihren Po. Am schönsten fand ich jedoch ihren Busen, welchen ich sehen und auch geradezu fühlen konnte, als wäre überhaupt kein Oberteil da. Einen Freund habe sie momentan leider keinen. „Entweder bin ich selber blind, oder die Männer sind es. Oder aber ich sehe ihn jeden Tag, ohne ihn zu sehen", scherzte sie an mich gewandt. „Solltest du in der Stadt einen netten Typen kennenlernen, dann sage mir jedenfalls Bescheid." Schließlich fragte ich mich, ob ich eigentlich eine lesbische Veranlagung habe. Sicherlich hat ihre Pflaume einen [*]

Die zweite stellte sich mir als Evanda vor. Sie erregte eine desto stärkere Unruhe in mir, je ruhiger und freundlicher sie selber mir gegenüber war. Ich denke, sie ist älter als ich. Wenn ich mich nicht täusche, bin ich aber genauso groß wie sie. Sie ist dünn. Ihr fältchenwerfender herbstfarbener Bikini passte zu den Sommersprossen in ihrem Gesicht. Gleichzeitig war ihre Haut dunkler als die der anderen zwei, aber heller als meine. Ihr Haar ist eher rötlich und kurz, ihre Augen spähten mich von der Seite her an. Wie ich herausgehört habe, stammt sie aus Norwegen. Von Beruf ist sie Dolmetscherin oder so. Ich war entsetzt, als sie Spanisch ebenso gut sprach wie Deutsch. Sie sagte: „Creo, Andalucía es aún más bella que la Provenza …", oder: „Me gusta Pablo Picasso. Cuando Salvador Dali me la realidad está personalmente demasiado desfigurado." Ich glaubte, es wäre geistreich, wenn ich antwortete: „Si, en algunos, la impropiedad alguna manera encaja mejor juntos", bat sie aber zugleich, wir sollten doch – angeblich – aus Rücksichtnahme auf die anderen deutsch weitersprechen. Wie dem auch sei, sie hat einen Sohn, der auf die Grund-

---

[*] Die anschließenden zweieinhalb Zeilen wurden unleserlich durchgestrichen.

schule geht. Wenigstens hat sie nicht noch einen Mann, sondern ist alleinstehend. Dafür ist sie eine routinierte Schwimmerin, wie ich feststellen musste.

Ich pustete, konnte mit den anderen nicht mithalten und wurde wütend auf sie, auf mich, auf alles. Auch wegen meiner Figur fühlte ich mich schlecht – obgleich oder gerade weil ich wie meine Cousine einen Badeanzug trug. Dabei dachte ich bei mir: Marissa [*] macht sich doch auch keine Gedanken. Und so fett bin ich doch überhaupt nicht? Dann sind die anderen auch noch auf die Idee gekommen, in die Sauna zu gehen. Ich saß, so sehr ich auch rückte, weil ich nicht rücken konnte, Haut an Haut neben Lisa. Mein wasserfestes Make-up verlief. Um mein Schamgefühl aber noch zu steigern, hat irgendjemand, Marissa höchstwahrscheinlich, das Gespräch auf meine „eventuellen Störungen und psychischen Probleme" gebracht. Ich bestritt rundherum alles. Hat sie da etwa mit [**] geredet? Nachdem wir endlich wieder in der Umkleidekabine waren, hat sie permanent sich in die angeföhnten langen Haare gefasst, die schwarzlackierte Gans (ist doch wahr)!

Mit dem Bus fuhr ich alleine zurück und habe im Penny Markt um die Ecke eingekauft. Ohne auch nur einen Menschen zu sehen oder sehen zu wollen, habe ich den halben Laden eingepackt. An der Kasse mit der kürzeren Schlange saß ein junges Ding mit rosaroten Wangenknochen, also stellte ich mich an die andere, an der eine harmlose Schrapnelle tippte. Wie aus Trotz über die Befürchtung, es hätte doch irgendjemand irgendetwas Schlechtes sehen können, bin ich auch noch zu einem Fast-Food-Imbiss und erst dann nach Hause gelaufen.

Glaubte ich etwa im Ernst, wenn ich den Gurkensalat so hübsch vor mich hinstellte, damit wäre es dann getan? Dass er mir ganz ge-

---

[*] Die Beifügung ‚die Qualle' wurde durchgekreuzt.
[**] Ein Wort fehlt.

hörig an den Zähnen schmerzte, konnte nicht die Tatsache ausbremsen, dass wieder mal aus dem Essen ein Fressen wurde: Gurkensalat – Pommes mit Mascarpone – Hot Dog – Lakritzschnecken – Kit Kat – Pommes – Kit Kat – Lakritze – und von Erfolg gekrönt kippte ich vornüber in das Bad und die unzerkaute Mascarponematsche rasselte mir die Kehle hoch und sprühte doch recht kontrolliert in die Kloschüssel, während mir einzelne Brocken über das Kinn quollen. Und schon wieder fühle ich mich als Versager.

Ich bin am Freitagabend mit den anderen zu einem Konzert gegangen. Es fand eigentümlicherweise auf dem Hügel bei der Burg statt. Trotz der Dunkelheit waren die Blätter der Bäume schon sichtbar gelblich verfärbt. Eine Band namens APOCALYPTICA ist aufgetreten. Ich weiß nicht genau, was ich von dem, was sich da abspielte, halten soll.

Außer Marissa, die mich abgeholt hat, Evanda und Lisa habe ich dort einen Mann getroffen, der Oliver heißt. Zu Beginn fürchtete ich, mich würde keiner wahrnehmen, weil alle bloß auf die anderen schauten; das war aber nicht der Fall. Er ist sicherlich über einsachtzig groß, schwer, aber nicht fett, braunäugig und hat akkurat geschnittenes (nicht ganz kurzes) Haar. Angezogen war er weder spießbürgerlich noch wie ein Grufti noch wie sonst irgendetwas, sondern eben genau richtig. Was mich allerdings einschüchterte: Er ist Ingenieur von Beruf. Ohne Scheu hat er dagegen mich gefragt: „Und soll ich dir auch einen Jim Beam mitbringen, oder lieber einen Campari?" „Von Jim Beam werde ich zu schnell ungezogen." Er grinste. Und trinkend: „Bleibst du länger hier in der Stadt, Katalina?" „Ich hoffe doch." Wir standen alle mitten in der Menschenmenge. Das Konzert hatte noch nicht begonnen. Bei Evanda hat er sich nach deren Sohn erkundigt. In ihrem blütenroten schlichten Kleid hat sie mit nicht unbekümmerter Stimme irgendetwas geantwortet, was mich nicht interessierte. Dann hat sie vom Reiten gesprochen. Ich finde sie ja zickig. Nicht weniger hat Lisa ein Gespräch oder zumindest so etwas ähnliches mit Oliver geführt. Um wen es sich dabei handelte, das weiß ich leider nicht, aber er hat ungefähr das folgende erzählt: „Als sie mit ihm Schluss gemacht hat, da war er zu Tode betrübt. Und hat an sie die Frage gerichtet: ‚Und wer bläst mir jetzt einen?‘ Da hat die schon Neuverliebte sich wie in einer göttlichen Inspiration auf die Bettkante zu ihm gesetzt und gütig ihm angeboten: ‚Das kann auch weiterhin ich machen.‘“ Lisa lachte und schüttelte den Kopf. In ihren mit Metallriemchen bestückten hackigen Stiefeletten sahen ihre Waden noch geformter als im Hallenbad aus. Dermaßen viel Mascara steht ihr aber nicht. Ich selber hatte nur eine Hose und ein schlechterdings zu knappes T-Shirt an. Zwar ist mein Lippenstift aus der Sorge heraus, er könnte zu auffällig hell sein, zu dunkel ausgefallen, und meine Frisur war ebenso nicht die beste – trotzdem, ein verschmähter Bissen bin ich wohl auch nicht:

In der vergangenen Woche habe ich 3 Antwortschreiben auf meine Kontaktanzeige erhalten. Der erste Brief klang wirklich nett, stammte jedoch von einem geschiedenen Familienvater, der von mir verlangte, „nichtsdestoweniger ehrgeizig und auch ehrlich“ zu sein. Darüber hinaus war er schon vierundvierzig, wenn nicht in Wahrheit noch viel älter. Ich warf ihn sofort in den Müll. Der zweite Brief war nicht handschriftlich, sondern in großen engen Comicbuchstaben hatte ein Kerl ihn gedruckt, der sich selber als „jung, sportlich und gleichgültig gegenüber jedem gesellschaftlichen Standard“ sieht. Von Beruf sei er Feinmechaniker. „Versuch es, ob wir miteinander in Versuchung kommen. Ich werde die Puppen tanzen lassen, dich, so wie es uns gefällt. Da wir uns das Rückgaberecht vorbehalten, ruf doch einfach an unter …“ Dem dritten Brief lag schließlich auch ein Foto bei. Es zeigte einen Mann, liebenswürdig an sich, aber mit schwarzen Härchen auf seinem Butterbauch. Und das wollte mir – so oft ich es auch hin und her drehte – einfach nicht sympathisch sein. Die kecke Ironie des mittleren Schreibens, oder dieser Trotz oder was auch immer, verlockte mich wirklich, erregte aber zugleich einen bangen Zweifel in mir. Denn ich suche letzten Endes wirklich eine … verdammt noch mal, eine echte Liebesbeziehung suche ich! Und vielleicht finde ich sie ja mit Oliver, wer weiß, oder mir schreibt noch ein ganz anderer?

In der wogenden Menschenmenge bei der Ruine dort fühlte ich mich anonym, aber anonym und herausgehoben, ja herausgehoben, aber geborgen. Welch ein Schwachsinn! Etliche Skandinavier traten auf beziehungsweise haben sich auf einige Stühle gehockt und spielten auf barocken Celli mehrere Hits von der amerikanischen Band METALLICA (ohne Text), aber es hörte sich toll an! „Man muss sich erst daran gewöhnen", sagte Oliver zu mir, schon beinahe so, als wäre er der tonangebende Mime, ich stand unmittelbar zu seiner Rechten neben ihm. Ganz, ganz links hampelte Marissa. Die hat mich mit ihrem Getue den ganzen Abend lang furchtbar aufgeregt. Am Tag danach pfiffen mir nicht nur die Ohren, ich war auch müde und verkatert. Hatte ich denn so viel getrunken? Heute hat Marissa mir allerdings erzählt, dass Oliver mich „ziemlich interessant" findet. Fragt sich nur, was sie den anderen so von mir erzählt.

Fragt sich noch mehr, weshalb ich diese Blätter überhaupt mitgenommen habe. Will ich etwa, dass irgendwann irgendjemand irgendwo sie liest? Jedesmal, wenn ich schreibe, kommt sowieso nur das dabei heraus, was ich ganz uneigentlich zu sagen hätte; immer das Eigentliche fehlt. Auf jeden Fall gebe ich zu, dass: Ich habe Angst[*]. Dafür wiege ich aber nur $52^1/_2$ kg!

Ich habe gerade ein apartes Gespräch mit Oliver geführt. Er muss meine Telefonnummer von Marissa bekommen haben. Davor allerdings hatte ich das beschissene Glück, vom Arbeitsamt zu einem

---

[*] Das Wort steht in fetten Buchstaben über mehr als eine halbe Seite hinweg gekratzt.

Vorstellungsgespräch vermittelt zu werden. Eine Firma, die irgendwelche 3D-Programme herstellt … Ich brauche das Geld, das ich bekomme, also bin ich mit dem Vorsatz in den Bus gestiegen, möglichst geschickt einen schlechten Eindruck zu hinterlassen. Als ich mehr als eine Viertelstunde später vor einem unauffälligen Hochhaus mitten unter anderen stand, fragte ich mich, ob das wirklich die richtige Adresse war, und zückte noch einmal das Schreiben: scheinbar ja, 4. Etage. Meine Hände waren schweißnass, was mir ein bisschen peinlich war, als ich irgendwo zwischen widerlichen abstrakten Gemälden an weißgemalten Wänden vor einer Sekretärin mit cremeblauer Bluse stand, die auf Stöckelschuhen zu irgendeiner Tür anklopfen ging. Eine noch jüngere blonde Frau mit einem silbergoldenen Ring an ihrem Daumen und ein älterer behäbiger Mann in einem Anzug baten mich, Platz zu nehmen. Ich hatte mich extra so angezogen, als ginge ich als Zuschauerin zu einem Tennisspiel. Die Frau sagte erwartungsgemäß ein Zeug wie: „Da wir eine zusätzliche Stelle im Kundenservice einrichten möchten und wir unsere Programme auch in das Ausland liefern, sind Fremdsprachenkenntnisse für uns von hoher Wichtigkeit. Sie sprechen Spanisch, Deutsch und Englisch – wie gut?" „Englisch natürlich am schlechtesten, weil mein Vater aus Spanien kommt, was ich am liebsten vergessen würde, und ich in Deutschland geboren bin, was nicht gerade viel besser ist." Oder: „Ihre Ausbildung, die haben Sie doch im spanischen Kunsthandel gemacht?" „Machen müssen." „Warum? Hatten Sie keine Lust?" „Wird das Pflichtbewusstsein im allgemeinen nicht höher gewertet?" „Kennen Sie sich überhaupt mit Computern, mit Multimedia oder mit E-Mails aus?", fragte der ältere Mann, und mir schlüpfte fast eine recht dreiste Antwort auf die Zunge, wie: Ich werde von der Wirklichkeit schon dreidimensional genug an der Nase herumgeführt. So etwas Gescheites fällt mir selten ein, und ich ärgerte mich, es nicht sagen zu dürfen, denn ich erinnerte mich plötzlich, dass sie ja sehr eventuell Rückmeldung an das Arbeitsamt gäben, also antwortete ich: „Leider kann ich aufgrund meiner schlechten Biographie nicht so gut damit umgehen, wie ich gerne möchte, würde mich aber freuen, wenn ich die Gelegenheit dazu bekäme." „Danke, Sie erhalten schriftlich Bescheid von uns." Und als sie mich endlich gehen ließen, da stand dort vor dem Büro ein junger Mann, den sie mir einhundertprozentig vorziehen würden. Bittersüß auf die nirgendwo beginnende und ständig vorbeiheulende Leitplanke schauend, bin ich mit dem Bus nach Hause gefahren: Ich bin dieser Gesellschaft einen feuchten Scheißdreck schuldig!

Weil ich schon zuvor mein Sollen an Kotzerei mehr als nur erfüllt hatte, musste ich mich auf alle Fälle ablenken und joggte von zu Hause wieder sofort in die Welt hinaus. Immer wieder habe ich mich umgedreht und geglaubt, hinter irgendeiner Ecke käme gleich Marissas Mutter hervor, die mich eigentlich gerade für diese Zeit zum Rumhocken und zum Fressen eingeladen hatte. Aber schon nach einer halben Stunde bin ich wieder zu Hause gewesen.

Hier habe ich völlig sinnlos Kataloge mit elfenähnlichen Frauen durchgeblättert und schließlich wie hypnotisiert auf immer die gleiche Seite starrend rumgegrübelt, ob ich mir besser eine weiße Handtasche aus Lederimitat mit funkelndem Reißverschluss kaufen sollte oder …, als mit einem Schlag das Telefon mich zurück auf diese mangelhafte Erde geholt hat. „Du weißt doch, Oliver …" „Ja, ja, ich weiß wer." Was ich aber nicht wusste, war, wie viel ich von mir selber zu erkennen geben durfte, was er wünschte, wer ich sei, und daher stimmte ich dem meisten, was er sagte, mehr oder weniger zu. Meine Ohren glühten vermutlich rot. Er macht unter anderem Gewichtheben. Was ich denn so gerne mache? Wie lange ich schon Single sei? Ob ich nicht auch finde, dass der Puff in der Stadt hässlich gestrichen sei und die Männer, die dorthin gehen, ihr Geld zum Fenster rauswerfen, weil sie nur auf einer gewöhnlichen Freitagabendparty bis zum Morgengrauen warten müssten, um ein besoffenes Flittchen abzuschleppen? Und gleich darauf haben wir beide uns auf den nächsten Samstagmittag zum Sushi-Essen verabredet. Davor hat er allerdings noch etwas recht Merkwürdiges gesagt: „Man muss die Menschen vor allem nach ihren Lastern beurteilen, um ihre magische Anziehungskraft zu erklären." Ist das ein Zitat gewesen? Worauf wollte er damit denn anspielen? Es ist mir ein Rätsel.

Ich wiege 57 kg. Heute habe ich mir ein Buch gekauft mit dem Titel JEDEN TAG EIN BISSCHEN NÄHER. Vorgestern war ich mit Oliver im Sushi-Restaurant. Zu diesem Zweck habe ich nach dem Duschen eine enge Jeans angezogen, eine Bluse, die einladend und hübsch, aber nicht nuttig aussah, und eine Jacke mit Manschettenknöpfen. Von der letzten teuren Creme für hypersensible Haut habe ich flammendroten Ausschlag bekommen, also habe ich sie dieses Mal weggelassen. Nur wusste ich nicht, ob mein Parfum möglicherweise zu süß roch, Oliver sagte nichts, als er mich abholen kam. Das Sushi-Restaurant gehört dem Großvater von Lisa. Jetzt, wo ich weiß, dass sie ungefähr zu einem Viertel aus Japan stammt, denke ich: klar, dieser Einschlag ist bei ihr zu erkennen. Sie kellnert neben ihrem Pädagogikstudium dort. Mit einem Lächeln brachte sie an unseren Tisch die Karten, hat zwei Teelichter angezündet und fragte dann: „Na, was darf ich euch beiden bringen?" Dabei hatte sie eine mit Drachen bestickte Schürze an. Darüber hinaus hat sie eine Sammelleidenschaft für Hüte (natürlich hatte sie keinen auf). Oliver hat bestellt, unterdessen ich * Das Restaurant war halbvoll, aber für diese Tageszeit glücklicherweise zu dunkel. Ich versuchte zu hoffen, dass er glaubte, meine Unsicherheit beim Essen würde von den Stäbchen herrühren, obwohl die riesigen Bissen, die er verschlang, die Sache nicht gerade

---

* An dieser Stelle wurde mehrmals korrigierend übereinandergeschrieben, so dass keine der Versionen zu entziffern ist.

besser machten. Er hat zu mir gesagt: „Du musst die Dinger in die Sojasoße tunken und dann in das Wasabi dippen." „In das da hier?" „Ja, aber schön viel." Und dann lachte er mich aus, weil dieses Wasabi dermaßen scharf war, dass ich am liebsten schreiend durch das Restaurant gelaufen wäre, „sonst zerplatzt mir ja der Kopf". Danach habe ich unauffällig Lisa beobachtet, die nach einer höflichen routinierten Runde durch das Restaurant noch mal zu uns gekommen ist, um Oliver wegen irgendeiner Kamera um Hilfe zu fragen. „Die Bilder sehen so anders aus, komisch. Zu komisch dafür, dass sie nicht gerade billig war. Vielleicht kannst du sie dir bei Gelegenheit einmal ansehen?" „Klar könnte ich. Oder ich sag's …" Hier hat er den Namen von irgendeinem Freund genannt. Ich gebe zu: Ich war eifersüchtig. Oliver beugte sich zu mir über den Tisch: „Lisas Eltern waren immer viel zu beschäftigt mit sich selbst. Deswegen muss sie selber sich mit solchen Dingen beschäftigen. Sie sagte einmal zu mir: ‚Das Synonym und die Definition von Fassade lautet: Täuschung.'" Sie ist – vielleicht ohne es zu wissen – eine Außenseiterin wie ich. Ich könnte mich aber auch irren. Kurz bevor Oliver gezahlt hat, sagte er zu mir: „Jetzt siehst du richtig gut aus, noch besser als vor einigen Wochen auf dem Konzert, an dem du ein bisschen dünn gewesen bist." Statt danke zu sagen, entschuldigte ich mich auf die Toilette. Gerade als ich anfangen wollte, ist dieses Etepetete-Luder hereingekommen, das mit diesem Waschlappen von Mann an unserem Nachbartisch saß, folglich habe ich einfach so getan, als würde ich was auch immer tun, bis sie endlich ihre Apfelsine abgetupft und ihre täubchenweichen Hände gewaschen hatte. Dann schürfte ich mir wie gewohnt an den Zähnen meinen Handrücken auf und würgte die fischige Masse mit ihren mehr oder weniger zerkauten Blättern an meinem Zäpfchen vorbei in dieselbe Schüssel, in die Mademoiselle geplätschert hatte, die Reiskörnchen schwammen obenauf, und betätigte hurtig den Spülungsknopf. Nachdem ich mir den Mund abgewischt plus ein Mentholbonbon ausgewickelt hatte, kehrte ich mit heißkaltem

Atem zurück, habe meinen Pflaumenwein ausgetrunken und wie Oliver meine Jacke angezogen. Lisa rief mir noch nach: „Bis demnächst, Katalina", und um die Wahrheit zu sagen, ich glaube, da bin ich zusammengezuckt. Dann sind wir mit dem Auto von Oliver zu mir nach Hause gefahren.

Mehr oder weniger unglücklicherweise hatte ich ihn übrigens einige Tage zuvor in der Drogerie getroffen: Ich stand vor einem ganzen Regal mit Verlogenheit und Cremes. Oh, was er denn hier wolle? Er suche Nagellackentferner. „Nagellackentferner?", wiederholte ich irritiert. „Ja", antwortete er, „wegen den geschmierten Teilen, mit denen ich zu tun habe." „Geschmierte was?" Na von den Schächten und Kolben et cetera, die Flecken auf seiner Kleidung hinterlassen würden. „W-wie?" „Mensch, zum Reinigen von Maschinenschmutz, Mädchen!" Was für ein dussliges Moorhuhn ich doch bin … Aber er sah mir meine Beschränktheit amüsiert nach.

Zu meiner Wohnung sagte er eigentlich nichts, fand es aber interessant, dass ich im Schlafzimmer ein Mini-Poster von der schlampigen Courtney Love hängen habe (das schöne Adjektiv ist von mir). Mein Herz schlägt mir bis zum Halse und ich hebe nacheinander meine Beine, um meinen olivgrünen Schlüpfer auszuziehen, während ich „fertig" zu ihm ins Bett springe. Ohne mich dagegen wehren zu können, legt er mich auf den Rücken und taucht sogleich mit dem Gesicht nach unten. Ich betrachte mich mit geschlossenen Augen, als wäre ich ungefähr Lisa. Dann kommt er wieder hoch, drückt mir einen Kuss auf und ich schmecke ihre Pflaume in meinem Mund. [*]
Seine halbsteife Schlange reibt sich ihren Weg durch das Tal zwischen meinen Brüsten, mich reizen seine Eier, bis er ganz über mir kniet, und klopft damit auf meine Lippen. Mit gerecktem Hals lutsche ich ihn hart. Schließlich steigt er von mir herab und spaltet sie auf,

---

[*] Bei dem Satz: ‚Wie meine doch zum Kotzen ist!' hat die Verfasserin abermals eine Streichung vorgenmmen.

mich, die verderbte Apfelsine! Ich keuche und schwanke wie ein leckes Boot. Aller Vorsicht zum Trotz endet sein Sperma wie gestrandet auf dem Bettlaken. Ich hätte es unter anderen Umständen auch noch ausgenuckelt.

Sie hätte meinen Vater anzeigen können. Sie hat es aber nicht getan. Unter Umständen weil sie feige und träge war? Jedenfalls konnte ich mit meiner Mutter mich nicht verständigen, jedenfalls *muss* sie es gewusst haben. Mit deutscher Pünktlichkeit ist sie währenddessen vor dem Fernseher versauert. Eine Kindergärtnerin, die tausend Kinder behüten konnte, nur ihr eigenes nicht. Und auf Familienfeiern, mit welch erzwungenem Lächeln hat sie da im Garten die kulinarischen Gerichte aufgetischt. Bis ihre Tochter nicht länger mitmachen wollte. Süß strömt mir der Vanilleduft ihre Seife zu. Vermisse ich sie etwa? Es gibt keine Wiedergutmachung, nein.

∞

Ich bin zu Oliver gezogen. Er besitzt eine Drei-Zimmer-Wohnung in der Hans-Driesch-Straße: Vor meiner Nase befinden sich tausend Gassen. Er ist sehr bürgerlich und modern eingerichtet, mit einem großen schmucklosen Bad, einem Mixer und Möbeln, die nicht von Ikea sind. Ich habe aus meiner alten Wohnung einen Kleiderschrank, ansonsten aber Kleinigkeiten nur mitgebracht. (Sobald sie gekündigt sei, soll ich 25 Prozent an die Miete beisteuern. Die Hausarbeit wollen wir uns teilen etc.) Montag bis Freitag klingelt der Wecker um 7:30 Uhr. Er will, dass ich zusammen mit ihm aufstehe. Wenn er aus dem Bad kommt, habe ich Kaffee oder Tee gemacht, und er frühstückt einen halben Liter fettarme Milch auf eine Schüssel Schokomüsli. Um nicht aufzufallen, esse ich beispielsweise einen Joghurt mit Süßstoff und Pfirsich-Maracuja-Aroma. Gleich darauf geht er zu seiner Arbeit als Ingenieur, ohne Krawatte. Er sagt, ich dürfe den

Computer benutzen und solle mir nicht die Decke auf den Kopf fallen lassen. JEDEN TAG EIN BISSCHEN NÄHER habe ich noch mal von vorne angefangen und dann weggeworfen. In der Regel gehe ich also sofort zum Bäcker und löffle auch noch ein Glas Nutella. Sowie ich mich der Kloschüssel anvertraut habe, schäme ich mich aber so sehr, als hätte ich ihn betrogen. Nur, wie soll ich meine Essstörungen ansonsten ableisten? Auf 58 kg habe ich schon wieder zugenommen! Ich müsste und möchte ja bis zur Verzweiflung gerne zum ersten * wenn er in seiner Wohnung meine Blätter fände? Außerdem ist er bisher nur ein einziges Mal vor 18 Uhr nach Hause gekommen. Manchmal geht er auch ins Fitness-Studio. Wann, weiß ich nie. Er isst sechs, sieben, acht Scheiben Brot mit Schinken, mit Eiern, Gurke oder Tomate zu Abend und dann schauen wir fern. Dabei trinkt er ein oder zwei Flaschen Bier, immer. Ist das etwa normal? Ab und zu telefoniert er auch mit ich weiß nicht wem. Vor allem sollte ich mich aber fragen, ob mich der Zufall zu seinem Punchingball erklären will. Ja wer garantiert mir denn, dass Oliver nicht direkt mit seinem Bruder, Kai, über mich spricht? Vielleicht sieht er mich als so eine Art abgestaubte Trophäe an.

Eine Trophäe mit einer entzückenden Narbe auf der Titte, ja. Um Mitleid für ein angeblich normales Mädchen zu schinden, habe ich auf seine Frage diesbezüglich geantwortet, dass diese von einem Unfall beim Zelten mit einer Fahnenstange herrühre. „Erst 36 Stunden später konnte die üble Wunde genäht werden." Das war ein artiger Schwindel. Doch jegliche Erwiderung blieb hart aus.

Gelegentlich, wenn sein Staudamm drückt und ich gerade zur Stelle bin, verlangt er: „Kannst du mal schnell Hand anlegen?" Und ich greife seinen Knüppel, „überflute meine Nägel", und nach geraumer Zeit – manchmal schmerzt mir schon der Arm – sind sie wie mit

---

* Hier wurde erneut eine ganze Seite aus dem Tagebuch herausgerissen.

Klarlack überzogen. Als wir vor kurzem die Wohnung verlassen wollten, habe ich mich auf den Schemel gesetzt, den er im Gang positioniert hat. Einen Schuhe habe ich bereits angezogen und strecke nun das Bein nach vorn, um den Riemen zuzuziehen, als er seinen Gürtel öffnet. Seitwärts bekomme ich den Stock mit der zurückgedrängten Pelle hingeschoben. Ich ziehe ihn prompt von oben nach unten und von unten nach oben durch meine Schleimhäute und kitzle ihn mit meiner Zunge. Meine Hände ruhen dabei auf meinen Knien. Ohne dass ich ein Vorzeichen erhalte, rammt er ihn mir jäh in die Backentasche. Ich öffne die Lippen, nachdem ich mich selber wie einen allzumenschlichen Ausguss verwendet habe, und gleichwohl sind sie mit Silberfäden noch immer vergittert. Schließend bin ich in den anderen Schuh geschlüpft.

Wir haben uns nämlich mit einem Freund von Oliver zum Minigolfspielen getroffen. Die Anlage mache schon bald dicht. Die Bäume erwecken bereits den Eindruck von riesigen Knochen. Unnötig zu sagen, dass ich mit so einem Schläger nicht umgehen kann. Der Kumpel von Oliver heißt Til und ist wie er 31 Jahre alt. Er ist durchschnittlich groß, eher schlank und hat schnittiges Haar zu blauen Augen, schwarzgekleidet, relativ gutaussehend. Ich habe keine Ahnung, ob er mich mochte, er war nett, aber was heißt das schon? Er war gerade von einem Kurzurlaub aus Arkansas zurückgekommen. „Kurzurlaub?", fragte ich, „ist Arkansas denn nicht eine Stadt in den USA?" „Ein Staat, doch. Landschaftlich ist er einmalig, und tolle Käfer gibt es dort. In Amerika sind selbst die Insekten größer." Er ist, warum auch immer, Entomologe von Beruf (ich musste erst nachsehen, was das ist; zu fragen habe ich mich selbstverständlich nicht getraut). Der Wind auf der Anlage war zu kalt und zu wechselhaft. Wir trieben ab. „Die Indianer sind vor lauter Burgern tatsächlich so verfettet, wie das die Medien uns zeigen, und sie erreichen selten das sechzigste Lebensjahr, weil sie darüber hinaus rund um die Uhr besoffen sind." „Warum sind sie denn rund um die Uhr besoffen?", hat Oliver gefragt. Til visierte an. „Weil sie aus Langeweile die Reservate verlassen und ihnen Spirituosen verkauft werden." „Aber ist das legal?", erkundigte sich Oliver als nächstes, „und gibt es dort nicht so viele Puritaner?" „Also, ich habe in den Städten keine gesehen. Wie auch? Bei den ganzen Frauen, die dort aufmarschieren, mit patriotischen Sternchen auf ihren Brüsten. Am liebsten hätte ich zu ihnen gesagt: ‚Stell dich doch mal vor das Denkmal dort. Ich will dich mit der Kamera mit zu mir nach Hause nehmen.'" Dann zog er auf und lachte. „Nicht gerade befriedigend, was meint ihr, wie ich heute eingelocht habe? Die Anlage ist auch einfach zu kompliziert, zu verbaut." Wir waren die einzigen, vielleicht schlug er deshalb so plötzlich vor: „Wie wär's, wenn ich ein Foto von auch beiden mache? Halten wir diesen Moment auf der Bank dort drüben fest. Ich hole schnell die Kamera." Und als er von seinem Auto zurückkam, saß ich alleine mit Oliver da. Er schoss. „Und dann noch eines nur mit Katalina?" Ich fühlte mich ganz schrecklich fremd, die ausgestreckten Beine am Boden überkreuzt und einen Arm über der Bank. Er hat ein zweites Mal geschossen. (Ich will die fabrizierten Bilder unter keinen Umständen sehen.) Kurz danach gab er mit Oliver unsere drei Schläger ab. Heute habe ich erfahren, dass er, Til, eine Beziehung mit Evanda eingegangen ist: Wie es den Anschein hat, steht er mit der Chimäre auf gutem Fuß.

Ich selber habe gestern von Oliver eine goldene Kette und halterlose Strümpfe geschenkt bekommen. Er wollte, dass ich sie am Abend anziehe. Ich finde aber, dass ich darin fett und blöde aussehe. Es gab ein kurzes Hin und Her, welches sozusagen auf meine animalische Tüchtigkeit als Freundin hinübergeschwappt ist, und er meinte: „Dann nimm doch eben Feuchtmittel!" Ich bin reglos und lauernd mit nackten Beinen vor ihm gestanden. Da hat er mich kurz entschlossen in seinen Sattel gehoben. Ich reibe mich auf seinem Schwanz hin und her, bis ich voller genüsslicher Erleichterung feststelle, dass mein Loch ja angesuppt ist. Keuchend schiebt er im Liegen mich in sich hinein. Ich stöhne: „O ja, stopfe, stopf es mir, vögle mir das Hirn, vögle die Scheiße aus mir heraus!", aber in meinen eigenen Ohren höre ich mich nur schwach und peinlich an. Immer weiter gegen meinen Hintern klatschend, ist der Meißel endlich stumpf. Ich bin einigermaßen enttäuscht, dass er nicht mehr aus seinen Lenden gespritzt hat, und fürchte, dass ich ihn zu wenig angemacht habe. Bestimmt wäre es besser gewesen, wenn ich diese Dinger angezogen hätte? Oder bestimmt hat er sich schon mit dem Bild von irgendeiner dauerfeuchten Puppe vor Augen einen runtergeholt. Immerhin hat er aber mich, und nur mich, zu seiner Freundin erkoren.

Ich bin vorgestern eine Stunde joggen gewesen, oder es hätte eine Stunde werden sollen, weil ich mir mit 60 kg wie ein pickliges Schwein vorkam. Wie es mir doch das Menschsein verkrätzt, wenn die Hose in das Fett hineinschneidet! Während ich durch die Stadt gehechelt bin, habe ich Evanda gesehen, tat aber so, als sähe ich sie nicht. Später ist mir von Oliver erzählt worden: „Til hat mir erzählt, Evanda habe Lola rennen sehen." „Wer ist Lola?", fragte ich, „und warum nennt mich Evanda so?" „Sie hat dich gar nicht so genannt." Doch erst einmal hatte ich beim Joggen das Gefühl, ich sei von Feinden umgeben. Danach bin ich gleich wieder auf die Waage gestanden. Ich habe mich zusammengerissen.

Davor ist nämlich Folgendes geschehen: Ich füllte in einer Fressattacke 8 oder 9 oder mindestens 10 Babybell und 3 Corny in mich hinein, bevor ich außerdem zur Raviolidose greifen wollte, als ich mit vermutlich leichenblassem Gesicht Oliver nach Hause kommen hörte – und keine Zeit zum Kotzen fand. Wie konnte ich nur vergessen, dass wir am Sonntag seine Mutter besuchen wollten, nachdem er noch schnell irgendwohin gegangen war? Misstrauisch schaute er mich an: „Was ist?", und er zeigte auf die Uhr: „Gehen wir?" „Eigentlich habe ich keine Lust." „Was soll das heißen: keine Lust? Du musst schon zu deinem Wort stehen. Also, zieh dich an. Gehen wir." Wir stiegen in sein Auto und fuhren los. Es schüttete vom Himmel. Seine Mutter wohnt seit über dreißig Jahren auf dem Land. „Und dein Vater?" „Der ist zum Aberdeenshire ausgewandert." (Falls das, wovon ich nicht die geringste Ahnung habe, wenigstens richtig geschrieben ist.) Seine Mutter begrüßte mich freundlich in einem viel zu großen Haus mit Blumenkästen, in denen nach wie vor etwas Grünes gedeiht. Ein grauer Hund schwänzelte und bellte, den sie in den Hof zurückverwiesen hat. Im unteren Stock betreibt sie einen kleinen Tee- und Kaffeeladen. Sie ist eher übergewichtig und klein. Im rustikalen Wohnzimmer, in dem eine weiche Kunstkopie eines Renoirs hängt, stellte sie drei Tassen und jede Menge Gebäck vor uns hin. „Wenn du nicht möchtest, dann brauchst du nicht nehmen." Scheiße! „Du isst wahrscheinlich lieber Oliven? Spanien kenne ich ja lediglich aus dem Fernsehen, aber die Menschen dort wirken viel weniger … engherzig. Leichtlebig." Der schmerzhafte Druck der Nahrungsmittel sackte zwar, aber ohne sich dabei zu verflüchtigen, denn ich hockte ja auf meinen Blähungen, die mir die Laune katastrophal verdarben. Und leider bin ich als Schauspielerin mies genug, um das allen anderen auch gehörig zu zeigen. Aus diesem Grund hat Oliver für mich geantwortet: „Sicherlich sind sie emotionaler und nicht gerade biedermeierlich. Ist die Arbeit auch wirklich nicht zu viel für dich, Mutter? Die ganzen schon lange nicht mehr bewohnten Räume zu reinigen?" „Nein, nein, mach dir keine Sorgen." Und als wir uns nach einer Stunde wieder verabschiedeten, meinte sie (vielleicht sogar im Ernst): „Es war sehr nett, dich kennenzulernen, Katalina. Kommt doch bald wieder." Wir begaben uns zurück ins Auto, der kleiner werdende Hund reckte im Rückspiegel seine Schnauze, da platzte Oliver los: „Ich weiß nicht, an welchem gottverdammten Mist du in deinem Leben dich verschluckt hast, aber …" ich sei weder gesellschafts- noch kritikfähig, noch verstünde ich in irgendeiner Hinsicht Spaß, und gefälligst solle ich nicht immer alles auf *mich* beziehen. „Schreibe besser mehr Bewerbungen!" Extra hatte ich diesmal das Antwort- beziehungsweise Ablehnungsschreiben von dieser Firma, bei der ich war, eben nicht zerrissen: Aber diese Rechtfertigung war wohl auch ein Fehler? Tolle Leistung, ich kann machen, was ich will! Nicht ein einziges Mal hat er bis jetzt „Ich liebe dich" gesagt. Also findet er mich ebenso dumm und unsexy wie ich mich selber auch, findet mich kein bisschen attraktiv, gar nichts. Um Salz in die Wunde zu streuen, hat er davor oder danach auch noch den Wunsch geäußert, Kinder von mir zu kriegen. Auf gar keinen Fall wollte ich mir die Blöße geben, vor ihm zu weinen. Stattdessen habe ich zuhause im Zimmer eingeschlossen erst leise, dann immer lauter gesungen (obwohl er sich entschuldigt hat):

> I wanna have control,
> I want a perfect body,
> I want a perfect soul.
> But I'm a creep …!

Heute wiege ich zwar schon 58,5 kg. Wenn es so weitergeht, stehe ich aber wieder vor einem Scherbenhaufen.

Ich bin ein schlechter Mensch. Ja, aber ich habe guten Grund dazu: all die schlechten Menschen, die um mich herum sind. Oliver treibt ein falsches Spiel. Ich rieche und spüre es, die Zeichen waren von Anfang an nicht zu übersehen, und ich sprach es unumwunden aus: dass er „im Saft dieser Asiaschnalle" bade. Er gab sich überrascht und fassungslos. „Du leidest dermaßen übel unter Hirngespinsten, weißt du das? Davon abgesehen hast du vor wenigen Wochen ,diese Asiaschnalle' noch ganz toll gefunden, so toll, dass du ihr einen Hut mit chrysanthemengemusterter roter Schleife schenken wolltest." „Ja, das war, bevor ich wusste, dass sie deine Hure ist!" Er ließ mich kopfschüttelnd im Wohnzimmer stehen. Vielleicht deshalb, sicher deshalb habe ich die Antwort auf die Kontaktanzeige hervorgekramt, in der es heißt „… werde die Puppe tanzen lassen, dich, so wie es uns gefällt", und nachträglich so schnell wie möglich die Nummer gewählt. Die Stimme am anderen Ende der Leitung klang verdächtig, lachend und vielversprechend kurzweilig. Wir verabredeten uns auf Freitagvormittag im alten Industriegebiet. Ich wog 56 kg (jetzt sind es sogar nur noch 55) und wagte mich für diesen Anlass unter einem steifen knisternden Mäntelchen in ein scharlachfarbenes Kleid, zu dem ich jene goldene Kette trug, die ich von Oliver geschenkt bekommen habe, ging durch süßen Parfumdunst hindurch und haute Volumen in mein Haar hinein (was nicht klappte). Da es zunehmend kälter wird, habe ich darunter auch noch die halterlosen Strümpfe angezogen, ganz wie 'ne Nutte. Ich konnte mich selber im Spiegel nicht ertragen. Logischerweise schauten mich im Bus alle von oben bis unten an. Auf dem Weg zum Treffpunkt ging jemand hinter mir, meine Verabredung konnte es nicht sein, es war eine Frau, deren Klack-Klack mich noch um einiges nervöser machte, als ich es ohnehin schon war. Dann bog sie ab und ich gelangte zur besagten Garage. Niemand war da. Bis zwei Männer kamen, zwei. Der eine, der einen halben Schritt voranging, war nicht unathletisch mit ziemlich blassem Teint und RAIDERS-Jacke, fast wie erwartungsgemäß, der Mitgebrachte hatte krauses Haar wie ein Afrikaner, beide vermutlich jünger als ich. Beide haben sich angesehen und mir einen geilen Blick geschenkt. „Zigarette?" „Danke, nein", habe ich an die Wand gelehnt versucht zu lächeln. „Später vielleicht, hm?", hat der andere gezwinkert und mir irgendwo einen Mantelknopf geöffnet, „sie ist tatsächlich feurig genug. Gehen wir hinein." Mit einem Schlag trocknet mir die Kehle aus. Zwischen Unrat und verliesdüsteren Mauern, auf welche durch zerbrochene Fensterscheiben glasklares Licht fällt, fassen sie mit ihren Händen freiweg unter mein Kleid. Widerwillig biete ich auf die Nachfrage hin einen Kussmund an. In der Mitte des Raumes befindet sich eine schwarzgepolsterte Bank. Mein rotes Kleid flattert wie ein abgeschossener Vogel dorthin. Bäurisch verhakle ich mich in meiner am Boden liegenden Handtasche und ziehe mir nicht nur den einschnürenden BH, sondern auch meine Schuhe aus, obwohl ich mir die Füße beziehungsweise die Strümpfe schmutzig mache. Im Stehen kneifen mir die Männer von links und rechts in die Brustwarzen hinein, bis sie nagelhart und groß wie ihre beiden Ständer sind, die sie mit blanken Fäusten wichsen. Unterdessen verrät mich meine noppenkalte Haut. Ich fühle bis in das Polster mein in der Weiblichkeit aller X-Chromosomen brandendes Ich. Einer der Männer, der dunklere, meint: „Ich kriege die Möse zuerst, so wie wir abgemacht haben", als hätten sie mich gratis bei Walmart erstanden. Der Hellhäutige zieht sich ein Kondom über und legt sich kampfbereit auf die Bank. Während er mit einer Hand seinen Stolz und mit der anderen mein Becken hält, pfähle ich meinen Körper mit dem Rücken zu ihm gewandt auf. (Ich habe mich vorher präpariert.) Um Halt bemüht so frei im Raum den einen reitend, greift Nummero zwo mit beiden Händen meinen Kopf, als handle es sich um eine Galiamelone, und bumst mich mit flachen Stößen in den Mund. Dabei rufen sie obszönen Unsinn wie: „Ja, saue mir das Ding schön durch. Schön gestopft lebt sich's doch gleich besser, wa'?", oder: „Und jetzt stecke ich dir noch einen Finger in den Arsch." Die Erinnerung an den Besuch bei Ollis Mutter, die Scham und die Demütigung, dass der Typ in mir eine Kloake ertasten könnte, quälen mich. Gleichzeitig hat mich sonderbarerweise jede Angst verlassen. Die beiden klatschen sich ab: Der vordere, der nach unten kommt, streift sich einen neongrünen Gummi über, der untere, der nach vorne kommt, schnippt hingegen einen rosaroten weg. Mein Kopf ist nunmehr zwischen roboterhaften Armen mit krausen Haaren eingespannt; das befreite erigierte Glied schmeckt nach wie vor synthetisch-luftleer. Wie in einer Schlinge verkrampft sich mein gesamter Nacken, meine Schenkel hören nicht auf zu zittern, als sei ich quer und doppelt durch die Stadt gerannt. Ich schwitze … da explodiert dem vor mir Stehenden sein Rohr unter triumphierendem Rühren meine Kehle hinab, und der Liegende krallt noch mal seine Hände bis auf das Blut in mein Fleisch hinein, bevor das seinige ebenfalls erschöpft zusammenbricht. Ich steige endlich von dieser Bank hinunter, reiße das Kondom von seinem schlappen Horn und gieße mir den Inhalt mit zurückgeworfenem Kopf wie spermaründig in den Mund – der säuerlichste Leim, den ich je getrunken hab. Wie er mich anschaute! Dabei ist es nichts anderes gewesen als die abgekühlte Leidenschaft, die noch soeben wie im Voodoorausch aus seinem Körper schoss. Alleingelassen habe ich die jederzeit mitgeschleppten Putztücher aus meiner Handtasche geholt. Mein Schlüpfer lag unter meinen Schuhen wie eingesargt, denselben, die ich vor einer kleinen Ewigkeit erstanden habe, und war vollgefleckt mit Asche und Staub. (Auf der Rückfahrt hatte ich das Gefühl, als würden es mir alle Leute ansehen können, wie mir dieser pelzig-hartnäckige Schleim immer wieder aufstieß, und realitätsabtötend versuchte ich meinen Blick zu meinen Füßen zu senken …)

Bevor ich mich zu diesem ganzen verstörenden Schauspiel durchgerungen hatte, zwang ich selbstmitleidig auf dem Küchenboden hockend gute 20 Kinderriegel in mich rein. Ich floh und hetzte wie geplant ins Badezimmer. Gerade als mit aufgeblähten Wangen der ganze süße Dreck sich wieder aus meinem Bunker hinauskatapultierte, gerade da und nicht 5 Minuten diesmal früher, sah ich verschwommen genau neben mir Oliver stehen. Ich werde nie seinen Gesichtsausdruck vergessen. Gleichzeitig ist dafür aus meinem Gedächtnis jede Rechtfertigung gestrichen, die ich mit Sicherheit hervorgebracht habe. Lediglich daran erinnere ich mich, dass ich wie eine Katze hinten am Genick gepackt wurde und mir gefälligst die Schnauze abwischen sollte. Vielleicht entschuldigte ich mich sogar noch. Jedenfalls schrie er: „Du bist krank!", und: „Du bist ein Fall für den Psychiater! Was dir fehlt, das ist die Einsicht, deine verbiesterten Probleme dingfest zu machen." Er brüllte drauflos, dass ich eine Müllschlampe sei, die sich nur fürs Fressen und Ficken interessiere, und wie hasse ich ihn doch dafür, ihn, meinen Vater! (Übrigens könnte ich ihn noch immer anzeigen; aber das tue ich nicht. Warum tue ich's nicht!) Mit den Fingern habe ich mich wie an einer Klippe im Bettlaken festgegraben. Oliver ging weg, ohne mir zu sagen, wohin. Ich kann nicht mehr schlafen. Wenn er jemals diese Worte findet, ist alles aus. Alles. Sagte ich, ich sei ein schlechter Mensch? Nein … Eine minderwertige Kreatur bin ich.

Ich höre wieder und wieder ihren Satz: „Komm endlich zur Besinnung!" Heute, am Montagmorgen, wiege ich 57 kg. Ich sehe irgendwie so aufgequollen, sehe geradezu wie Treibholz aus. Fangen wir aber an, womit ich eigentlich anfangen wollte: Am Freitagnachmittag habe ich mich halb gezwungenermaßen mit meiner Cousine per schlammig grünem Handy zum Shopping verabredet. Sie stand mit schwarzer Mütze und Schal im namenlosen Menschstrom da, als ich um die Ecke flog (ich war zu spät, zu spät). „Hallo, Katalina, wie geht's?", reichte sie mir eine wollig-warme Hand, und ohne auf eine Antwort zu warten, sagte sie: „Gehen wir erst mal hier rein? Legen wir einfach los." Die Verkäuferin im übernächsten Geschäft, 'ne hausgemachte Tussi, hatte künstlich-lange Fingernägel. Marissa nannte sie mir gegenüber eine „Chica", unmissverständlich so, als möchte sie beweisen, dass sie ebenfalls so was wie Spanisch kann. Quatschend und plappernd wurde sie vorher oder nachher (es war vermutlich vorher) von dieser eingebildeten kleinen Klugscheißerin bedient, und sie schwindelten sich alles ja so maßlos toll, dass sie wahrscheinlich schon triefend nass zwischen ihren Schenkeln waren. Mir gefiel kein einziges Stück, konnte mir auch gar nicht mehr gefallen. Folglich sind wir an die Kasse gegangen. Die Verkäuferin stand für eine Sekunde wie im Zeitraffer eingefroren da, und als Marissa sie fragte, was denn sei, blinzelte sie zweimal und vollführte eine kreisförmige Armbewegung: „Ich hatte nur gerade ein Déjà-vu." Da wurde mir plötzlich so schlecht, so unendlich schlecht, als sei ein bleierner Kegel durch meine Magengrube gefallen, und ich sagte verlangsamt: „Können wir jetzt endlich gehen?" Draußen versuchte meine Cousine mich aufzustacheln. Vielleicht weil ich ihr den Einkauf versaut habe, behauptete sie, Oliver soll behauptet haben, dass ich wie eine Ertrinkende sei, die denjenigen, bei dem sie Halt suche, letzten Endes mit herunterreiße. Gut möglich; aber am Freitag, in jenem Moment, als sie mich provoziert haben wollte, vergebens, da vergebens: Ich reagierte nicht.

Samstagabend. Til hat uns mit zwei mitgebrachten Filmklassikern besucht. Wir wollten einen Videoabend machen, das heißt, Oliver und er wollten. „Der zweite ist für euch allein zum Ankucken. Evanda wollte nicht." Er hatte eine schwarze Hornbrille auf, und wir schauten DER EXORZIST. Beim Abendessen zuvor hatte ich die Vernünftige gespielt, hatte lediglich eine Scheibe Brot mit Käse und Gurke belegt sowie ein Glas heiße Milch zu mir genommen, um vor der Flimmerkiste hockend gesellig mitfressen zu können. Aber als ich dieses Monstrum, dieses ekelhafte Mädchen wüten, toben, fluchen sah, da versackte plötzlich jede Lust in mir ob auf Zucker- oder Salzstangen. Wie konnten sich die beiden währenddessen nur über Evandas Sohn unterhalten, dem Til nicht ganz gewachsen schien? Der Hunger machte mich aggressiv. Höchstwahrscheinlich deshalb, um diesen ganzen Eindruck auszulöschen, als er wieder gegangen war, bejahte ich Olivers Vorschlag, gleich danach DEEP THROAT anzuschauen. Der Streifen unterscheidet sich deutlich von den zwei, drei Pornofilmen, die ich in meinem Leben gesehen hab. Je wilder ich mich dagegen wehrte, ihn erregend zu finden, desto unaufhaltsamer erregte mich dieses gurgelgefickte Pechlöckchen. Mein Appetit kam weit genug zurück, um Bifi und Überraschungseier in mich hineinzustopfen. Ehe die letzten Minuten zu Ende waren, haben wir schon synchron begonnen, es miteinander zu treiben. Ich blase im Stehen, im Sitzen und schließlich im Liegen. Er kitzelt mich unterdessen dort, wo eine Frau hochempfindlich sein sollte, doch hätte er genauso gut über Hornhaut streicheln können. Möglicherweise habe ich den Kitzler tatsächlich auf der Zunge. (Ich bin Linda Lovelace.) Tatsächlich ist meine Zunge möglicherweise meine Ersatzfotze. Sein harter Riemen ist von oben bis unten vollgegeifert – ein so balsamisch einförmiger Urschleim. Doch knallt er mir letzten Endes eine derartige Ladung in den Mund, dass ich unwillkürlich röcheln, dass ich die doppelte und dreifache Menge zurückhusten muss, die mir wiederum das Maul verklebt. Ich kotze. Endlich wieder einmal. Aufstand. Meine Augen sind rot, ich glaube vom vielen Würgen, er bellt: „Du bist ein verteufeltes Stück W…!" Unerwartet hat er sich aber auf die Zähne gebissen und alles hingenommen, wusch sich so wie ich auch. Mit Nachtwäsche legte ich mich also ins Bett. Warum hat er mich allerdings am selben Abend – es war genau genommen schon Sonntagmorgen – ein zweites Mal bestiegen? Ich mache die Beine breit und stöhne: „Mehr! Gib es meinen dreckigen liederlichen Schamlippen, mehr! Zerstör sie!" (Ich sage das in diesen Momenten immer ungestraft, weil alle glauben, es handle sich um Dirty Talk, der einzig und allein den Zweck habe, sie anzumachen.) Wie eine undichte Leiste buttert er mich zu. Aber ich gab nicht auf. Nach einer sehr, sehr kurzen Nacht wasche ich ihm unter der Dusche den Schwanz und schlürfe unter Zuhilfenahme beider Hände die Reste aus seinen Eiern raus. Ich schmecke sein Sperma nach wie vor, schmecke es, noch ehe es mir auf die

Zunge spritzt. Mein Wendekreis ist zu eng. Aus dem Dasein schaut der Abgrund rauf. Endet es denn nie!?

Ich bin allein. Oliver ist aus seiner eigenen Wohnung gegangen und mit dieser Fotze von Lisa zusammengezogen. Wusste ich's! Alle reden sie mit einer unbestimmten Angst und Hoffnung vom sogenannten Millennium. Und am Ende werden wir allesamt x neue Jahre Chaos und Probleme durchorganisiert haben, so wie immer und sonst nichts. Von Marissa beispielsweise habe ich eine Einladungskarte zur Hochzeit bekommen. Eine Einladungskarte! Die Eheschließung soll ein Fest und ein Anfang sein? Pah, was zähl ich schon! Nichts.

Vor Heiligabend (gestern, es ist jetzt 00:05 Uhr) hat er die Klinge mir ins Herz gestoßen. Draußen gaukelte der Schnee. Drinnen flogen Fetzen vom Arbeitsamt durch die Luft, ebenso wie ein Foto, auf dem ich überhaupt nicht aussehe, wie ich aussehe, weil ich mich damit für eine Karriere in Liebesbeziehungen beworben hab. Oliver sagte (es war zum Ausrechnen): „Ich habe den Zirkus mit dem gestörten Tier satt!" Rasend ging ich auf ihn los, trat um mich und zerriss fast seine Kleidung. Er bog mir die Hände auf den Rücken und zwang mich in die Knie. Ich habe mit all meinem verunstalteten Bedürfnis, angenommen zu werden, gebrüllt: „Und wo soll ich jetzt hin, wohin, du domptierendes Schwein?", und voller Verzweiflung beiße ich in seinen Hosenschlitz, „oder lässt du mich hier zurück, zurück?" Er stopft mir mit seinem Knauf das Maul, oder ich mir das Maul mit seinem Knauf, der schwillt und schwillt und schwillt. Sowie er die richtige bedrohliche Größe hat, begebe ich mich bäuchlings nackt auf den Küchenboden, die Brüste auf lauter Krümeln plattgedrückt, und er hebelt sich über mich gebeugt mit seinem Dolch in meinen fleischigen Riss. Keuchend inhaliere ich den reinen Dreck. (Bin ich etwa feucht?) „Stoße! Stoße! Stoße! Stoße!" „Was machen wir hier bloß? Steh auf!", verlangt er, und ich setze mich vor seinem Unterleib auf die Fliesen. Igitt, er schiebt mir die muschig geölte Flinte in den Mund, ein Hochgenuss! Ich benutze beim Lutschen den ganzen Kopf. Dann halte ich den Schaft in die Höh', während ich wie ein Staubsauger seinen Sack vakuumiere, viel fester, als ihm recht sein kann, und kreise mit den Fingern langsam um die Krone seines Liebesorgans. Ja, Tantalusschmerzen soll er haben – und ohne jede Warnung verpestet er mein Gesicht mitsamt den Haaren, die ganze Milchstraße zerläuft. Bis jetzt habe ich weder Zeit zum Waschen noch zum Abschminken gefunden. Stattdessen habe ich geheult wie ein Kind. Eine schön unmädchenhafte Maske geistert in meiner Fresse, schön, schön hässlich und unliebenswert! Ja, ich hasse mich selber und wünsche zu sterben ich hasse mich selber ich wünsche zu sterben ich hasse mich selber ich[*]

---

[*] Das Dokument bricht unvermittelt an dieser Stelle ab.

Und eine Seitenmasche in Handarbeit

Vorspann

[Sie weilt in einer lotoshellen transparenten Bluse zu einem schwarzen Hut mit fleischroter Schleife wo ein Mann mit außerhalb des Bildes liegendem Gesicht von ihr masturbiert wird und wendet demselben mit einem befriedigten Lächeln ihre Augen sowie das Sperma in die Höhe schießt zu[*]]

Interessen

[Lisa und ihre Freundin Marissa, die eine teure Lacktasche an ihrer Hüfte baumeln hat, marschieren vom Universitätsgelände eine Seitenstraße hinunter.]

{Lisa} Warum hast du denn gesagt, du würdest mich keinesfalls so genau kennen, wie es den Anschein habe, und ich sei in Wahrheit eine Fremde? {Marissa} Bist du es denn nicht? {Lisa} Nicht dass ich wüsste. {Marissa} Die Lisa, die *ich* kenne, würde jedenfalls nicht das machen, was du machst. {Lisa} Was mache ich denn? {Marissa} Das weißt du wohl genau. *Alle* wissen es. {Lisa} Wer ist „alle"? {Maris-

---

[*] {Der Herausgeber und Verfasser vorliegender Beta-Darstellung} In letzter Minute habe ich mit mir selber für einen unreglementierten Satzcode abgestimmt, der die Zeitlichkeit festhalten will.

sa} *Jeder,* der hier auf die Universität geht. Und auch sonst. {Lisa}
Das will also heißen, ich bin dir peinlich? {Marissa} „Peinlich" ist
überhaupt kein Ausdruck. Du bist unvorzeigbar und geschmacklos.
Denn das – falls du es noch nicht weißt – ist das Urteil unserer Kom-
militonen und der Professorin. {Lisa} Einige Studenten finden durchaus Gefallen daran. Immerhin habe ich sagen hören, […] fände es
sehr schwül und sinnlich. {Marissa} Seine genauen Worte waren:
Dein sexuelles Klima sei so schwindelerregend wie das einer Gewitter-
wolke. Und – fühlst du noch immer dich geschmeichelt von seinem
Kompliment? [eine Antwort abwartend, die nicht erfolgt] Siehst du.
Wie glaubst du überhaupt eine gute Pädagogin und ein Vorbild werden zu wollen, wenn du dermaßen aus der Reihe tanzt? {Lisa} Wenn
ich nur dann ein Vorbild sein kann, wenn ich ein Abbild sein muss,
dann verzichte ich lieber darauf! {Marissa} Dann bist du auch im
Begriff, deinen Beruf zu verfehlen. [hastig einer Antwort zuvorkom-
mend] Und vielleicht ist das sogar deine Absicht? Vielleicht willst du
endlich der ganzen Welt beweisen, dass du tatsächlich die Schlampe
bist, für die man dich eigentlich nicht halten konnte.[16] {Lisa} Warum
nennst du mich so? {Marissa} So nenne ich dich doch überhaupt
nicht. Ich habe nur gesagt, dass es Leute gibt, die das von dir denken
könnten. {Lisa} Weder ficke ich mit allen möglichen Kerlen – {Ma-
rissa} Bitte eine andere Wortwahl. {Lisa} Warum? Fickst du nicht?
{Marissa} Man kann das auch netter ausdrücken. {Lisa} Ob jetzt
nett oder nicht nett, ich sagte, ich ficke ja nicht mit allen möglichen
Kerlen, sondern ich ficke nur meinen Freund und nicht einmal den
ficke ich vor der Kamera, sondern ich lege Hand an [akzentuierend]
um einen männlichen Orgasmus zwecks Demonstration zu bewirken.
{Marissa} Statt Gäste zu bedienen, bedienst du also lieber klischee-
hafte Männerphantasien: per manufktureller Abfertigung. {Lisa} [die
Mitdahingehende nur aus den Augenwinkeln wahrnehmend] Ich hätte
wirklich nicht geglaubt, dass du sexuellen Genüssen so sehr abge-
neigt bist. {Marissa} Bin ich nicht. Ich kann aber bei weitem mehr

Gefallen daran finden, wenn ich es nicht quasi auf der Agora treiben muss. Gefällt Oliver etwa, was du mit ihm machst? {Lisa} Wie hört sich das denn an! Hast du davon abgesehen jemals einen Mann gekannt, dem eine solche Behandlung *nicht* gefallen würde? {Marissa} Selbstverständlich habe ich das nicht und das werde ich auch nie. Nichtsdestoweniger hat auch er einen Ruf zu verlieren. {Lisa} Dass ich nicht lache! Wo doch heute jede mit jedem an irgendwelchen Schweinereien experimentiert. Dabei ist er auf diesen Clips nicht einmal zu sehen. {Marissa} Das nicht, aber jeder, der *dich* kennt, weiß doch, dass es sich dabei um Oliver handelt. {Lisa} Wenn *das* jeder weiß, was macht es dann noch für einen Sinn, mich als Schlampe zu beschimpfen? {Marissa} Das spielt doch auch überhaupt keine Rolle, ob er oder die Genitalien von irgendwelchen anderen Männern. Fakt ist, dass du ebenso rücksichtslos bist und ebenso wenig weißt, was Liebe ist, wie Katalina das jemals wissen dürfte. {Lisa} Katalina wusste sehr wohl, was Liebe ist, ansonsten hätte sie diese – wie jeder Kranke – nicht bis zur Verzweiflung gesucht. In Wahrheit waren wir es, die sie hätten gerechter behandeln sollen. {Marissa} Quatsch! Wie willst du denn einem Menschen helfen, der sich nicht helfen lassen *will?* Katalina kannte letzten Ende nichts als „mucho, mucho"! Oder solltest du etwa bereuen, dass Oliver in deinem Bett es so viel gemütlicher fand? Bereust du es? {Lisa} Reue ist das falsche Wort. {Marissa} Du hättest auch keinerlei Grund dazu. Sowieso wollen wir hier nicht über einen Fall reden, der bereits hoffnungslos in die Krippe gepurzelt ist. Deine Eltern müssten dagegen mächtig stolz auf ihre Tochter sein? {Lisa} Spare deinen Zynismus, ja? Du weißt, dass Eltern das nicht sein können. {Marissa} Sondern? Ihre Meinung lautet wie? {Lisa} Du wirst dich freuen: nicht unähnlich wie deine. Meine Mutter unterstellt mir, die Familie in den Dreck ziehen zu wollen, und zählt mir auf, wie viel nette Dinge sie sich von ihren Mitmenschen anhören muss. {Marissa} Und weiter? {Lisa} Wenn ich meine „Prostitution" nicht aufgebe, so droht sie mir, wird sie mich nicht länger in meinem Studium unterstützen, und zwar aus dem einfachen Grund, weil in diesem Studium meine einzig wahre Zukunft liege. Ein Irrsinn ist das, den man unter engeren Gesichtspunkten auch Erpressung nennen könnte. {Marissa} Nein, Liebe und Fürsorge einer Mutter um ihr Kind nennt man dies. Und dein Vater? {Lisa} Was soll mit ihm sein? {Marissa} Stell dich nicht blöd. Was sagt er zu deinen Filmchen? {Lisa} Zum einen hat er selber diese natürlich ebenso wenig gesehen wie meine Mutter. Zum anderen ist mein Vater ein sehr toleranter Mensch. {Marissa} Und eben hierin liegt das Problem. Deswegen bist du so eigensinnig, ausschweifend und zügellos: weil du nie richtig an die Kandare genommen wurdest, weil du unter jener äußeren Einwirkung einer liberalistischen Psychose handelst. {Lisa} [sichtlich um ihre Beherrschung kämpfend] Falls das wieder einmal eine Anspielung auf die politische Position meines Vaters sein soll, so will ich dir zum fünfzigsten Mal sagen, dass er die us-amerikanische Staatsbürgerschaft zwar besitzt, eigentlich aber Deutscher ist. {Marissa} Eigentlich. Dein Vater ist auf der ganzen Linie zu bemitleiden. Wie bist du übrigens auf die selten blöde Idee gekommen, dich auf den Namen „Liz O'Loveley" zu taufen? Ich weiß schon: Immer will das Trivialste das Prätentiöseste sein. Beide deine Eltern sind einfach nur zu bemitleiden, weil sie so viel Mitgefühl mit ihrer Tochter haben, einer Tochter, die ohne allen Grund um *jeden* Preis Aufmerksamkeit will. {Lisa} [auf die unter ihren Schritten nach hinten ziehende Straße blickend] Ich weiß nicht, ob du mich nicht verstehen kannst oder nicht verstehen willst. Jedenfalls ist es dir doch nicht fremd geblieben, dass unsere Erziehungsscharade sehr viele innere Wünsche unerfüllt lässt und wir alle gerne das wären, was wir nicht sein dürfen. {Marissa} Hätten und dürfen, wären und müssen! Schwadroniere nicht alles Mögliche und Unmögliche zusammen, sondern finde dich lieber mit der Realität ab, wie sie *ist.* {Lisa} Das sagt gerade die Richtige: Wer schwärmt denn hierfür und dafür, schwelgt in diesem und jenem? Und lügen, das gehört wohl zu den beispielhaften erzieherischen Grundmaßnahmen dazu, wie? Darüber hinaus glaubst du wahrscheinlich so naiv, wie du durch das akademische Denken geworden bist, ernsthaft, in dieser schwarzen Tracht meinen alle Kinder sofort: Juhu, ein Gutmensch! {Marissa} Vorurteile, nichts als Vorurteile! Wie ich sehe, ist es zwecklos, dir beibringen zu wollen, dass wir über grundverschiedene Dinge sprechen. [in Richtung Hauptstraße, wo sie Evanda sieht, zurückkehrend] Was mich betrifft, kannst du mit deiner Sache ruhig weitermachen, rechne aber nicht damit, dass ich dann jemals deine Freundin gewesen bin.

//

[Lisa sitzt mit ihrer Mutter, die eine gelb-blaue Bluse trägt, und ihrem schlecht rasierten Vater im Wohnzimmer. Vor ihnen auf dem Couchtisch befinden sich eine Teetasse, ein Fläschchen mit Pipette sowie eine Familienzeitschrift. Fernsehend schaltet der Vater wiederholt zwischen einem Baseballspiel und einer Dokumentation über die DREIGROSCHENOPER hin und her.]

{Mutter} [das Schweigen brechend] Ich nehme an, du weißt, warum wir dich zu einem Gespräch hierherbestellt haben? {Lisa} Ich vermute es. {Mutter} [ihre Tochter erwartungsvoll anstarrend] Nun? {Lisa} Nun was? {Mutter} Warum wir dich zu einem Gespräch hergebeten haben? {Lisa} Sag du es mir: Du musst es doch am besten wissen. {Mutter} Es ist und zwar ... warum tust du uns das an, Lisa! {Lisa} [wie Eisen erstarrend] Was tue ich euch denn an? {Mutter} Die Pornographie, mit der du dich so prostituierst, um jeden x-beliebigen Sack anzumachen. {Lisa} Werde nicht von Anfang an wieder hysterisch. Erstens würfelst du mit den Begriffen Pornographie und Prostitution in eines, was am Ende doch zwei verschiedene Felder sind. Zweitens kannst du überhaupt nicht wissen, ob das jeder

„x-beliebige Sack" anschaut, oder ob sich darunter nicht auch nette Männer und sogar Frauen befinden. {Mutter} Jaja, erzähl mir nichts, mein liebes Fräulein. Bestreitest du etwa, dass du deinen nackigen Körper mit ekelhaften Präsentationen zu Geld machen willst? {Lisa} Weder ist er so nackt, wie du dir das vorstellst, noch müssen solche Präsentationen − quasi virtuelle Präsentationen − etwas Ekelhaftes an sich haben. Sie können ohne Weiteres ästhetisch sein. {Mutter} Sexuell explizites Material ist, ohne alle Unterschiede, unästhetisch. Und virtuirgendetwas, das dürfte wohl ein Witz sein; es ist nämlich illusorisch. Jawoll, diese gesamten neuen Medien sind ein Missverständnis, das boshaft kalkulierende Menschen in die Welt gesetzt haben, um eine ganze Generation zu vermanipulieren, sie als Konsumenten in einer überdimensionalen Machtmaschinerie abhängig zu machen und mit digitalem Blendwerk − {Lisa} Können wir nicht einmal vernünftig darüber reden? {Mutter} − wie als Weltraumaffen umzuerziehen. Und da hast du dir gedacht: „Ich will schnell mal auf diese Welle aufspringen, um in jenes Utopia des Kapitals zu schiffen." Wie viel treibst du zusammen? {Lisa} Hierauf werde ich nicht antworten und das fragt man auch nicht. {Mutter} Umso schlimmer, wenn das Sümmchen nur so mickrig ist. Denn das ist doch dein wahrer Grund: Weil du nach dem Tod von Opa dir keinen neuen anständigen Nebenjob suchen wolltest, prostituierst du dich. {Lisa} Ich habe dir doch soeben erklärt, dass Prosti− {Mutter} [sich zu ihrem Mann kehrend] Sag doch auch mal was: Es ist auch deine Tochter. [nach der ausbleibenden Erwiderung missgünstig ihren Mund verziehend] Wenn du dich nicht entscheiden kannst, dann schalte bitte den Fernseher aus. Dieses Geplapper macht mich noch wahnsinnig. Warum gehst du nicht besser in die Küche und holst dir deine schwarze Brühe? {Lisa} Kommandiere ihn nicht herum! Er kann selber entscheiden, was er möchte − nicht? {Vater} [den Fernseher ausschaltend] Ja. {Mutter} Sehr liebenswürdig, danke. Das alles ist

288

nur Olivers Schuld. {Lisa} Bitte was? {Mutter} Allein dem dreckigen Einfluss von Oliver – das muss doch einmal bei seinem Namen genannt werden –, allein seinem dreckigen Einfluss ist's zu verdanken, dass du vom rechten Weg abgekommen bist. {Lisa} Vielleicht solltest vielmehr du dich auf Höflichkeit, Maß und Mitte zurückbesinnen, statt auf die unqualifizierteste Weise über deine Mitmenschen zu richten. Du hast in deinem Leben nicht mehr als dreimal mit ihm gesprochen. {Mutter} Und gehört, wie er mit 'ner Ghettoschickse im Arm aufm Boulevard gesehen wurde. {Lisa} Wann soll das gewesen sein, wer will das gesehen haben? {Mutter} Freitag- oder Samstagabend. Etwa aus zuverlässigen Quellen weiß ich das. [mit zitternder Stimme weitersprechend] Ich will doch nur, dass es dir nicht so ergeht wie mir. {Lisa} Warum soll es mir denn gehen wie dir? {Mutter} Dein Vater ist auch kein Heiliger gewesen. {Vater} Musst du mit deinen Floskeln wieder einmal bei diesem Thema landen! {Lisa} Wieso? Was war denn damals? {Mutter} Frag doch mal deinen heroischen Vater, wie er deine Mutter behandelt hat. {Vater} Das war vor über 10 Jahren. {Mutter} Und diese Taten werfen noch immer Schatten – *Congratulations*. {Vater} Und du, bist du etwa untätig herumgesessen? Wenigstens weiter als bis zum Nachbarn hätte dein Kosmopolitismus flittern können. {Mutter} Ich war einsam, alleine hier mit einer zwölfjährigen Tochter. {Vater} [in Zimmerlautstärke brüllend] Gerade einmal zweiundvierzig Tage war ich weg. {Mutter} Das brauchst du mir nicht sagen: weg in den Süden, wo du ein Abo auf arme kleine Nutten gezogen hast. {Vater} Ich war als Regimentsführer im Irakkrieg, verdammt noch mal! {Mutter} Und bist als Krüppel wiedergekommen. So musste ich mich gewissermaßen gleich um zwei Kinder kümmern. Was wäre wohl aus deiner Tochter geworden, wenn ich nicht gewesen wär? Die Augen, insbesondere das linke, die sind von mir, aber die Mundpartie da, die ist eindeutig die deinige, und nur dank des äußersten Kraftaufwandes war es bisher möglich, sie zu ihrem Glück zu zwingen. Schau sie dir an! {Vater} Ich kann nichts Diabolisches erkennen, nur eine junge Frau mit rot werdenden Wangen. {Mutter} So, du findest sie also ganz reizend, wie? Dann muss ich dir gerne mal über die gesetz– {Lisa} Haaallo, ich bin anwesend … Willst du den Verstand jetzt völlig verlieren? {Mutter} Was soll denn das heißen: jetzt völlig? Heißt das, dass ich vorher schon ein bisschen plemplem war? Weißt du überhaupt, was ich mir tagtäglich anhören muss? Nein, natürlich nicht, woher sollst du es auch wissen, dann will ich's dir mal sagen: Jeden Tag kommen an der Volkshochschule irgendwelche Menschen zu mir und erklären, was du für ein … ich kann das Wort überhaupt nicht in den Mund nehmen … bäh seist. Gewiss ergreife ich deine Partei, das ist gar keine Frage; aber auf welche Qualitäten soll ich mich denn berufen, wenn sie nur die eine sehen? Der Arbeitsplatz ist mir zum Gefängnis geworden. Schon seit langem mobben mich die Schüler und andere Kursleiter aus unerfindlichen Gründen zu Tode. {Lisa} Vor zwei Wochen hast du doch noch behauptet, du seist dermaßen beliebt? {Mutter} Ach, deine Mutter macht das alles so schrecklich traurig. Wenn du nämlich nicht aufhörst, deine Perversereien zu treiben, sehen deine Eltern sich schlechterdings gezwungen, dir die bisherige finanzielle Unterstützung zu deiner Wohnungsmiete zu entziehen. Im Studium liegt deine einzig wahre Zukunft. Am besten, du trennst dich gleich von Oliver! [losweinend] {Vater} Wie melodramatisch! {Lisa} Wie stellst du dir das bitte vor? Gerade eben hast du mir noch unterstellt, das Motiv für meine Darstellungen würde in so etwas wie Geldgeilheit begründet sein, wenn nun – {Mutter} Das hättest du dir früher überlegen müssen: Du hast die Wahl. Versuche nicht erneut mich in deine unhandlichen Argumentationen zu verwickeln. Die Masche zieht bei mir nicht. Dieses Gespräch [kategorisch pausierend] ist beendet. Husch, dein Vater muss in die Kneipe zum Kartenspiel. {Vater} „Muss" ist die richtige Bezeichnung. {Mutter} Fährst du ihn? {Lisa} Selbstverständlich fahre ich ihn. {Mutter} In dem Fall hätten wir auch das geklärt. [aufstehend und ihren Mann anschauend] Du hättest dich wenigstens rasieren können. Was sollen denn die Leute denken?

[Während sich die Mutter mit der Pipette abgezählte Tropfen auf die Zunge träufelt, steigen Lisa und ihr Vater vorm Haus in einen indigoschwarzen VW ein. Sie legt bedächtig ihre Hand auf den Steuerknüppel, schaut in den von einem Katzenbärchen umklammerten Rückspiegel und fährt los. Aus den Boxen schallt leise eine Industrial Metal Coverversion von LAND OF CONFUSION.]

{Lisa} Wie ist deine Meinung zu dem Kleinkrieg? {Vater} Dass du als Rebellin geboren wurdest, Lisa; und deine Mutter ist eine Idealistin. {Lisa} Eine Tyrannin ist sie! {Vater} Ist das nicht dasselbe? {Lisa} Seit wann weißt du, dass sie in ihrer gehaltlosen Eigenliebe sich mit dem Nachbarn vergnügt hat? {Vater} Er hat es mir gleich nach meiner Rückkehr gesagt. {Lisa} Er selber, im Ernst, dieser Rollmops im Hawaii-Hemd? {Vater} Ja. [kichernd] Er hat mich gehasst, weil er als Beamter meine Bedürfnisse nicht nachempfinden konnte. Ich seine übrigens auch nicht. {Lisa} Und woher weiß sie, dass du am Persischen Golf fremdgegangen bist? Oder stimmt das nicht? {Vater} Doch, das stimmt. Mein mittlerweile verstorbener, sogenannter Freund hat es ihr wahrscheinlich gesagt. Genaueres wollte ich nicht wissen. Bei jedem eingebildeten Ereignis hat sie deswegen mich verhört. {Lisa} Wie ist's möglich, dass ich als Mädchen davon nichts mitbekommen hab? {Vater} Weil sie jedesmal sich Selbstzwang auferlegen konnte, bis wir alleine waren, um dann ungestraft ihre Tiraden auf mich loszulassen (ein Kinderspiel einem Menschen gegenüber, dem man Hilfe leistet). Die Frauen aus Kuwait waren so zauberhaft stumm. Unser Körper, der spricht doch – wie die Kugeln, die ihn treffen – eine unmissverständliche Sprache. {Lisa} Ich erinnere mich, dass ich damals mit großer Angst in die Zukunft geschaut habe, so unsicher, ob du jemals wiederkommen würdest. {Vater} Ich auch. {Lisa} Wie geht's deinen Narben denn? {Vater} Beschissen, wenn das deutsche Wetter beschissen ist. Ich verfluche jeden Tag, noch bevor er begonnen hat. {Lisa} Wie solltest du dich auch über deine erlangte Freiheit freuen? {Vater} In der Tat, ich fühle mich wie ein Stück Wäsche, das von der Mangel wieder ausgespuckt wurde; und wenn wir schon dabei sind: Freiheit ist die Mohrrübe, die der Esel vor sich schweben sieht. Die Politiker sind nichts als Peitschenknaller und Schwätzer! [aus dem Fenster schauend] Da wären wir ja. Mal sehen, was die Arschlöcher heute wieder zu erzählen haben. Wer Karten spielt, der muss doch ein sehr leeres Leben führen, ein Leben als hohles Glied in einer endlosen Kette. {Lisa} Und was würdest du mir raten? {Vater} Tu es oder tu es nicht; tu es in beiden Fällen aber aus empfundener Überzeugung. Ich weiß, das garantiert nicht unbedingt ein Leben in Glück und Frieden. Es nötigt dir aber wenigstens die Möglichkeit ab, dich frei zu fühlen. [den Gurt abschnallend] {Lisa} Danke, Papa. [bei dessen Aussteigen ihn auf die Wange küssend] Ich habe mich genau darauf schon programmiert.

Abspann

[Und nimmt mit entblößten Brüsten auf die eine knöcherne Butterlampe tätowiert ist ihre Finger von einem erschlaffenden Glied so dass sie mit Spermafäden dazwischen in die Kamera winkt bevor ein schlanker Mann das beleuchtete Zimmer verlässt und sie mit Tempotaschentüchern ihre Hand abputzt weil sie an der Tür den schließlich Angekleideten auszahlt um alleine in einem großen Sessel sich niederzulassen][17]

Zurück im dramatischen Spiegelkabinett

Über einen Verschollenen

Auf einer kohlebraunen Couchgarnitur sitzen vier fast ununterscheidbare Männer mit schwarzen Haaren und weißen Hemden um einen niedrigen Glastisch (auf dem ein däumlingskleiner Weihnachtsbaum aus Gummi steht) neben einer Frau. Die alten Leuchtstoffröhren summen. Ebenjene Frau, deren schöner Schädel kahlgeschoren ist, trägt ein goldenes Kreuzchen mit Rubinstein zu einem teerschwarzen gehäkelten Kleid, unter dem sie ein dunkles Hemdchen wie auch wollene Leggings anhat, die Beine übereinandergeschlagen, aber barfuß. Ihre Fersen wirken so weich, als sei sie in ihrem Leben nirgendwohin gegangen, ihre hüftnah liegende Hand ziert ein schwerer schlichter Ring, und ihre goldgespickten Wimpern sind gesenkt. Einer der Männer sagt: „Du siehst, wir haben ihn nicht gefunden." In der dunklen Ferne brandet das Meer.

Die Frau antwortet fragend wie zum sperrangelweit offenstehenden Fenster: „Obwohl überall gesucht und jeden gefragt zu haben."

„Überall und jeden. Aus dem Hotel hat er ausgecheckt. Alle antworten dasselbe: Er sei weitergereist nach Chilpancingo. Nur einer sagte, nach New Amsterdam, und dann noch einer. Überall, wo er war und nur sein kann, sind wir gewesen — keine Spur." „Wir fürchten, dass er einen Unfall oder einen epileptischen Anfall hatte. Könnte es nicht der Fall sein, dass er dieses Carbamazepin, das er bis zur nie stattgefundenen Operation nehmen wollte, vergessen hat", schaut ein anderer Mann wie ohne Fragezeichen zu der exotischen Frau mit mitteleuropäischem Hautton.

„Dieses Carbamazepin nach einer Zeit einfach nicht nachlassender Kopfschmerzen nie wirklich genommen zu haben und –" („Das erfahren wir erst jetzt.") „– auch nie danach gefragt worden zu sein."

„Demnach hatte er tatsächlich immer wieder einen epileptischen Anfall."

„Sehr selten immer wieder. Seine Fähigkeiten nie verkannt und Phasen der Ruhe eingeplant zu haben. Und selbst wenn doch: Einen kurzen Anfall leicht zu überstehen und einen schweren Anfall schwer unbemerkt zu lassen."

„Nicht, wenn er sich irgendwo zwischen Straße und Wüste ereignet. Überhaupt, er könnte schnell einen Verkehrsunfall gehabt haben." „Ein Flugzeugabsturz ist eigentlich auszuschließen. Der einzige, der in ebendieser Zeit in diesem Raum geschehen ist, war schon ein Tag vor seiner Abreise." „Ein Autounfall ist faktisch viel möglicher. Die dortigen Jeeps entsprechen des öfteren noch immer bei weitem nicht unseren Normen, heißt Vorschriften. Die Bremse oder das Kühlsystem könnte versagt haben." „Dass er bei niemandem von sich hören ließ, wäre dann aber nur dann einzusehen, wenn er tot wäre, und sein Handy gleich mit dazu. Schwer einzusehen wäre dann nichtsdestoweniger, warum eine Mietfirma nichts von sich hören ließe. Oder, sie ließ doch nichts von sich hören."[18]

„Nicht mich anzusehen; nichts je gehört und niemand zu mir etwas zu sagen zu haben."

„Er war nie ein schlechter Autofahrer und auch kein Raser, aber das will nichts bedeuten, aber gerade ein Auffahrunfall wäre ja nicht ohne Zeugen geblieben. Oder ein Betriebsunfall ist geschehen …"
„… mit diesen primitiven Gerätschaften, wobei wieder die gleiche Frage zu konstatieren wäre: warum keine Zeugen." „Und was wird denn um diese Jahreszeit da überhaupt gemacht." „Und wie kann er da beispielsweise aus Versehen niedergemäht werden."

„Nicht auf andren Breitengraden immer *sich* zu suchen: andres Klima, andre Sitten." Ohne unter den gehäkelten Löchern ihre kantig-runden Schultern zu bewegen, dreht sie ihren kahlen Kopf. „Mehr zu tun als nur dann und wann zu säen und zu ernten. Weder den Mais noch das Zuckerrohr – noch also ihn – im übrigen zu ‚mähen' sei."

„Also glaubst du auch nicht, dass eine Art Betriebsunfall geschehen ist. So oder so. Wir haben unserem Bruder immer abgeraten, sich dieser Sache mit den ärmer werdenden kleinen Bauern anzunehmen. Löblich und schön, aber an der sozial-technischen Realität vorbeigehend, nicht. Und was hat er nun davon, und was wir. Und du", schauen alle vier die junge Frau an, die ihren Blick wieder abgewandt hat.

„Nicht gegeben haben zu wollen, um zu nehmen, sondern tatsächlich geholfen, um zu helfen. Um Verseuchungen durch skrupellose Konzerne entgegenzuwirken. Um redliches Handwerk wieder ins Recht zu setzen und nicht auf goldene Worte schwarze Taten folgen zu lassen." Sie setzt beide Zehenspitzen auf den Boden, „ich warte", um sodann jenes Bein über das andere zu schlagen.

„Schon gut. Die Frage wäre dann, was unseren Weltverbesserer aufgehalten haben könnte." „Zollkontrollen." „Ein Unwetter." „Spontan-brisante Arbeitserhöhungen." „Hilf uns. Wer oder was kann auf dieser Strecke dazwischenkommen."

„Da nie beigewesen zu sein."

„Wo: New Amsterdam."

„Nein, Chilpancingo selbstverständlich."

„Wieso Chilpancingo. Wir dachten, du seist mehrmals in Chilpancingo mit dabeigewesen."

„*In* Chilpancingo, ja, aber *nach* Chilpancingo immer nur unmittelbar von hier mitgereist zu sein."

„Wenn er nicht gar bis zu den Inseln unter dem Winde geschippert ist." „Warum zu den Inseln unter dem Winde." „Nur so." „Wie man's dreht und wendet", fahren untereinander die Männer fort, „von irgendeiner Seite hätten wir Nachricht erhalten müssen." „Die wir aber nicht erhalten haben. Zu orten ist er ja genauso wenig. Es stürmt und hagelt. Kann mal jemand das Fenster zumachen." Alle gucken zu der Frau. Sie steht geschmeidig auf, legt den Hebel um (sie bietet unweigerlich den Männern ihre Rückansicht) und nimmt zurückkehrend wieder die gleiche vorgebeugt-aufrechte Haltung ein. „Recht schön, dass wir hier eine so saubere Fußbodenheizung haben. Du hast ihn doch öfters eskortiert", so einer der Männer zusammenhangslos.

„Müde schon wieder in Erinnerung zu rufen, erstens nie auf dieser Route dabeigewesen zu sein, zweitens ihn immer nur privat begleitet zu haben, und ein für allemal klarzustellen, mich nicht wie ein slowakisches oder Bangkogmädchen zu behandeln, bitte, euch nicht taubzustellen."

„Immerhin haben wir gehört, dass du 1991 oder -92 als Tochter einer Kuwaitanerin geboren wurdest."

„Ja und. Meinem Vater hierher gefolgt zu sein."

„Ohne ihn gefunden zu haben", pariert einer der Männer, hebt noch im Kontern defensiv die Hände und drückt sachte die Luft herunter. „Was aber, wenn er aus welchem Grund auch immer nicht gefunden werden will." „Ja. Was dann."

„An diese Möglichkeit selber immer wieder gedacht zu haben und ratlos zu sein, womit in aller Welt ihn nur so verletzt haben zu können." Sie fügt hinzu: „Oder aus dem zwar vorstellbaren, aber indiskutablen Grund, uns eine Überraschung bescheren zu wollen."

„Ganz richtig – indiskutabel." „Angenommen, er arbeitet im Geheimen, um das öffentliche Interesse fernzuhalten." „Genau. Welcher Art könnten dabei seine Interessen sein, und wozu."

„Warum wozu. Im Geheimen zu arbeiten, um öffentliches Interesse fernzuhalten, und eben öffentliches Interesse fernzuhalten, um im Geheimen zu arbeiten. Für die Erde."

„Und für sich. Schließen wir diesen Fall als praktisch nicht beweisbar – oder unbefriedigend – aus und schreiten in unserer Suche nach seinen Motiven fort. Worüber hat er uns nichts wissen lassen."

„Sorgen hier gehabt zu haben."

„Sorgen, die ihn zu einem Exil überredet hätten, sag uns welche."

„Zu wenig hiergebliebene Freunde. Zu wenig Ohren für zu viel Erinnerung, Gedanken oder Entfremdung. Zu viel Hektik wegen schleppender Bürokratie."

„Alles unter Umständen im Prinzip ja wahr, aber zur Begründung für sein Verschwinden mit Sicherheit falsch ..." „... und ein bisschen beleidigend. Tatsächlich scherte er sich aber nicht um uns, noch darum, den Armen oder dieser Erde zu helfen." „Er scherte sich einzig und alleine um seine Idee des Helfens."

„Meint ihr, gut, immer den Nächsten zu beschuldigen, um sich selber freizusprechen. Deshalb abgetaucht zu sein, meine ich in dem Fall, um ‚im hiesigen Petroleum nicht ersticken‘ zu müssen."

„Das hat er gesagt", zweifeln die vier feststellend wie mit einer Stimme an. „Nur deshalb entschuldigen wir diese Bel–" „Freundlicherweise behaupten wir jetzt nicht, dass du etwas Schlechtes getan hast oder er eben durch dich einen schlechten Ruf bekam", unterbricht der zweite den ersteren, worauf der vierte vom dritten gefragt wird: „Warum machen wir es eigentlich nicht wie bei dem Mädchen im Striplokal." „Weil ich nur hypnotisieren kann, wer sich hypnotisieren lassen will."

„Was hy-pno-tisiern zu bedeuten hat."

„Das bedeutet, mehr zu wissen, als man weiß, und ehrlicher bezüglich gewissen Lügen zu sein."

„Ich lüge nicht", hebt sie ihre beringte Hand.

„Versteht sich ja schon. Ein so lügenhaftes Spiel, seine Konten unaufgelöst zu lassen – denn sie sind bis dato unaufgelöst –, trauen wir weder ihm noch dir als Mitwisserin zu." Eine der Leuchtstoffröhren erlischt. Und flirrt wieder auf. „Und wenn er entführt wurde.“ (Die Frau zieht hüftvorschiebend ihre Schultern zurück.) „Was ist.“

„Letzthin mit Leuten vorm Silo gestritten zu haben.“

„Was für Leute.“

„Normal.“

„Nach normal sieht das alles aber nicht aus. Wie viele.“

„Drei, vier oder fünf.“

„Das klingt ein bisschen nebulös: fünf ist fast das Doppelte von drei. Worum ging es. Waren es Amerikaner.“ „US-Amerikaner“, präzisiert ein anderer Mann.

„Zu abseits gestanden zu sein, um das wissen zu können, und nachher an seinem Arm nur ‚was für fantastisch engagierte Männer‘ erfahren zu haben.“

„Das ist ein schlechtes Omen.“ „Gleichzeitig aber ein Omen, das keines ist. Denn erstens ist er für die ganze Riesenindustrie doch nicht einmal ein Parasit gewesen. (Gut, das stimmt nicht ganz.) Zweitens aber sind von nirgendwoher irgendwelche Forderungen gestellt worden, und was ist eine Entführung ohne diesen etwaigen Zweck. Mit so abstrus komischen virulenten Thesen kommen wir eindeutig nicht weiter.“ Sie schauen die Frau an. „Das ist unbefriedigend und traurig.“

Ohne Geduld in der Stimme gibt sie zurück: „Als wäre ich erfreut, bekümmert zu sein.“

„Versteht sich doch, meine Liebe, nein.“ „Haben wir auch keinen Punkt übersehen“, fragt ein anderer redend; „nicht dass wir noch mal von vorne anfangen.“ Einer der Männer zupft an seinem Hemdsärmel und schaut auf seine silberne klobige Uhr. Prasselnd klopft es gegen das Fenster. Mit scheinbar verschlossenen Lippen sagt sie:

„Mord.“

„Und wenn sich die weisen Mäuse selber einschalten.“ Die Gezeiten schweigen durch das wieder offenstehende, aber mit roten Vorhängen

298

zugezogene Fenster. Die unkonventionelle junge Frau hat x-ähnlich aufeinander zeigende schwarze Schuhe vor sich liegen und – „Selbstmord" – hält das Kreuzchen in den Händen.

„So weit", weist einer der Männer mit dem Zeigefinger an den Kopf, „dürfen wir nicht gehen. Außerdem war er bei verschiedenen Anlässen einfach zu lustig dafür." „Was imgleichen eher für den Selbstmord spräche." „Ja, egal. Er war oder ist wie eines dieser Objekte von Alain Jacquet, in dem ein Jeder ewig umherirrt."

„Oh nein, doch. Sich jetzt und nie verirrt zu haben." Ihre Lippen öffnen sich zu einem vieldeutigen Lächeln. „Ich sehe sein so goldnes Haar." Wie abwesend blicken ihre Augen auf die rote Öffnung in die Nacht. „Ich warte."

„Warten. Warten lehrt allein der Glaube. Wir müssen etwas tun." „Aber was." „Aber was." „Ich fürchte, wir müssen in der Tat lernen zu wissen, dass wir es vielleicht nie wissen werden." „Vielleicht sogar wahrscheinlich nie – aber was bleibt."

„Verzweifelt zu hoffen."

NACHSPIEL

Danksagung

Ich danke meiner Mutter, meinem Vater und meinem Bruder, die ich allesamt liebe.

Ich danke Jan, Manuel und Anke, denen ich gern ein besserer Freund gewesen wäre, sowie Christine L.-F., die für jedes Wörtchen von mir Verständnis hatte.

Ich danke zuvorderst Riki, die in allen Momenten treuliebend an meiner Seite stand.

Und ich danke meinem Lehrer der Klassen 8/9, aber auch Dr. P., dessen Menschlichkeit untadelig war.

Anhang

Einige Randbemerkungen

[1] All dies ist nicht mit klassischem Idealismus zu verwechseln, gilt bei Platon doch die Idee als das Echte und Übergeordnete.

[2] Einmal hörte ich in der Gruppentherapie jedoch von einem Psychiater die unarroganten Worte, dass der Betroffene der wahre Fachmann für seine Beschwerden sei, schließlich sammle er Tag für Tag leibhaftige Erfahrungen damit.

[3] All die Jahre, da ich in chemischer Finsternis „eingerichtet" war, brechen in kreativen Stichflammen aus mir heraus. Ich verbrenne bei lebendigem Leib auf dem Scheiterhaufen der modernen Wissenschaft? So wähle ich den Schmerz und trotze!, trotze!, trotze!, trotze!

[4] Mir scheint, mit der römischen Gerechtigkeitsgöttin ist Lady Liberty zumindest verschwistert (deshalb die Schreibung mit „c").

[5] Eine hochintelligente Frau wie Simone de Beauvoir muss derlei gewusst haben. Dagegen weiß ich den genauen Kontext nicht, in welchem sie jenes gesagt hat.

[6] Zwar schillert in der Begriffsbildung Ironie, doch will ich's hinnehmen und verdauen, falls mich jemand mit dem logischen Skalpell höchstens halb verstehen möchte.

[7] Warten wir mal ab, was ich sage, falls ich alt werde.

[8] Das Durcheinanderstreben beispielsweise in dem Stück „Über ein Geburtstagskind" aus BUCH II geht diesbezüglich ohne Frage sehr weit.

[9] Dieses ganze Werk gehört zu den eiternden Wunden unserer modern genannten Kultur, und für mich gleicht jede Zeile einem blutig herausgerissenen

Splitter. Nichtsdestoweniger weiß ich, das alles wird höchstens ein Promille unserer Biernation verstehen.

[10] Wie zu erkennen, versuche ich eine gewisse (metaphorische) Synästhesie in den Dienst meiner Unschärferelation zu stellen.

[11] Gewisse Motive (laufender besorgter Mann oder einsame Frau im Kleid etc.) spiegeln sich gemäß der Kapitelüberschrift in diesen Stücken unterschiedlich wider.

[12] Eigentlich ist das ein satirisches Stück; eigentlich aber auch ein tragikomisches mit fast groteskem Witz. Wo fängt dieses an, wo hört jenes auf?

[13] In dem Band VERONIQUE VON KOPF BIS ZAHL ist die Schmetterlingspuppe Moni (aber nicht nur sie) vollgereift als Veronique wiederzufinden.

[14] Camille hält zwar eine (durch die klassische französische Moralistik inspirierte) Rede gegen die Liebe und für die Lust; untermauert werden ihre Thesen durch die anknüpfende Demonstration allerdings nicht gerade.

[15] Die Zeitebenen fließen immer wieder durch- und ineinander hinein. Außerdem schwankt der Text in Einzelfällen zwischen der alten und der neuen Deutschen Rechtschreibung.

[16] Ein ähnlich formuliertes Urteil kehrt in dem Band VERONIQUE VON KOPF BIS ZAHL auf ebendiese Protagonistin bezogen wieder, und zwar weil deren Wesen (ohne dass eine tatsächliche Bekanntschaft vorläge) demjenigen von Lisa nicht „fremd" ist.

[17] Obgleich die Phrase hier Programm ist, erscheint meinem persönlichen Urteil nachträglich dieser Dialog als *zu* unpoetisch. Sei's drum.

[18] Der ganze zausige Kontrast schlägt sich auf der Ebene der wörtlichen Rede darin nieder, dass alle Fragen schon abgehakt sind, noch ehe sie aufgeworfen werden. (Aus demselben Grund spricht die ausländische Frau fast ausschließlich im Infinitiv.)